Mario Della Penna

La scomparsa dell'Abruzzo industriale

Introduzione

Dopo tanti chilometri percorsi in terra d'Abruzzo per lavoro è venuto il tempo, causa forza maggiore, di fare un po' di strada con la scrittura. Questo racconto parla della mia regione e vuol essere un omaggio personale alle tante persone di buona volontà che ho incontrato, con cui ho lavorato, che mi hanno insegnato dei mestieri, insomma, trattandosi di lavoro, che hanno condiviso con me il sudore di imparare.

Se questo racconto non rimarrà soltanto negli scaffali della mia libreria, ma sarà divulgato, spero che nel leggerlo qualcuno si arrabbi; che qualcuno mi corregga tutto (magari è stato un mio brutto sogno); che mi contesti di essere l'ennesimo "gufo" (termine molto abusato dall'attuale presidente del consiglio per indicare chi non è in sintonia con la sua politica); di essere fazioso; di essere un teorico come tanti senza soluzioni praticabili; un saccente che pensa di avere competenze su tanti settori; un escluso che cerca rivincite; un fallito che addossa tutte le responsabilità agli altri. Nello stesso tempo spero anche che qualcuno la smetta di vendere El Dorado che non esistono; che parli usando dati e statistiche reali non adattati a piacimento per vantare un consenso molto labile; e soprattutto che la smettesse di fare convegni e dibattiti al caldo dei propri uffici o nei social network ed invece uscisse a farli nelle fabbriche o davanti ai cimiteri industriali. A coloro invece che tutte queste problematiche non le vivono (e sono contento per loro) e se fregano di tutto, che non partecipano a nessuna iniziativa e si rifugiano con frasi qualunquiste, invito ad affacciarsi fuori dai propri recinti video sorvegliati e pensare che fuori sta transitando il futuro delle nuove generazioni compreso quello dei propri figli.

Per fare questo viaggio mi sono servito dei tanti appunti presi nelle agende di lavoro in tutti questi anni; ho ripercorso le strade

3

che mi hanno condotto giorno dopo giorno a fare nuove conoscenze umane e professionali. Credo che al mondo lavoro abbia dato e ricevuto in egual misura. Per parlare di alcuni aspetti della parabola industriale abruzzese ho fatto ricorso ad episodi che hanno coinvolto alcune importanti fabbriche. Ho cercato di non sbilanciarmi in giudizi e qualche volta ho preferito usare l'ironia per commentare dei fatti poco edificanti accaduti. I protagonisti di certe vicende che sono stati citati, provengono dalle fonti attinte da articoli di quotidiani, pagine web, atti giudiziari, documenti parlamentari, convegni, studi specifici di settore. La gran parte di costoro non li conosco direttamente e quindi non ho nulla di personale nei loro confronti. Le vicende che sono state prese in esame, sono del tutto casuali, ma indicative, per cercare di raccontare certi errori fatali che hanno determinato ciò che dà anche il titolo a questo libro ovvero la fine dell'Abruzzo industriale.

Stiamo vivendo a livello generazionale una crisi sistemica e forse parafrasando un famoso libro di Fritjof Capra ci troviamo nel mezzo di un "punto di svolta". Siamo abbastanza intelligenti e abbiamo strumenti che in nessuna epoca del passato erano disponibili; a noi il compito di cercare di trovare nuove strade o anche vecchie ma depurate dai tanti errori commessi. Che la nostra intelligenza s'illumini!

Capitolo 1

La scomparsa dell'Abruzzo industriale

Luciano Gallino professore emerito di Sociologia nell'introduzione al suo libro *La scomparsa dell'Italia industriale* scrive:

"Non è un'impresa da poco (riferendosi all'Italia ndr), aver lasciato scomparire interi settori produttivi nei quali si è stati tra i primi nelle classifiche internazionali (…) il tutto in pochi decenni. Sembra lecito chiedersi come ci si è riusciti". [1]

Per settori produttivi, in cui eravamo primi al mondo, si fa riferimento: all'informatica (capitolo I); all'aeronautica civile (capitolo II); alla chimica industriale (capitolo III); all'elettronica di consumo (capitolo IV); all'elettromeccanica ad alta tecnologia (capitolo V). Il risultato di questa operazione ha visto l'Italia ridursi ad una sorta di colonia subordinata alle esigenze economiche, sociali e politiche di altri paesi che invece hanno conservato o addirittura incrementato una grande industria manifatturiera. Non c'è impresa difatti, che non sia finita in mani straniere, con pesanti ricadute occupazionali e sociali nei nostri territori. La grande crisi iniziata negli Stati Uniti nel 2007 e poi esportata in Europa nel 2008 non è ancora terminata anzi, eccetto i governanti di turno, che vedono la luce in fondo al tunnel aggrappandosi a percentuali di miglioramento di qualche zero virgola, non c'è indicatore reale che segnali la fine di questa crisi sistemica. Domina un clima di stagnazione e di rassegnazione generale. Come si suol dire, si galleggia, facendo molta fatica. Se si vuol capire meglio la gravità della situazione economica del nostro Paese, è bene andare ad indagare nella regione Abruzzo, cardine fino a qualche tempo fa, tra le "due Italie": quella del

---

[1] LUCIANO GALLINO: *La scomparsa dell'Italia industriale*, Einaudi, 2003 p. 3

nord che "trainava" l'economia e quella del sud perennemente in ritardo a detta degli "esperti". La conferma di questa tendenza si manifesta in riferimento ad alcuni dati statistici. A partire dagli anni Sessanta con l'insediamento di due grandi complessi industriali di matrice esterna, la SIV (Società Italiana Vetro del gruppo Efim) a San Salvo e la Siemens a L'Aquila, si costruisce il primo grande momento di rottura con l'Abruzzo regione "povera" del Mezzogiorno d'Italia. Successivamente il processo di industrializzazione subisce un ulteriore accelerazione che assume un aspetto molto significativo in relazione al fatto che avviene in un periodo (decennio 1981-1991) di grande deindustrializzazione.

INDICE DI INDUSTRIALIZZAZIONE

(% addetti alle industrie estrattive, manifatturiere, elettricità, gas, acqua, costruzione e installazione impianti sulla popolazione residente)

Province e Regioni	1951	1961	1971	1981	1991	2001
L'Aquila	3,7	4,4	6,1	9,4	8,6	8,2
Teramo	4,6	6,0	9,0	17,3	14,8	14,7
Pescara	5,5	6,9	8,0	8,5	9,9	7,6
Chieti	4,3	5,0	8,1	11,1	12,5	12,2
Abruzzo	4,4	5,4	7,7	10,7	11,5	10,9
Molise	3,6	3,9	4,8	7,9	7,9	8,9
Campania	4,8	5,6	5,7	6,6	5,2	5,0
Puglia	4,0	4,5	6,1	6,9	6,1	6,8
Basilicata	3,6	4,2	5,3	7,4	7,0	7,6
Calabria	3,4	3,5	3,3	3,9	3,0	4,0
Sicilia	3,7	3,5	4,4	4,6	3,8	3,9
Sardegna	5,4	4,9	6,2	6,9	6,0	6,5
Sud	4,1	4,5	5,4	6,2	5,4	5,7
Centro-nord	11,8	14,9	15,6	16,4	14,6	13,9
Italia	9,3	11,1	12,1	12,8	11,3	11,0

Fonte: elaborazione CRESA su dati ISTAT. *Censimento dell'industria.*

In questo periodo quindi l'Abruzzo va in contro tendenza rispetto al dato nazionale e difatti poco dopo è l'unica regione, di quelle considerate del Mezzogiorno, ad uscire dall'obiettivo uno. Facciamo qualche cenno al riguardo. Nel testo dell'Unione Europea si legge:

La politica regionale dell'Unione europea persegue l'obiettivo fondamentale della coesione socioeconomica. La sua azione si basa sulla solidarietà finanziaria che consente di trasferire oltre il 35% del bilancio dell'Unione verso le regioni più svantaggiate. Le regioni dell'Unione in ritardo di sviluppo, in fase di riconversione o che devono far fronte a situazioni geografiche e socioeconomiche particolari possono così affrontare meglio le difficoltà e sfruttare pienamente le opportunità del mercato unico. Il sostegno dell'Unione europea attraverso la politica regionale dipende dal livello di sviluppo delle regioni e dal tipo di difficoltà che incontrano. La regolamentazione dei Fondi strutturali (si fa riferimento al periodo 2000-2006 ndr) contempla 3 obiettivi prioritari:

➢ Obiettivo 1: promuovere lo sviluppo e l'adeguamento strutturale delle regioni in ritardo di sviluppo;

➢ Obiettivo 2: sostenere la riconversione socioeconomica delle zone con difficoltà strutturali;

➢ Obiettivo 3: sostenere l'adeguamento e l'ammodernamento delle politiche e dei sistemi di istruzione, formazione e occupazione per le regioni escluse dall'obiettivo 1.

L'obiettivo 1 sotto il profilo geografico è detto "regionalizzato" perché si applica a territori delimitati di livello NUTS II[2] nella nomenclatura

---

[2]. La nomenclatura ha vari livelli e la versione in vigore dal 1° gennaio 2015 al 31 dicembre 2016 suddivide i Paesi dell'Unione Europea in:

¯ territori di livello NUTS 0: i 28 Stati nazionali.

statistica delle unità territoriali (esdeenfr) elaborata da Eurostat. Tra queste regioni geografiche sono ammesse all'obiettivo 1 soltanto quelle il cui prodotto interno lordo (PIL) pro capite è inferiore al 75% della media comunitaria.

Per il periodo di riferimento le regioni italiane ammesse in questa fascia erano: Campania, Puglia, Basilicata, Calabria, Sicilia, Sardegna e Molise con un sostegno transitorio. La regione Abruzzo non compare in questa lista a dimostrazione di quanto detto sopra.

Con il termine "aree sottoutilizzate", introdotto dalla legge finanziaria per il 2003 (art. 61, comma 1, legge n. 289/2002), viene indicato un ambito territoriale coincidente con quelle che la legislazione precedente definiva "aree depresse". Queste ultime individuate dall'art. 1, co. 1, lettera a-*bis*), del D.L. n. 32 del 1995 (legge n. 104/1995), successivamente modificato dall'art 27 della legge n. 488/1999 (legge finanziaria per il 2000) richiamata a decorrere dal 1° gennaio 2000[3] si intendono:

territori di livello NUTS 1 (97), per es. gli Stati federati della Germania tedeschi, le Regioni del Belgio, la Danimarca, la Svezia, la Finlandia continentale, l'Irlanda, il Galles, la Scozia e altre grandi entità regionali. Per l'Italia la suddivisione è per aree sovra-regionali: Nord-ovest, Nord-est, Centro, Sud, Isole.

territori di livello NUTS 2 (270), come le regioni italiane, le Comunità autonome in Spagna, le regioni e le DOM francesi, le province belghe e olandesi, i Länder austriaci, le Regierungsbezirke tedesche, etc.

territori di livello NUTS 3 (1.318): le province italiane, le Nomoi in Grecia, le Maakunnat in Finlandia, i Län in Svezia, le Kreise tedesche, i Dipartimenti francesi, le province spagnole, etc.

[3] Tale data coincide sia con quella di inizio del ciclo di interventi dei fondi strutturali 2000-2006 (*regolamento (CE) n. 1260/1999*), sia con il termine di decorrenza della "Carta degli aiuti" che regola, per gli stessi anni, il regime di aiuti di Stato a finalità regionale.

1) le aree ammissibili agli interventi degli obiettivi 1 e 2 dei fondi strutturali.

Nell'obiettivo 1 sono ricomprese, per il periodo 2000-2006, le seguenti regioni italiane: Basilicata, Calabria, Campania, Puglia, Sardegna e Sicilia.

Secondo quanto disposto al punto 1 della lettera a-*bis*) del D.L. n. 32/1995, il richiamo contenuto in disposizioni di legge ai "territori dell'obiettivo 1" deve intendersi riferito anche alle regioni Abruzzo e Molise.

L'obiettivo 2 riguarda le zone aventi problemi strutturali la cui riconversione economica e sociale deve essere favorita e la cui popolazione o superficie siano sufficientemente significative. Nella definizione di zone in fase di riconversione economica e sociale rientrano le zone in fase di mutazione socioeconomica nei settori dell'industria e dei servizi; le zone rurali in declino; le zone urbane in difficoltà; le zone dipendenti dalla pesca che si trovano in una situazione di crisi.

L'elenco delle zone del Centro-Nord cui si applica l'obiettivo 2, definito in concertazione con il Governo italiano, è stato approvato dalla Commissione europea con la decisione del 27 luglio 2000 (n. 2000/530/CE), successivamente modificato con la decisione 27 aprile 2001 (n. 2001/363/CE).

Per l'Italia, nell'obiettivo 2 sono rientrate numerose aree del Centro-Nord, nonché l'intera regione Abruzzo.

2) le aree ammesse al sostegno transitorio per gli obiettivi 1 e 2.

Le aree ammesse al sostegno transitorio sono quelle cui si applicavano gli obiettivi 1, 2 e 5b dei fondi strutturali per il periodo 1994-1999 e non più ricomprese nel nuovo ciclo di programmazione 2000-2006. Per tali regioni che nel periodo di programmazione 2000-2006 "sono uscite" dagli obiettivi della politica di coesione, la Commissione ha previsto un periodo di *"phasing out"*, cioè un periodo di sostegno transitorio per consentire il mantenimento del livello di sviluppo raggiunto negli anni più recenti.

Le regioni interessate dal sostegno transitorio nel quadro dell'obiettivo 1 sono elencate nell'allegato II alla decisione della Commissione UE 1° luglio 1999, n. 502.

Per l'Italia, il regime transitorio riguarda il Molise, per l'obiettivo 1, e diverse aree del Centro-Nord, fuoriuscite dai vecchi obiettivi 2 e 5b dei fondi 1994-99 e non più ricomprese nel nuovo obiettivo 2. Il *phasing out* per l'obiettivo 1 non riguarda l'Abruzzo (uscito alla fine del 1996); tale regione rientra integralmente nell'obiettivo 2.

Resta da chiedersi come abbia gestito la regione Abruzzo questa fase di transizione e soprattutto se vi è stata una stretta correlazione fra l'uscita dall'obiettivo uno dei fondi europei e l'abbandono di gran parte delle realtà industriali nel territorio. Sono stati fatti degli studi che hanno fatto emergere quattro elementi di criticità:

1) la parcellizzazione del tessuto produttivo delle PMI, che molto spesso lavorano per conto terzi, senza marchio e con un modesto profilo tecnologico e commerciale;

2) l'elevata dipendenza produttiva ed occupazionale dalla grande impresa di proprietà esterna nelle aree di Chieti e L'Aquila, tale da determinare ricadute negative su tutto il territorio in caso di difficoltà di mercato e di autonome scelte aziendali, come sta attualmente avvenendo nella provincia aquilana;

3) il modesto livello di internazionalizzazione delle imprese locali;

4) la presenza di squilibri interni intesi come elemento di fragilità di tutto il sistema economico.

Il processo di stagnazione economica risulta dalla caduta del PIL rispetto anche al Mezzogiorno come evidenzia la tabella sotto:

TASSO DI CRESCITA DEL PIL PRO-CAPITE (%)

Ambiti territoriali	1983/91	1992/93	1994/95	1996/2001	2001/03
Abruzzo	2,7	-1,3	1,6	1,5	0,4
Sud e Isole	2,1	-0,7	0,3	2,0	0,7
Italia	2,5	-0,3	2,3	1,6	0,6

Così l'andamento in contro tendenza che aveva avuto l'Abruzzo rispetto al Mezzogiorno si arresta. Si assiste, inoltre, ad una progressiva trasformazione della struttura occupazionale che tende sempre più a spostarsi verso il settore dei servizi. Si tratta di una tendenza che riguarda l'intera Europa soprattutto dopo l'operazione di allargamento della stessa con l'ingresso di nuovi Stati. La Commissione delle Comunità Europee in un documento dell'11 dicembre 2002 già sottolineava questo passaggio:

In anni recenti la struttura produttiva europea ha subito notevoli trasformazioni. La quota del settore dei servizi nella produzione dell'UE è passata dal 52% nel 1970 al 71% nel 2001, mentre nello stesso periodo la quota dell'industria manifatturiera è diminuita dal 30% al 18%. Per effetto di questa "terziarizzazione" i responsabili politici non hanno riservato sufficiente attenzione all'industria manifatturiera, sulla base della diffusa ma erronea convinzione che nell'economia basata sulla conoscenza e nelle società dell'informazione e dei servizi l'industria manifatturiera non svolga più un ruolo essenziale (...) Le imprese manifatturiere hanno esternalizzato funzioni ritenute non essenziali, che in precedenza erano calcolate come parte del settore manifatturiero. La sua accresciuta domanda intermedia di servizi ha contribuito all'aumento della produzione di servizi alla imprese, che nel 2000 rappresentavano il 48.3% del Pil della UE a 15. [4]

---

[4] Luciano GALLINO, *La scomparsa dell'Italia industriale*, Einaudi, p. 102

Questa tendenza non ha risparmiato ovviamente l'Abruzzo, che è passato da una regione agro-pastorale, ad una industriale, ad una dei servizi. Che sia questo il traguardo? Se la risposta è affermativa allora dobbiamo chiederci: offriamo servizi a chi? Per fare cosa? Il massiccio ingresso di beni e sistemi informatici basteranno a soddisfare le esigenze occupazionali del presente e del futuro? Uno dei maggiori esperti mondiali di comunicazione digitale nonché professore di Tecnologia dei mezzi di comunicazione al Massachussets Institute of Technology (MIT) Nicholas Negroponte nel 1997 già sottolineava questo passaggio dall'era analogica a quella digitale, cioè al passaggio dall'atomo al bit (titolo tra l'altro della mia tesi di laurea e di una successiva pubblicazione). Scrive Negroponte:

Ogni tecnologia o dono della scienza ha un lato oscuro. Il mondo digitale non fa eccezione. Il prossimo decennio vedrà aumentare i casi di violazione della proprietà intellettuale e di invasione della nostra privacy. Avremo a che fare con il vandalismo digitale, la pirateria dei software e il furto dei dati. Peggio ancora, assisteremo alla perdita di molti posti di lavoro a causa dei sistemi completamente automatizzati, che cambieranno in modo radicale il lavoro impiegatizio come già è avvenuto nella fabbrica per quello operaio. L'idea del posto fisso di lavoro per tutta la vita ha già cominciato a sparire (…) Man mano che il business mondiale si globalizza e internet cresce, cominceremo a vedere un mondo digitale del lavoro senza soluzioni di continuità (…) I bit saranno senza confini, immagazzinati e manipolati senza alcun riferimento alla geopolitica. In sostanza, nel nostro futuro digitale i fusi orari avranno probabilmente un ruolo maggiore che non la suddivisione del mondo in aree commerciali (…) Man mano che si procede verso questo mondo digitale, una consistente fetta della popolazione sarà o si sentirà fuori gioco.[5]

Lavorare ad esempio in un call-center significa formare delle professionalità utili alla crescita di una regione? Basta chiederlo ai

---

[5] Nicholas NEGROPONTE, *Essere digitali*, Sperling&Kupfer editori, p. 238

dipendenti della Olivetti SpA (in passato MAEL) presente a Carsoli cosa significhi questa trasformazione professionale. Nell'articolo del 19 dicembre 2006 apparso sul quotidiano *Il Centro* dal titolo: *Carsoli, addio Olivetti al suo posto l'Advalso* se ne può avere un'idea:

CARSOLI. Si chiama Advalso spa la società che prenderà il posto della Olivetti nella nuova avventura nel settore dei servizi dello stabilimento di Carsoli. L'azienda che prenderà in carico 130 lavoratori, con mantenimento dei diritti acquisiti, da utilizzare nei call-center tecnici per conto della Telecom, entrerà in azione all'inizio del 2007. Tutto pronto, dunque, per il nuovo percorso aziendale. Operazioni al centro di un vertice tra azienda e segretari di categoria mirato a fare il punto sulla situazione e sul rispetto del percorso stabilito per l'avvio operativo delle postazioni telematiche a gennaio. «È quasi tutto definito», afferma Antonello Tangredi della Fim-Cisl, «la nuova azienda è stata costituita e si avvia a muovere i primi passi operativi all'inizio dell'anno. Le procedure concordate stanno seguendo il percorso, ormai siamo alle battute finali per iniziare l'avventura nel campo dei call-center». Procede senza intoppi quindi il passaggio dalla produzione ai servizi. «Il nuovo sistema operativo versione call-center è realtà», sostiene Michele Paliani, della Uilm-Uil, «e dovrebbe partire nei tempi programmati». Sotto le insegne della Olivetti resteranno il piccolo avamposto di ricerca di Carsoli e il settore della manutenzione su scala nazionale. Punti discussi a Milano nel summit nazionale dove l'azienda ha illustrato il piano industriale e le prospettive future. Nel vertice con i sindacati a Carsoli con la Advalso, invece, dopo una nuova verifica sulla realizzazione dei corsi di riqualificazione professionale e sugli investimenti in programma, sono stati fissati i passaggi successivi che porteranno alla partenza dei call-center.

La grande industria sta scomparendo a grandi passi e le piccole e medie imprese (PMI) soffrono perché non all'altezza di competere negli scenari internazionali. La domanda di fondo è: perché i grandi complessi industriali sono andati via da questo territorio? Proveremo a ragionarci su in maniera pratica facendo ricorso anche un pò alla memoria storica.

Capitolo secondo

Fondi, assenza, via.

Pronti, partenza, via; no! Fondi, assenza, via. Un gioco di parole ma poco divertente. La fine dei fondi (spesso finanziamenti a pioggia e clientelari) retaggio di un passato per lo più legato alla Cassa per il Mezzogiorno[6]; l'assenza di un vero piano di rilancio industriale, dirotta "inevitabilmente" gli investitori verso Paesi e aree più convenienti. Quando un'azienda oggi abbandona il nostro territorio, non c'è esperto che non adduca come principale causa, al fenomeno della globalizzazione che ha permesso l'invasione nel mercato di paesi che prima non erano protagonisti, in particolare quelli del BRICS ovvero l'acronimo delle iniziali dei cinque tra le maggiori economie emergenti Brasile, Russia, India, Cina, Sudafrica. Questi Stati sono grandi sia dal punto di vista territoriale che demografico. Spiegato sotto questo punto di vista sembra non vi sia nulla da aggiungere se non quello di rassegnarsi al corso della storia. Dopo secoli di silenzio, questi popoli si sono svegliati e hanno deciso di invadere il mondo con la loro presenza e la loro forza produttiva. I dati della Banca mondiale (da prendere con cura, solo indicativamente) dicono che:

➤ il Giappone: nel 1991 produceva il 22% dei prodotti industriali del mondo oggi non arriva al 14%;
➤ l'UE: nel 1991 produceva quasi il 27% dei prodotti industriali del mondo oggi arriva al 20%;
➤ gli Usa: nel 1991 arrivava a produrre quasi il 22% dei prodotti industriali del mondo oggi è sotto il 20%;
➤ infine la Cina: dal 1991 al 2010 è passata dal 2,5% al 15%.

---

[6] La Cassa del Mezzogiorno era un ente pubblico italiano creato dal Governo De Gasperi VI (legge del 10 agosto 1950 n. 646), per finanziare iniziative industriali tese allo sviluppo economico del meridione d'Italia, allo scopo di colmare il divario con l'Italia Settentrionale.

La Cina ha iniziato la sua corsa industriale con i prodotti "bassa qualità, basso prezzo", grazie a salari da fame per i suoi operai. Questa sua "specializzazione" permane, ma opera anche in numerosi altri settori. In questa epoca di produzione mondializzata (o internazionalizzata per grandi aree geografiche), la Cina si è adeguata immediatamente, imitando nella sostanza l'operare delle multinazionali Usa. In Cina si concentra la direzione, l'assemblaggio e il marchio. Tutti i semilavorati vengono prodotti in una miriade di paesi asiatici con salari ancora inferiori a quelli cinesi. In conclusione: siamo in crisi nera e molto probabilmente la situazione – se non peggiora – di certo permarrà tale per un bel po' di tempo (nessuno sa dire quanto). In questi termini è la prima volta che accade dalla fine della seconda guerra mondiale. Per la prima volta i lavoratori di Giappone, UE e USA (negli altri paesi è molto peggio) non vedono davanti a sé un periodo di ripresa che consenta loro di prender fiato e migliorare un poco la propria situazione. Davanti a sé i lavoratori vedono senza fine batoste e sofferenze. E' un cambiamento psicologico collettivo di importanza epocale, come la crisi che la produce. Detto in questi termini non ci rimane allora che rassegnarci a diventare noi, Europa occidentale, il nuovo "terzo mondo". Fosse così semplice la spiegazione potremmo dire in termini sportivi che "bisogna saper perdere", accettare l'inevitabile sconfitta e sperare in una pronta rivincita. La storia, quella che studiamo male e con poca voglia a scuola, ci racconta che le cose non stanno proprio così; cioè che il pesce grande non sempre mangia quello piccolo; anzi accade spesso che dai piccoli territori possono partire quelle spinte decisive che hanno cambiato l'intera storia umana. Non sono sufficienti quindi vasti territori e una popolazione numerosa per dominare il mondo (la Cina è un problema ma non il problema). Allora riportiamo indietro le lancette della storia di qualche secolo e vediamo se è possibile rintracciare alcune analogie (con le dovute differenze) tra la nostra crisi e quelle passate. Lo faremo scegliendo un periodo preciso 1450-1640 quando in Europa si arrivò ad un'economia-mondo basato sul modo capitalistico di produzione.

2.1 Il sistema mondiale dell'economia moderna

Immanuel Wallerstein nel suo libro *Il sistema mondiale dell'economia moderna* nel primo capitolo intitolato *I presupposti medievali* si domanda come è potuto accadere che il Portogallo (uno Stato piccolo) divenne il primo protagonista dell'espansione europea, anticipando la Spagna di 50 anni nel secolo delle conquiste coloniali legate alla scoperta delle Americhe. Ripercorriamo alcune tappe del suo ragionamento. Nel XVI secolo l'Europa fu l'unica ad imboccare la strada dello sviluppo capitalistico che la mise in grado di superare le altre. Come e perché accadde ciò? Bisogna tornare indietro di tre secoli rispetto al 1450. Nel XII secolo l'emisfero orientale comprendeva una serie di imperi e di piccoli mondi. Il Mediterraneo era un centro di commercio (Bisanzio, città-Stato italiane, alcune parti dell'Africa settentrionale). Un altro centro era costituito dalla regione dell'Oceano Indiano e dal Mar Rosso. Un altro centro era la regione cinese. La zona dell'Asia centrale (dalla Mongolia alla Russia). Inoltre stava per svilupparsi un altro centro nell'area baltica. L'Europa nord-occidentale era un'area marginale in termini economici organizzata in un sistema feudale. L'Europa feudale fu una "civiltà" ma non un sistema mondiale. Le economie contadine non erano orientate esclusivamente verso la loro sussistenza. B.H. Slicher van Bath nel suo lavoro più importante sulla storia agricola dell'Europa, pone la svolta intorno al 1150 quando si passò da un "consumo agricolo diretto" (regime di autosufficienza) ad uno "indiretto". Sorsero le città per incoraggiare gli artigiani a comprare il surplus ed a scambiarlo con i loro prodotti. Sorse una classe di mercanti. Lo sviluppo delle città offrirono la possibilità di un impiego ai contadini che cominciavano a mutare in parte il rapporto con il feudo. Furono coltivate nuove terre di confine. Furono fondate nuove città. Crebbe la popolazione. Nel XIV secolo questa espansione cessò. Diminuirono le aree coltivate, la popolazione, e sembrò manifestarsi una "crisi" segnata da guerre, malattie, difficoltà economiche. Da dove veniva questa "crisi"? Quali furono le conseguenze? Edouard Perroy parla di saturazione della popolazione "densità elevatissima dato lo stato ancora primitivo della tecnologia agricola e artigianale". Il deterioramento della situazione subì un accelerazione con lo scoppio della guerra dei Cent'anni 1337-1453[7] con l'aumento degli oneri fiscali, la riduzione dei consumi che causarono la riduzione della produzione e della circolazione del denaro che a sua volta aggravò la carenza di liquidità. La carenza di liquido indebitò la corona fino all'insolvenza che creò una crisi del credito con l'incetta dell'argento che sconvolse l'andamento del commercio internazionale. La rapida ascesa dei prezzi ridusse i margini di sussistenza con un pedaggio alto tra la popolazione. I proprietari fondiari persero clienti e affittuari, gli artigiani persero i clienti. Ci fu un ritorno dalla agricoltura alla pastorizia che richiedeva meno mano d'opera. Ma sorse un problema di acquirenti per la lana.

Fermiamo per un attimo il racconto e sottolineiamo alcune parole chiave emerse. Nella tesi di Perroy si parla di: "saturazione della popolazione" di "aumento degli oneri fiscali", di "riduzione dei consumi" e della "produzione". Si parla di "crisi del credito" del "crollo della clientela" e di un "ritorno all'agricoltura". Allora chiediamoci: non sono forse questi gli argomenti che tengono banco ai nostri giorni? L'elemento che accelerò quel processo di deterioramento in Europa fu addebitato allo scoppio della guerra dei Cent'anni; la differenza è che oggi non si crea un'unica area di instabilità, ma per dirla con papa Francesco "siamo di fronte a un nuovo conflitto globale, ma a pezzetti". Questo nuovo modo di

---

[7] Si definisce uno tra i vari conflitti intercorsi tra il Regno d'Inghilterra e il Regno di Francia, che durò, non continuamente, 116 anni.

creare dei conflitti è molto più complesso da gestire e da risolvere. Il "nemico", il cattivo del momento, non ha nazione, non ha un territorio preciso, non ha una ideologia unica, non ha una religione classificabile, non ha una lingua ufficiale, non ha neppure un colore della pelle unico. Il nemico può avere più passaporti, può indifferentemente operare in una metropoli o in mezzo al deserto e soprattutto non ha un unico "padrone". Di conseguenza un singolo Stato, una pluralità di Stati (vedi UE) e spesso anche le Nazioni Unite (ONU) non sono in grado di intervenire efficacemente in uno scenario così frammentato. Ecco perché dobbiamo inquadrare la nostra crisi non come una crisi ciclica continentale ma sistemica ed epocale.

R.H. Hilton condivide le tesi di Perroy e introduce un nuovo elemento cioè il conflitto sociale che prese forma attraverso le insurrezioni contadine. Per Hilton non si trattava di una crisi congiunturale ciclica, era il culmine di 1000 anni di sviluppo e quindi di una crisi del sistema (come da noi sostenuto per la crisi del nostro tempo ndr). Eugen Kosminsky parla di questo periodo come il più intenso sfruttamento dei contadini inglesi che scaturirono in una serie di rivolte. Italia del nord, la costa delle Fiandre fine XIV secolo. Danimarca 1340, Majorca 1351, la Jacquerie in Francia 1358, ribellioni in Germania. Con la contrazione della domanda di prodotti agricoli, i salari cittadini e i prezzi industriali salirono, crebbe il costo del lavoro agricolo e si ridusse la rendita. Marc Bloch lo ha definito il "momentaneo impoverimento della classe signorile" (oggi si parla di impoverimento o addirittura di scomparsa del ceto medio ndr). Questo periodo di "collasso"[8] o "stagnazione" economica fu positivo o negativo per lo sviluppo di un'economia-mondo capitalistica? Accanto ai problemi economici si verificò un cambiamento tecnologico nell'arte della guerra e quindi furono

---

[8] A tal proposito si consiglia la lettura del libro di Jared Diamond *Collasso* pubblicato in Italia da Einaudi

necessari maggiore addestramento e disciplina e questo fece salire i costi della guerra. Il XV secolo vide l'avvento dei grandi restauratori in Europa occidentale: Luigi XI in Francia, Enrico VII in Inghilterra, Ferdinando di Aragona e Isabella di Castiglia in Spagna. Questi misero in piedi una forte struttura burocratica fondata sulla tassazione. Man mano che cresceva la forza dello Stato, maneggiare denaro diventava sempre più vantaggioso. Cosa era lo Stato? Lo Stato era il principe; il suo alleato la burocrazia. Lo Stato in Europa occidentale è una creazione del XIII secolo quando si crearono le linee di demarcazione che determinarono le frontiere della Francia, Inghilterra e Spagna (serie di battaglie tra 1212 e 1214). Molti pensano che la "crisi" del XIV secolo e l'"espansione" del XVI potrebbero essere spiegate in parte da fattori ambientali: clima, epidemie, condizioni del suolo. Uno di questi è Gustav Utterström che sostiene la tesi climatica. Utterström porta ad esempio i rigidi inverni del XIV e inizio XV secolo; gli inverni miti dal 1460 alla metà del XVI secolo e di nuovo inverni rigidi nella seconda metà del XVII che corrispondono ad una recessione, ad una espansione e ad un'altra recessione economica. (anche questa tesi sui cambiamenti climatici oggi è ritornata al centro del dibattito internazionale ndr). Quindi riassumendo: le principali spiegazioni della crisi sono tre:

1. Il prodotto di tendenze economiche cicliche
2. Il prodotto di una tendenza secolare
3. La spiegazione climatologia

L'espansione territoriale dell'Europa fu teoricamente un prerequisito chiave per risolvere la "crisi" del feudalesimo. Nei fatti non fu l'Europa a scegliere questa strada ma fu il Portogallo che diede l'avvio. Perché proprio il Portogallo? Perché lo fece nel bel mezzo della "crisi"? Le grandi esplorazioni, l'espansione atlantica non furono la prima ma la seconda spinta dell'Europa.

Perché tale spinta venne dal Portogallo? Si può tentare di rispondere in termini di motivazioni e di capacità. Cosa cercavano gli esploratori? Metalli preziosi e spezie dicono i testi scolastici (vero in parte). Nel Medio Evo l'Europa cristiana ed il mondo arabo erano in un rapporto simbiotico riguardo l'oro e l'argento. La prima, coniava argento, il secondo l'oro. L'argento fluì verso l'Oriente provocando un accumulo nel mondo arabo. Tali esportazioni non stimolarono più l'importazione di oro. Nel 1252 Firenze e Genova coniarono nuove monete d'oro. Tra il 1350 e 1450 le miniere d'argento della Serbia e Bosnia si svilupparono fino all'invasione turca del XV secolo. A partire dal 1460 si verificò un'improvvisa crescita dell'estrazione di argento nell'Europa centrale. L'offerta tuttavia non teneva il passo con la domanda e la ricerca di nuove rotte marittime fu uno degli interessi dei portoghesi. Si cercano oro e argento per avere una base monetaria per la circolazione in Europa ma ancor di più per esportarla in Oriente. A che scopo? Per chi? Per i ricchi che li usavano come simbolo del loro rilevante consumo. Oro e argento fluivano all'est per decorare templi, palazzi e vesti delle classi aristocratiche asiatiche, gioielli e spezie fluivano all'ovest. Il grano fu al centro della nuova produzione e del nuovo commercio nel XV e XVI secolo. Anche lo zucchero fu uno dei motivi principali di espansione. Anzi la sua richiesta superava il grano. La sua produzione, esauriva il terreno, creando l'esigenza sempre di nuove terre. Oltre al cibo, l'altro grande bisogno di base, era il legname. Fatto rilevante fu il declino della rendita agricola signorile nel XIV e XV secolo che scatenò a partire dall'Inghilterra ciò che Michael Postan definisce "gangsterismo". I nobili feudatari ricavando rendite minori dalla loro terra ne cercavano di nuove. I nobili dell'Europa potevano espandersi all'interno del loro paese servendosi dei cavalli. Quelli portoghesi, data la loro posizione geografica, non avevano scelta che la via del mare. La causa dell'espansione fu la sovrappopolazione? Il problema non era la quantità della popolazione ma i rapporti sociali tra classi superiori e quelle inferiori. Perché il Portogallo, di tutti gli Stati dell'Europa era quello più adatto a dare la spinta?

1. Ragioni geografiche: il Portogallo si affacciava sull'Atlantico ed era vicinissimo all'Africa.
2. Il Portogallo vantava già una grande esperienza nel commercio a lunga a distanza.
3. Disponibilità di capitale.

I Genovesi grandi rivali dei Veneziani avevano da tempo investito capitali nell'impresa commerciale iberica. Già nel 1317 Lisbona era un grande centro commerciale genovese. Charles Verlinden[9] definisce l'Italia "l'unica nazione veramente colonizzatrice del Medio Evo". Alla fine del XIV e inizio del XV secolo i mercanti portoghesi cominciarono a lamentarsi della presenza degli (italiani) i quali furono assorbiti mediante matrimoni. Fu la stabilità dello Stato a creare la spinta per la nobiltà portoghese e la scarsità di terra. Alla mancanza di capitali per tali imprese intervenne Genova forti rivali di Venezia. Alla volontà e possibilità, il Portogallo, aggiunse la sua migliore posizione geografica verso l'Atlantico e il sud. Detto che la Cina e l'Europa avevano la stessa popolazione tra il XIII e XVI secolo e che le esplorazioni portoghesi e cinesi erano cominciate nello stesso tempo, dopo 28 anni però i cinesi si ritirarono. Perchè? E' ragionevole pensare che ai cinesi mancava una sorta di missione colonizzatrice a causa della loro arroganza credendosi già il mondo intero (potrebbe ripetersi anche oggi? ndr). Difatti i sette viaggi dell'eunuco ammiraglio Cheng Ho fatti tra il 1405 e il 1433 in tutto l'Oceano Indiano da Giava a Ceylon all'Africa Orientale

---

[9] Verlinden Charles. - Storico belga (Saint Gilles, Bruxelles 1907 - Bruxelles 1996), già professore di storia medievale e moderna nell'università di Gand; socio straniero dei Lincei (1977). Oltre che di storia del Belgio, si occupò di storia economica, di storia delle scoperte geografiche, di storia coloniale, di storia della schiavitù.

nonostante ebbero un grande successo furono visti dall'imperatore e dalla burocrazia cinese come un drenaggio del proprio tesoro, al contrario degli europei, che videro nelle spedizioni la possibilità di incrementare le finanze dello Stato. Attorno al 1450 si crearono i presupposti per la nascita in Europa di una economia-mondo capitalistica che si basava su due principali pilastri: la divisione del lavoro su scala "mondiale" ed un apparato statale burocratico in alcune aree. Nasceva così l'economia-mondo che nello schema di Wallerstein è costituita da una zona centrale ristretta (il cuore), una semiperiferia abbastanza ampia e una periferia di vaste proporzioni. Per il periodo storico oggetto dello studio, per area centrale, si fa riferimento a Venezia e le sue terre alla fine del XIV secolo, Anversa dopo il XVI secolo, Amsterdam all'inizio del XVII e Londra nel XVIII secolo. Bisogna ricordare che non sempre la capitale politica e amministrativa di uno Stato coincide con quella finanziaria. Un esempio storico è l'ascesa al potere di Carlo V il quale per un gioco dinastico si trovò a controllare i tre punti chiave dell'Europa: la Spagna, l'Impero e le Fiandre. A Carlo V si pose un problema geopolitico fondamentale, cioè quello di garantire il collegamento fra la Germania e la Spagna che dal punto di vista militare era importantissimo. La Valtellina era il valico di collegamento, pertanto il milanese, divenne punto di discordia tra la Francia che cercava di impedire questa congiunzione e la Spagna. Questo spiega tutta la storia fino al trattato di Cateau-Cambrèsis (1559) che segnò una prevalenza della Spagna. Anversa era la capitale finanziaria, mentre il centro politico, era Madrid. Il problema sorse nel momento in cui bisognava far transitare denaro e merci preziose dalla periferia al centro dell'Impero. Da una parte c'era l'Oceano poco sicuro e presidiato dagli inglesi, olandesi e dalla pirateria; in mezzo c'era la Francia, l'antagonista principale della Spagna, quindi non rimaneva che passare per la corsia italiana (non è un caso che la nostra penisola sia stata dominata per trecento anni rispettivamente dagli

23

spagnoli, dai francesi e dagli asburgici). Altro riferimento storico può rintracciarsi nel Baltico il cui controllo delle merci (in questo caso legname pregiato) provocò diversi conflitti tra gli Stati confinanti che ebbero risvolti pesanti nel più noto conflitto che fu la guerra dei Trent'anni (1618-1648) in cui parteciparono appunto anche Svezia e Danimarca perché interessate ad acquisire il controllo degli Stati tedeschi del nord che si affacciavano sul mar Baltico.

2.2 Cooperazione territoriale europea

Questi cenni storici ci riportano ai giorni nostri e alla costruzione, in un'Europa allargata, dei vari corridoi per il transito delle merci. Essere attraversati da uno o più corsie significa cogliere o no delle opportunità. Per l'Italia, e nello specifico per l'Abruzzo si è parlato della costruzione di una prospettiva Euro-Adriatica in virtù di un superamento dell'Asse Euro-Atlantico. L'allargamento nell'area sud orientale dell'Unione Europea e in particolare con l'ingresso di Stati come Romania e Bulgaria (1 gennaio 2007) e Croazia (1 luglio 2013) e con i cinque candidati prossimi all'adesione Turchia, Macedonia, Montenegro, Serbia e Albania vedrà un oggettivo protagonismo dell'Italia e di conseguenza ad un diverso protagonismo delle singole regioni. Nella programmazione comunitaria 2007-2013 l'Iniziativa Comunitaria Interreg è stata sostituita dall'Obiettivo Cooperazione Territoriale Europea suddiviso in tre tipi di programmi: Cooperazione Transfrontaliera, Cooperazione Transnazionale e Cooperazione Interregionale. L'Abruzzo grazie alla sua posizione geografica è rientrato in due aree di cooperazione, quella balcanica e quella euromediterranea Nei fondi strutturali e di investimento europei (SIE) 2014-2020 la cooperazione territoriale europea (CTE) è uno dei due obiettivi Le risorse previste per l'obiettivo CTE ammontano a 8.948.259.330 miliardi di euro e sono ripartite come segue:

6.626.631.760 € per la cooperazione transfrontaliera
1.821.627.570 € per la cooperazione transnazionale
500.000.000 € per la cooperazione interregionale

In attuazione dell'obiettivo CTE per il periodo di programmazione 2014-2020, l'Italia avrà a disposizione risorse per un totale pari a 1.136,8 milioni di euro a prezzi correnti. L'allocazione 2014-2020 comporta un aumento in termini reali (prezzi 2011) delle risorse disponibili, rispetto all'allocazione 2007-2013 (pari a circa il 16% sul totale delle risorse CTE). Le risorse sono a disposizione per la partecipazione a quindici programmi di cooperazione transfrontaliera e transnazionale, di cui:

➢ otto di cooperazione transfrontaliera: Italia-Francia marittimo, Italia-Francia Alcotra, Italia-Svizzera, Italia-Austria, Italia-Slovenia, Italia-Croazia, Grecia-Italia, Italia-Malta
➢ tre programmi di cooperazione transfrontaliera esterna co-finanziati da FESR e IPA (Italia-Albania-Montenegro) e da FESR e ENI (Italia-Tunisia e Mediterranean Sea Basin)
➢ quattro di cooperazione transnazionale: Central Europe, Med, Alpine Space, Adriatic-Ionian

L'Italia parteciperà anche a quattro programmi di cooperazione interregionale che coinvolgono tutti i 28 Stati membri dell'UE: Urbact III, Interreg Europe, Interact, Espon, ai quali sono complessivamente destinati 500 milioni di euro.

Il risveglio di due grandi Paesi come Cina e India ha spostato il centro principale della geografia economica dall'Atlantico al Mediterraneo. Tutti i territori che insistono in questa area possono cogliere un nuovo progetto di sviluppo nei nuovi scenari disegnati da questa trasformazione. La produzione di tecnologie e di prodotti manifatturieri provenienti dall'est del mondo, porterà ad un aumento di flussi commerciali con i mercati europei e con quelli del nord America. Questi flussi avverranno essenzialmente per via marittima collegando i porti asiatici a quelli europei attraverso l'Oceano Indiano, il Mar Rosso, il Canale di Suez e il Mediterraneo fino ai porti del nord Europa. Questi nuovi flussi richiedono un rete di infrastrutture adeguate come il rafforzamento delle reti ferroviarie, delle autostrade e delle strutture portuali che vedono nei corridoi europei TEN (*Trans European Network*) il loro strumento di attuazione. L'Abruzzo per la sua posizione geografica è coinvolto nella rete marittima trans-europea (corridoio 21) autostrade del mare, mentre sembra essere penalizzato dai flussi principali di collegamento tra il sistema Adriatico e quello Baltico (viene toccato marginalmente il nord adriatico). Molto importante sarebbe invece riuscire a connettersi con la corsia 29 asse ferroviario del corridoio intermodale Ionico/Adriatico mettendo così a collegamento la corsia 21 marittima con la 29 ferroviaria attraverso il rafforzamento del collegamento e della cooperazione tra le due sponde dell'Adriatico[10]. Inoltre il collegamento autostradale A25 e ferroviario (quest'ultimo da rinnovare in buona parte) con Roma aggiunge una potenzialità all'Abruzzo che altre regioni adriatiche non hanno. Se l'aeroporto d'Abruzzo di Pescara si candidasse a diventare il terzo scalo della capitale un po' come accade a Londra Stansted o Barcellona Girona-Costa Brava lo scalo risolverebbe molte delle sue criticità e si potenzierebbe[11].

---

[10] Fino ad oggi i collegamenti con la Croazia, Montenegro, Albania, Grecia non sono andati in questa direzione anzi i porti d'Abruzzo rispetto ad Ancona, Bari e Brindisi soffrono di un nanismo storico. Gli sforzi finora fatti sono stati quelli di tenere aperta qualche tratta turistica e aeroportuale ma nulla che riguardasse l'economia industriale.

[11] Nel 2004 cercai nel settore culturale di costruire in co-edizione una rivista trimestrale tra le municipalità di Roma, Pescara e Spalato; feci diversi incontri con i redattori dell'allora rivista romana *Capitolivm millennio* e presi contatti con *Trieste contemporanea* un organismo culturale nato nel 1995 con l'obiettivo di

 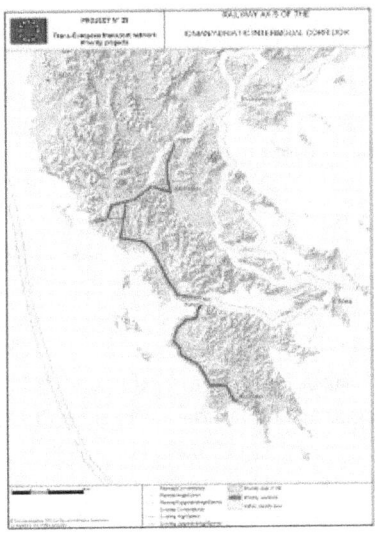

Corsia 21   Corsia 29

2.3 Fare impresa si, ma con i soldi degli altri!

Dopo un viaggio nella macro-storia torniamo alla micro-storia cioè a casa nostra. Le industrie abruzzesi sono andate via o sono fallite non solo per colpa della "globalizzazione" e nemmeno per la grande crisi economico-finanziaria iniziata nel 2008 ad oggi ancora in essere. Erano già sedute sul bordo del baratro e certamente questi fattori, hanno contribuito a dare la spinta necessaria per farle precipitare. Dunque il processo è complesso e gli imputati sono tanti. Cominciamo a vederli più da vicino.
Scrive Luciano Gallino nel suo libro *Con i soldi degli altri*:

valorizzare il ruolo di Trieste come cerniera tra l'Occidente europeo, i paesi dell'Europa orientale e quelli del bacino Mediterraneo. In campo industriale si potrebbe fare la stessa cosa provando a costruire una Macroregione con l'asse Tirreno – Adriatico – Est Europa favorendo iniziative unitarie dell'unione industriali di Lazio e Abruzzo con l'area Balcanica e in tal senso costruire rotte portuali ed aeroportuali specifiche che vedrebbero le infrastrutture abruzzesi hub naturali di questo collegamento.

Tra il settembre 2008 e i primi del 2009 sono fallite o sono state salvate all'ultimo momento dallo Stato, in rapida sequenza, decine di istituzioni finanziarie di peso mondiale (…). Banche d'affari o di investimento, banche commerciali, compagnie private e semi-pubbliche di assicurazioni: potenti e venerabili enti finanziari considerati una roccia ancora pochi giorni prima, all'improvviso presentavano istanza di fallimento, o venivano assorbiti da altri a prezzo irrisorio, oppure nazionalizzati mediante l'esborso complessivo, a opera della mano pubblica, di migliaia di miliardi di dollari o di euro. Al tempo stesso le borse mondiali perdevano quasi la metà del loro valore, "bruciando capitali". Dinanzi a simili disastri i commentatori hanno parlato di possibile fallimento dell'intero sistema finanziario, e delle ricadute negative che la crisi avrebbe comunque avuto sull'economia reale. [12]

Assumendo per buona la suddivisione dell'Abruzzo industriale fatta dal CRESA ovvero il Centro Regionale di Studi e Ricerche Economico-Sociali e riportato nell'annuario pubblicato ogni anno, la regione risulta divisa nelle seguenti aree:

1. Piana del Cavaliere (Carsoli – Oricola)
2. Maiella (Val di Sangro - fondovalle Alento – Guardiagrele – Fara San Martino)
3. Vastese (Vasto – San Salvo – Valsinello)
4. Vibrata – Tordino – Vomano (provincia di Teramo)
5. Marsica (Avezzano – Celano)

A queste zone dobbiamo aggiungere:

6. L'Aquila (distretto di Pile e Bazzano)
7. Valle Peligna (Sulmona – Raiano - Corfinio)
8. Valpescara (area da Chieti Scalo a Bussi)

Di questi poli industriali alcuni sono fortemente caratterizzati da particolari settori produttivi; è il caso del tessile in Val Vibrata; del

---

[12] Luciano GALLINO: *Con i soldi degli altri*, Einaudi, p. 5

legno a Mosciano Sant'Angelo; alimentare nella zona di Fara San Martino; della metalmeccanica in Val di Sangro; del vetro a San Salvo; della carta in Valpescara; del farmaceutico ed elettronica nell'aquilano. Altri sono invece di struttura mista ovvero con produzioni di vario genere. C'è da dire che una grande crisi come quella che stiamo sopportando non risparmia nessun settore; tuttavia ve ne sono alcuni che subiscono maggiori conseguenze rispetto ad altri. E' il caso del crollo del tessile in val Vibrata in provincia di Teramo a confine con la regione Marche. Leggiamo alcune parti del rapporto sull'evoluzione dell'economia teramana presentato nella XIII giornata dell'economia svoltasi il 29 giugno 2015 organizzata dalla Camera di Commercio di Teramo:

La seconda metà degli anni '90 segna l'avvio di un profondo processo di modificazione del sistema imprenditoriale teramano, che ha origini, ben più lontane rispetto al significativo impato prodotto dalle recenti crisi economiche (ecco già una prima conferma a quanto detto sopra ndr). Il modello di sviluppo industriale affermato nel corso degli anni Settanta ed Ottanta, basato su un ramificato sistema di pmi specializzato nelle lavorazioni tradizionali del made in Italy, prevalentemente del sistema della moda e dell'arredamento, verso la fine degli anni '90 manifesta i primi segnali di cedimento, in risposta alle sollecitazioni provenienti da uno scenario competitivo, i cui elementi fondamentali si modificano continuamente e nel quale la competizione da statica è diventata dinamica.

Le cause che hanno determinato la caduta della competitività del sistema delle pmi locali fanno riferimento da un lato ai caratteri strutturali del modello di specializzazione e dall'altro a fattori esogeni. Relativamente ai primi le criticità sono individuabili nelle peculiarità della struttura industriale provinciale, e quindi nella ridotta dimensione aziendale e patrimoniale, nella specializzazione in comparti più esposti alla caduta della domanda e fisiologicamente meno dinamici, nella insufficiente propensione all'internazionalizzazione, nella bassa vocazione all'innovazione, nelle diseconomie strutturali dell'ambiente esterno all'impresa. Altrettanto incisivi nel definire le traiettorie di crescita delle pmi gli accadimenti esogeni al sistema locale. Un importante cambiamento è databile 2002, quando l'entrata in vigore dell'euro ha privato le imprese locali dei vantaggi legati alle svalutazioni competitive, (il modello da imitare del nord-est italiano di cui tutti parlavano ndr) situazione resa ancora più complessa dal progressivo apprezzamento dell'euro, che ha determinato una minore competitività nei confronti dell'area dollaro. Ma a stravolgere lo scenario competitivo delle imprese provinciali, sono intervenuti in maniera sequenziale tre importanti cambiamenti strutturali che fanno riferimento al passaggio dal locale al globale, con la conseguente rilocalizzazione dei flussi internazionali delle commesse, all'affermarsi dell'economia della conoscenza e del progresso tecnologico, alla comparsa nell'arena competitiva mondiale dei paesi-produttori a basso costo di manodopera (ecco la crisi del tessile in val Vibrata ad esempio ndr). Il susseguirsi di questi fenomeni ha impattato su modelli organizzativi aziendali che, se fino a quel momento erano risultati adeguati per competere su mercati scarsamente dinamici o che cambiavano lentamente, hanno incontrato in seguito non poche difficoltà ad adattarsi ai nuovi paradigmi affermatisi nel quadro competitivo internazionale.[13]

Ritengo si tratti di un'analisi lucida e purtroppo veritiera. In questo rapporto si evidenziano alcuni punti deboli che sono comuni all'intero mondo industriale abruzzese e non solo. Il più grande è rappresentato dalla bassa vocazione all'innovazione. Tra gli anni Ottanta e soprattutto Novanta, nel mio settore lavorativo, non riuscivamo a contare le consegne di componenti elettromeccanici alle numerose ditte che avevano in appalto la costruzione di capannoni nella provincia di Teramo soprattutto nella zona industriale di Sant'Atto. Ci fu un vero boom di investimenti tanto da portare la provincia verso i primi posti nazionali. Potremmo prendere in rassegna uno per uno i capannoni realizzati allora e fotografarli oggi; basterebbe questa comparazione per spiegare il crollo clamoroso di questo territorio. Io che ho frequentato tutte quelle industrie e le ho viste

---

[13] Il rapporto è stato redatto dal dr. Salvatore Florimbi vice segretario generale della Camera di Commercio di Teramo responsabile dell'ufficio studi

nel loro cuore produttivo ed amministrativo potrei raccontare una per una la loro trasformazione; potrei tentare di spiegare (per quello che sono stato in grado di capire) il perché di quelle che hanno chiuso per incapacità di stare sul mercato; di quelle che hanno sbagliato l'investimento rispetto alle caratteristiche della zona; di quelle che sono state gestite da furbi affaristi che hanno preso soldi pubblici e sono scappati via; di quelli appoggiati dai politici del territorio che in cambio di certe leggi ad hoc hanno trasformato l'azienda in un comitato elettorale; di quelli che hanno preso soldi per l'innovazione delle macchine ma hanno sempre cercato di riparare quelle vecchie e tirare avanti; di quelli che si sono buttati in sponsorizzazioni o gestioni sportive fallimentari. Poi ci sono anche quelle che c'è l'hanno fatta e sono ancora là sul fronte a combattere. I sindacati e le associazioni di categoria in parte conoscono queste dinamiche per essere stati anche loro sul campo direttamente; i politici no!. Questi ultimi di solito intervengono quando si tratta di tagliare un nastro per l'inaugurazione di una nuova opera oppure quando sono costretti a rispondere ai lavoratori in sciopero che picchettano gli ingressi delle fabbriche o manifestano sotto i loro uffici. Nella classe politica non è gradita la presenza di professionisti in campo tecnico che hanno fatto esperienza di produzione. Meglio affidare incarichi a società che fanno studi di settore o a ricercatori universitari, che dopo aver monitorato il territorio, riportano grafici in slide proiettati in qualche convegno e la cosa finisce con un articolo di giornale o un'intervista ad una televisione locale. Non ci sono ricette o rimedi buoni per ogni stagione e per tutti uguali. Non si possono dare aiuti generalizzati. Se sulle scrivanie decisionali vi fossero dei rapporti sullo stato delle varie aziende sempre aggiornato e con dati veritieri, gli interventi sarebbero mirati e forse alcuni segmenti non avrebbero chiuso i battenti. Per non restare nel teorico, prendiamo ad esempio, un'azienda sempre di questa provincia l'Atr group di Colonnella. La società specializzata nella progettazione, prototipazione e realizzazione di parti strutturali e componentistica in materiali compositi avanzati in fibra di carbonio, si componeva di Atr srl; Aerospace; Tools e Composites. La storia industriale di questo importante polo tecnologico innovativo lo sintetizza un articolo apparso sul quotidiano *Il Centro* del 3 luglio 2015:

Riprende quota la produzione dell'Atr (sia nell'automotive che nell'aerospace). Mercoledì il presidente della Provincia Renzo Di Sabatino si è incontrato con il direttore del personale dell'Atr group, Mimmo Vernacotola, che ha illustrato le prospettive imprenditoriali a circa due anni dalla nuova gestione che vede l'azienda del carbonio di Colonnella guidata da Valter Proietti. La famiglia Proietti, infatti, ha rilevato uno dei rami dell'Atr dopo una lunga vicenda passata dalla gestione governativa commissariale al fallimento. Vernacotola ha posto l'accento sulla fase di rilancio che sta vivendo l'azienda – attualmente sono impiegati 200 dipendenti – e sulle prospettive di sviluppo, che comporterebbero incrementi occupazionali. Ci sono altri rami aziendali non acquisiti a suo tempo da Proietti, tuttora sotto curatela, che potrebbero rivelarsi importanti per la ricostituzione del Polo del carbonio. Di Sabatino si è impegnato a portare a Colonnella il vicepresidente della Regione, Giovanni Lolli.

Sempre sullo stesso quotidiano il 10 dicembre 2015 si scrive: *L'Atr risorge: da 60 a 240 dipendenti*

Quando nel dicembre di due anni fa l'Atr divenne di proprietà di Valter Proietti in pochi avrebbero scommesso sul futuro della fabbrica dei bolidi di Colonnella. Il gruppo specializzato nelle produzioni in carbonio era in balia di aspre battaglie a suon di carta bollata sì dal 2008 quando il tribunale fallimentare teramano decretò il fallimento di cinque aziende del gruppo di proprietà di Umberto Pierantozzi, a cominciare dalla capofila Atr srl. Sentenza revocata in Appello, per cui l'Atr fu ammessa all'amministrazione straordinaria nel 2009. Fino all'ulteriore ribaltone ad opera della Cassazione nel 2013, che riesumò il fallimento. Una situazione di incertezza che non faceva ben sperare quando la nuova società Atr group (originariamente Proietti era in società con Primo Massi ma poi acquistò se sue quote) rilevò l'attività ripartendo con 60 lavoratori. Un decimo dei dipendenti che l'Atr aveva nel 2008. Invece adesso l'Atr è arrivata a contare 240 dipendenti, ed altre assunzioni sono in arrivo. «Veniva data per morta e ora è l'unica azienda manifatturiera in espansione in provincia», sottolinea Antonio Liberatori della Fim Cisl, «il carbonio è un componente importante nel settore auto, aeronautico, nell'arredamento. E l'Atr ha il know how, l'esperienza e una tecnologia all'avanguardia in questa produzione. Con una gestione oculata aumentano le commesse e il livello di occupazione. E in base a nuovi progetti sono previste nuove assunzioni». Attualmente l'Atr lavora molto nell'automotive per i principali marchi di auto da corsa, da Ferrari a Toro rosso a Dallara, ma anche Peugeot, Bmw e Toyota. Ma l'Atr punta anche al settore aerospaziale, "rispolverando" alcuni vecchi progetti di collaborazione con l'Alenia per la produzione del Boeing. «Ma si andrà anche alla costruzione di due aerei della Oma sud (azienda campana di progettazioni e costruzioni aeronautiche di proprietà di Proietti), lo Sky car e il Red bird che hanno una buona componentistica in carbonio che si farà a Colonnella. In più ci sono contratti con Sukhoi, la compagnia russa, per realizzare dei portelloni», aggiunge Liberatori che sottolinea come la Fim abbia sempre creduto in una ripresa. Per ora sono stati riattivati tre capannoni dei 9 originari, ma forse ne sarà riaperto qualcun altro in futuro. L'importante è che siano stati creati 240 posti di lavoro «quasi tutte le assunzioni sono state fatte nel bacino degli ex operai Atr», fa notare Liberatori. «L'auspicio», aggiunge Giampiero Dozzi, segretario della Fiom Cgil al riguardo, «è che l'azienda applichi la clausola sociale, anche se l'accordo è scaduto e che assuma gli ex dipendenti. Ci sono alcuni lavoratori a cui la mobilità di due anni è scaduta e che sono senza lavoro e senza indennità». Dozzi parla anche del perfezionamento del piano di cessione dal tribunale alla Atr group srl: negli ultimi due anni la situazione è cambiata e, ad esempio, l'azienda ha acquistato gli impianti dai leasing. «Confidiamo che si faccia di tutto per garantire la continuità, ma è un punto che va consolidato. Speriamo in una politica di rafforzamento con scelte industriali ben precise che possano garantire ulteriori opportunità, come la ricerca su nuovi materiali e nuove applicazioni del carbonio. Speriamo che la Regione Abruzzo si renda conto delle potenzialità di questa azienda: serve un progetto specifico, con il coinvolgimento anche dell'università».

Dopo i fallimenti, le riaperture sono sempre salutate come un fatto positivo. Certo rispetto agli occupati passati i numeri sono davvero rimaneggiati; chi aveva perso il proprio posto di lavoro magari si è già ricollocato in altre zone o in altre regioni spostando, come un circo, anche la propria famiglia. Chi era prossimo anagraficamente alla pensione, si è agganciato a qualche legge fatta su misura ed ha raggiunto l'obiettivo; chi aveva superato l'età degli sgravi fiscali sta ancora cercando una soluzione che difficilmente troverà. Qualcuno è rientrato, altri nuovi sono arrivati o arriveranno, grazie ad incentivi (magari utilizzando il tanto sventolato *jobs act*). Chi ha fallito, però ha lasciato anche debiti sul territorio e verso gli istituti di credito ai quali magari oggi si fanno nuove richieste di finanziamento per progetti di rilancio. In nome dell'"occupazione" le istituzioni fanno da garanti e la mano benevola di qualcuno è pronta a far ripartire la baracca. Chi ha sbagliato una volta ha il diritto di riprovarci? Spesso i nuovi arrivati non hanno un curriculum così candido per fidarsi ciecamente delle loro intenzioni e dei loro progetti. Sono soltanto alcuni degli interrogativi che forse è giusto porsi prima di salutare benevolmente i nuovi "salvatori della patria". Rispetto a queste ultime riflessioni ci sono storie di passaggi di mano che non sono stati così limpidi. Sempre a titolo di informazioni acquisite durante il mio lavoro di consulente industriale riporto il caso di una ditta di Miglianico in provincia di Chieti. Ci serviremo ancora di un articolo apparso sul quotidiano *Il Centro* del 1 febbraio 2011 intitolato *Il caso Cosmetal in tribunale* dove si legge:

MIGLIANICO. Il presidio ventiquattro ore su ventiquattro si ferma. L'azienda ha sospeso le sue attività e tutte le decisioni sono in mano al tribunale di Chieti. A confermare le ultime novità relative ai 70 posti a rischio dell'azienda Cosmetal è il segretario provinciale della Fiom Cgil,

Marco Ranieri, che ieri pomeriggio ha riunito in assemblea impiegati ed operai dell'impresa che opera nella produzione di attrezzature da ufficio. Così, dopo aver occupato per cinque giorni l'azienda, senza mai mettere a rischio la sicurezza dello stabile e di chi vi era all'interno, i lavoratori in cassa integrazione attendono dall'alto decisioni che possano risolvere una situazione da tempo ingessata. Alla base ci sono le divergenze tra le due famiglie che dividono al 50% la proprietà di Cosmetal, D'Ippolito e Di Bello. Per questioni legate all'assetto societario, l'azienda da mesi non riesce più a decollare, ma non perché non abbia mercato. «Contrariamente a tutti quei settori che risentono della crisi economica, questa è un'impresa che ha commesse nell'ordine di 4 o 5 mesi», ha ribadito ieri Ranieri, «il lavoro, però, non va avanti se una delle due proprietà pone sempre il veto, qualunque cosa si debba fare, per dissapori con l'altra parte». Così, il sindacalista, dopo aver interessato il settore lavoro della Provincia di Chieti, è stato ricevuto anche dal prefetto Vincenzo Greco, assieme alle famiglie proprietarie, perché si giungesse ad un accordo. Dall'incontro in prefettura, che si è tenuto lo scorso venerdì, è emersa una decisione fondamentale: «Il Prefetto ha disposto che sia il tribunale a nominare - attraverso un provvedimento che tecnicamente si chiama "amministrazione giudiziale per la ristrutturazione del debito" - un commissario esterno che avrà il compito di amministrare l'azienda sino all'uscita dall'empasse in cui si trova», ha detto Ranieri. «Oggi 70 lavoratori sono in cassa integrazione straordinaria. Un beneficio di cui potranno godere per 12 mesi, ma speriamo che le cose si risolvano molto prima. Il mio grazie», ha continuato Ranieri, «va alle istituzioni. In questa battaglia ci sono state vicine, nessuno di noi accetterà che vengano persi questi settanta posti di lavoro».

Questa vicenda per una serie di attività diversificate dei soci ha avuto altri riflessi trascinando nel polverone altre proprietà nel pescarese. Qualcosa potrebbe essere finito per collegarsi ad esempio con i destini della Bianchi Vending di Città Sant'Angelo in provincia di Pescara e della Cellulose Converting Equipements oggi Solutions. Riportiamo un articolo apparso sul quotidiano online abruzzese *Primadanoi* del 7 aprile 2011 intitolato *Bianchi Vending, i misteri dell'azienda senza volto*:

CITTA SANT'ANGELO. Nell'Abruzzo dei pastori da poco si sono fatte strada le prime aziende senza volto che fanno, disfano e poi se ne vanno sotto gli occhi e spesso con l'appoggio di amministrazioni locali distratte (o forse no).

Senza "volto" o "padrone" perché non c'è una persona, una famiglia, un gruppo reale al quale fare riferimento, ma l'azienda il più delle volte appartiene ad un fondo d'investimento.

E' il caso della Bianchi Vending, «società leader» nella produzione di distributori automatici per bibite e snack con sede a Bergamo e stabilimenti a Zigonia (199 dipendenti) e a Città Sant'Angelo (77 dipendenti), che ora ha deciso di lasciare l'Abruzzo e le persone senza lavoro. La Bianchi Vending appartiene alla società di investimento FA Capital controllata quasi interamente da fondi della Goldman Sachs, una delle più grandi banche d'affari del mondo colpita dalla dura crisi finanziaria. Banca che, il 16 aprile 2010, è stata incriminata per frode dalla Sec, l'ente governativo statunitense preposto alla vigilanza della Borsa.

Un processo di finanziarizzazione, quello della Bianchi Vending iniziato qualche anno fa e che ha subìto un'accelerata nel dicembre 2008 con l'entrata nel capitale della Fa Capital spa e di altre banche creditrici (Intesa, Unicredit, Popolare Milano, Agrileasing, Banco di Brescia, Popolare Bergamo) che hanno ricapitalizzato la società coprendo debiti per 104 mln di euro.

Nel 2009 la crisi taglia di netto il fatturato (-30%) e aumenta le perdite. Il 2010 è l'anno del piano di rilancio messo su dai nuovi soci, che prevede la mobilità per i dipendenti dello stabilimento abruzzese.

Settantasette le famiglie in mobilità, di cui 6 di Città Sant'Angelo, che da mesi seguono le trattative con il fiato sospeso. I politici locali confinano le proprie responsabilità nello slogan ora di moda: «è la crisi che ci possiamo fare, ma vi aiuteremo». Ma nella storia dell'insediamento di questa azienda in Abruzzo le responsabilità potrebbero essere ben altre.

Il triste epilogo dell'azienda era stato previsto in tempi non sospetti dall'allora assessore comunale Giancarlo Verzella (Rc) che si era accorto che qualcosa non andava nella documentazione presentata dall'azienda per stabilirsi a Città Sant'Angelo. L'assessore, a seguito di questa vicenda, è uscito dalla giunta e Rifondazione Comunista ha corso da sola alle successive elezioni amministrative che furono vinte dall'attuale sindaco Gabriele Florindi, allora vicesindaco.

«Purtroppo non vorrei essere qui a vedere avverata la mia profezia», ha ironizzato Verzella, «ma così è. Questo è il peggior esempio della cattiva politica supina agli interessi aziendali».

«Il Comune ha perso tanti soldi», ha affermato Corrado Di Sante, segretario provinciale di Rifondazione Comunista, «e a guadagnarci sono solo ed esclusivamente gli affaristi».

«Nessuna garanzia della Bianchi Vending»

La vicenda inizia nel 2005, quando la Bianchi Vending, preannunciando un'eventuale delocalizzazione, ha chiesto al Comune «un sito idoneo per ottimizzare il ciclo produttivo» con l'intenzione di trasferirsi dal proprio stabilimento "ex Coca Cola" in via Petruzzi.

Il Comune, in una delibera di giunta del 26 maggio 2005, sostiene che «non ci sono siti idonei nel territorio comunale» ma individua una "zona agricola" «strategica per una riconversione industriale» in località Sant'Agnese (sulla strada per Elice). Dunque occorre una variante urbanistica e soldi per l'urbanizzazione dell'area nonostante a due passi ci fosse già un'altra area (Piano di Sacco) realizzata dal consorzio Asi. Per iniziare la procedura di variante, all'azienda viene chiesto il versamento del 50% del costo del terreno fissato a 16,60 euro al metro quadro. A parte invece, dice il tecnico comunale, devono essere corrisposte le opere di urbanizzazione.

Un prezzo giusto, secondo l'amministrazione di allora, «se si vogliono attirare investimenti e creare occupazione». Un prezzo troppo basso per l'assessore Verzella che con una serie di motivazioni espresse in quella sede la propria contrarietà all'intervento. L'assessore, spulciando le carte, non trovò un progetto industriale della Bianchi Vending, ovvero quanto tempo resterà, cosa farà, quanti lavoratori prenderà. Niente di niente. Ma il Comune non battè ciglio. Altro assente importante era l'impegno dell'azienda a non vendere i terreni comunali acquistati. Dunque nessuna garanzia della permanenza, oltre i 5 anni previsti dal contratto, dell'azienda in Abruzzo.

Ed infatti dopo appena 6 anni, come un orologio svizzero, l'azienda vuole delocalizzare e mette in mobilità i 77 dipendenti. Cosa ha fatto, poi, la Bianchi Vending con il proprio stabilimento ex Coca-Cola? Lo ha venduto a qualcuno che ci ha realizzato un redditizio centro commerciale.

«Dunque la Bianchi vende ad un prezzo di mercato il proprio ex capannone», ha detto Verzella, «e compra a prezzo più basso (perché il Comune incentiva l'occupazione) il nuovo capannone».

Di chi è quel capannone?

Un mistero avvolge tutta la storia: la proprietà del capannone in contrada Sant'Agnese. Il nuovo stabilimento non è della Bianchi Vending, nonostante l'azienda fosse la destinataria della variante urbanistica. Anzi, ora si scopre, che l'azienda paga un affitto di 50 mila euro mensili ad un'altra società. Senza volto anche questa.

La vicenda viene toccata di striscio da una sentenza del Tar, sezione di Pescara, che rileva «che il procedimento ha avuto inizio con una affermazione, certamente falsa, contenuta nella istanza del 15 dicembre 2005 della Cantieri Italiani». La Cantieri italiani aveva chiesto al Comune di acquistare un terreno adiacente di circa 5.000 mq destinato a "verde pubblico", dichiarando di agire "in qualità di promissaria acquirente dell'opificio industriale di proprietà della Bianchi Vending s.p.a.". «Dall'esame degli atti versati in giudizio dalla stessa società Cantieri Italiani si rileva, però, che la Bianchi Vending s.p.a», si legge nella sentenza n° 0875/2007, «non era certamente proprietaria del manufatto in questione».

L'opificio, secondo la ricostruzione del Tar, era passato di mano in mano fino al 1° dicembre 2005 quando la ditta Bianchi Vending aveva ceduto a sua volta la locazione finanziaria dell'immobile in questione alla Trapper's Company s.r.l., «una società della cui esistenza- dice il Tar- non vi è traccia negli atti del procedimento». Ed a questa società che la Bianchi paga l'affitto che grava sui costi dell'azienda che rischia la chiusura. Secondo il Tar, la Cantieri italiani non aveva fornito «alcuna ulteriore indicazione in relazione al titolo che la legittimava ad effettuare proposte di acquisto, a presentare progetti di ristrutturazione ed osservazioni al piano della viabilità».

Mal comune, altrui gaudio

Il Comune in tutto ciò? Non ha controllato. Non lo dice solo l'ex assessore Verzella, ma anche il Tar che dall'esame di tali atti ricava che «gli uffici comunali non avevano mai effettuato una seria indagine sul soggetto proprietario dell'immobile in questione ed, in particolare, del titolo giuridico che legittimava la società predetta non solo ad interloquire in ordine alla ristrutturazione dell'opificio in parola, ma anche ad effettuare una proposta di acquisto a trattativa privata di un terreno comunale destinato a verde pubblico». Una mancanza di controllo che di fatto avrebbe facilitato ed «assecondato intenti speculativi del soggetto intermediario».

Infine, il Tar giudica talmente grave il quadro generale («fatti penalmente rilevanti») da lanciare la palla alla magistratura inviando la sentenza amministrativa in Procura. Ma l'azienda non sembra invertire la rotta. Anzi, ci riprova aumentando la posta in gioco.

«Ora in sede di trattativa», fanno notare gli esponenti di Rifondazione Comunista che da anni seguono e indagano sulla vicenda, «l'azienda per rimanere a Città Sant'Angelo ha chiesto un capannone gratis». (vedere oggi l'ex capannone Bianchi da quale azienda è occupata ndr)

Che farà il Comune?

Ci sono purtroppo diversi esempi nella regione di soci che entrano, escono, scompaiono, ricompaiono sotto altre vesti. Purtroppo in questo gioco di andate e ritorni c'è anche del denaro di mezzo e delle fiscalità evase (una vicenda giudiziaria per tutti il caso Madeira denominato *"Fly money"* del 2013). Un modo di fare impresa poco lineare rispetto ai testi sacri dell'economia che vengono fatti studiare nelle università. Con i soldi degli altri non solo si costruiscono capannoni fantasma o si fa il gioco delle tre carte tra soci, finti soci e prestanomi, ma in passato si prendevano per un territorio e lo si portavano in un altro. Negli anni Ottanta in uno stabilimento di Gissi in provincia di Chieti dopo che furono fatti i collaudi dei vari impianti smontarono gran parte delle macchine nuove per portarle nella sede principale in provincia di Como e al loro posto furono rimontate quelle vecchie provenienti dalla fabbrica del nord. A volte il tragitto da fare è più breve; giusto lo spazio di confine tra due regioni. In val Vibrata, il fiume Tronto, separa l'Abruzzo dalle Marche; gran parte delle aziende insediate nell'area della sponda meridionale del fiume sono di proprietà di imprenditori marchigiani che hanno investito nella parte abruzzese usufruendo delle agevolazioni di, quando questa regione faceva parte del Mezzogiorno d'Italia (in Molise è accaduta la stessa cosa con imprese della regione Campania e Lazio). Abbiamo visto due tipologie di transito degli investimenti quello sud-nord e quello tra regioni confinanti. C'è una terza tipologia che riguarda addirittura un singolo comune che può trovarsi in mezzo ad uno spartiacque che divide una zona agevolata da fondi per investimenti da una esente. Ad Atri in provincia di Teramo per usufruire di certi contributi una nota industria dovette costruire un capannone nuovo in una zona collinare periferica al paese, poiché la sede storica, stando in prossimità del centro cittadino, ricadeva nella fascia costiera e quindi non beneficiava di contributi rispetto alla fascia collinare. Ora è pur vero che dei confini e dei limiti bisogna per forza prevederli quando si emanano delle leggi, ma affidare il tutto a distinzioni fatte su una cartina geografica e non considerare invece i territori come comparti industriali indipendentemente in quale regione o provincia essi ricadono, è anacronistico. Per tornare agli esempi sopra riportati, oggi è impensabile ragionare su una politica di sviluppo di un'area industriale della val Vibrata che ricade nelle competenze della provincia di Teramo ed una della provincia di Ascoli Piceno. Il progetto di macroregione Adriatico Ionica dovrebbe porre le basi per un superamento di questa burocrazia locale, tuttavia se in campo teorico ci si è portati molto avanti con il lavoro, soprattutto in campagna elettorale, in campo pratico basta attribuire delle competenze ad una città al posto di un'altra e subito ci si divide ritornando indietro di decine di anni al tempo in cui si lottava ciascuno per il proprio campanile.

Capitolo terzo

Competenze

La politica è per definizione il luogo delle mediazioni. Quando si deve formare una coalizione di governo di un territorio bisogna tener conto: dei risultati ottenuti dai vari schieramenti vincenti le elezioni; di quelli ottenuti dai perdenti (che un giorno potrebbero tornare utili in caso di rimpasti o allargamenti di maggioranza); della ripartizione dei voti nelle varie circoscrizioni; di quali portatori di interesse fanno parte gli eletti; ed infine quali competenze ha chi dovrà sedere nei posti di comando. A questo ultimo requisito sembra non badare alcuno, un dato sconcertante, con il risultato di assegnare, secondo il parere di tanti, incarichi importanti a persone incompetenti. In una lontana elezione comunale a Pescara il partito in cui militavo (PDS) presentò una lista elettorale di quaranta candidati consiglieri composta da un solo operaio e trentanove in gran parte medici, avvocati e docenti universitari. Curioso, per un partito che nella sua storia, vantava una particolare vocazione a rappresentare la classe operaia, che avesse operato una tale scelta; tuttavia negli anni successivi bastava controllare l'anagrafe degli iscritti per confermare che gran parte delle professioni esercitate da costoro erano proprio quelle di professionisti del ceto medio alto a cui si aggiungevano il popolo dei pensionati (ceto non più attivo dal punto di vista produttivo). Mancavano gli studenti, i giovani, gli operai e i professionisti in campo strettamente tecnico. La sinistra italiana stava cambiando pelle e non solo la sinistra, perché la società si stava trasformando e tanti dei dirigenti di partito o dei sindacati erano colpevolmente in ritardo di fronte a questo cambiamento. Questa distrazione oggi presenta un conto pesante e grave su cui torneremo a riflettere più avanti. Torniamo alla composizione della cosiddetta "squadra di governo". In un mio articolo del 6 maggio 2009 intitolato *Datemi un nome!* scrivevo:

E' passato solo un anno dalle elezioni comunali di Pescara e cinque mesi da quelle regionali, che tra un mese, si torna a votare. Si vota a Pescara per il rinnovo del consiglio comunale dopo lo scioglimento del precedente[14]; si vota per rinnovo del consiglio provinciale a cui si aggiungono le elezioni europee e il referendum. Dal 5 maggio 2007 e cioè da quando è nata Sinistra Democratica (partito che avevo contribuito alla nascita dopo l'ultimo congresso dei DS) ad oggi si è votato sempre. Non è una novità in Italia, avevamo lo stesso problema anche prima con militanze diverse (PCI, PDS, DS). Come si può costruire un movimento o un partito se dobbiamo passare gran parte del nostro tempo a riempire liste di candidati e scegliere la coalizione con cui stare? A tal proposito si cerca con disperazione i prossimi "volontari" da sacrificare per gli impegni sopra detti. C'è un fuggi fuggi generale ed ognuno fa i propri calcoli con chi stare, con chi ha più probabilità di essere eletto e soprattutto cosa chiedere in cambio una volta raggiunto l'obiettivo. Ci sono militanti della sinistra storica che si ritrovano nell'UDC; altri che incontrandosi fino a qualche giorno addietro nemmeno si salutavano che si ritrovano fianco a fianco nello stesso schieramento; altri che hanno sempre predicato la pulizia morale ma che, per una poltrona che conta, sono disposti ad ingoiare rospi di ogni genere; altri ancora che dovendo risolvere problemi personali giocano la carta politica. Si corre consapevoli che alcuni hanno fatto accordi pre-elettorali per cui non c'è bisogno che scendano in campo direttamente e soprattutto si corre sapendo che vincerà qualcuno momentaneamente alleato con te ma che una volta eletto dirà di non conoscerti e sarà pronto a saltare sul carro del vincente (è già successo nelle elezioni regionali). Così i coordinatori dei vari circoli avendo il gravoso compito di cercare di riempire le liste cominciano a chiamare iscritti, ex iscritti, simpatizzanti o conoscenti dei conoscenti o amici degli amici sperando in una loro adesione. Alcuni compagni seriamente impegnati per la causa e che occupano posti di rilievo in amministrazione hanno ricevuto una telefonata con la seguente richiesta: dateci un nome. Una volta per essere candidati bisognava superare esami severissimi e soprattutto bisognava farlo davanti ad

---

[14] Decreto del presidente della repubblica 21 gennaio 2009 (GU Serie Generale n. 28 del 4.2.2009)

un'assemblea di iscritti; oggi è come scegliere un biglietto della lotteria e poi sperare di essere estratti!

Una volta riempiti i banchi delle assemblee governative prevalentemente di medici, avvocati, commercialisti, con l'aggiunta di qualche ex sportivo o appartenente al mondo dello spettacolo o dei media, si inizia a governare non prima però di aver nominato tutto il sottobosco dei vari enti strumentali e delle partecipate, con i loro rispettivi consigli di amministrazione e così via. Senza gettare discredito su queste categorie, risulta evidente, la carenza in alcuni settori chiave di figure adeguate. Si potrà obiettare che il compito di un politico è quello di legiferare e per fare ciò ci si avvale di uno staff di collaboratori più o meno esperti (spesso denominati portaborse) e dei vari funzionari del palazzo cui spetta il compito di processare i vari atti deliberati. La mia esperienza diretta mi ha convinto che le cose funzionano proprio così, ma le conseguenze, sono assai pesanti. E' come se in un team di formula uno avessimo dei meccanici preparatissimi, una macchina all'altezza ma un pilota scarso; è difficile vincere gare così. Lo sperimentiamo noi comuni cittadini ogni giorno quando perdiamo tempo e pazienza nei vari uffici dove in genere vi sono dei funzionari non all'altezza di dirigere e un personale operativo che ha il solo compito di far trascorrere le ore della propria giornata lavorativa. Ovviamente vi sono eccezioni ma in generale l'esperienza diretta ci dice questo. Il motto della politica lo conosciamo tutti: cambiare tutto per cambiare niente. Così tutte le rivoluzioni annunciate si scontrano contro un solido apparato burocratico, contro le continue minacce di far cadere il governo e le forti pressioni delle lobby di potere presenti nei territori (a partire dalla piccola associazione parrocchiale fino alle multinazionali). A fronte di quanto detto, la disaffezione per la politica, ha toccato livelli record in termini di astensione e partecipazione. A quei pochi che hanno ancora la passione, nonostante tutto, viene rivolta la celebre cantilena: ti occupi ancora di politica: non ti sono bastati tutti questi scandali? Sono tutti uguali prima promettono il mondo e poi una volta eletti curano i propri affari e quello dei loro compari! La politica è tutta sporca lascia perdere! Destra o sinistra non c'è alcuna differenza! Però in Italia è difficile estirpare "il male" o uscire da questa "dipendenza" di fare il proprio dovere civico; lo dobbiamo ai tanti che hanno lottato a costo della loro vita per consegnarci la democrazia (a livello personale penso al grande Sandro Pertini). Presi da questo rimorso e con la promessa fatta a se stessi "questa è l'ultima volta che vado a votare" si finisce per rientrare nel meccanismo. Il sistema è tanto collaudato che anche il più lontano e il più disinteressato viene contattato, corteggiato e poi contagiato alla partecipazione politica, perché il sistema ha bisogno del consenso di tutti per sopravvivere! Allora durante la stagione delle scelte, quando tutti i faccioni sorridenti tappezzano le nostre città, i manifesti 6x3 giganteggiano ad ogni incrocio, i santini e i fac-simile riempiono le cassette della posta, i camion a vela portano in giro facce e concetti condensati in uno slogan, le tribune elettorali sono presenti nei vari media ad ogni ora del giorno e della notte, ci ripassiamo tutti la lezione prima di sostenere l'esame finale. Ecco sono tutti là: quello condannato ma poi assolto per decorrenza dei termini; quello che ha amministrato male; quello che la volta scorsa vi ha rubato il voto ed è scomparso; quello che ha cambiato più partiti che calzini; quello che ha regalato pensioni fasulle; quello che ha occupato tutti i suoi paesani, quello che ha promesso la luna; quello che ha soluzioni per ogni problema; quello che si è arricchito improvvisamente; quello che racconta bugie mentre parla di trasparenza; quello che promette un posto di lavoro a voi o ad un vostro figlio. La politica è diventata un mestiere e non fa nulla per nulla. Quando saremo in cabina bisogna ricordarsi che con una semplice croce su una scheda affideremo buona parte della nostra vita ad un signore che la userà per anni, altro che tirarsi indietro con la battaglia del non voto.

Capitolo quarto

Il passaggio dal noi all'io.

La personalizzazione del potere politico

In un mio articolo del 18 febbraio 2009 intitolato *637* scrivevo:

In questi ultimi anni si è andato diffondendo su larga scala, il rito del manifesto post-elettorale dei candidati eletti, con il quale ringraziano coloro che lo hanno votato indicando il numero di preferenze ricevute. Questa abitudine, ha contagiato persino elezioni minori, come possono essere quelle relative alle Circoscrizioni e non perché io le ritenga tali per il riflesso politico che esse hanno, ma semplicemente perché, almeno a Pescara, le Circoscrizioni non hanno mai avuto cittadinanza come meritano e pertanto amministrarle senza una reale volontà di decentramento serve a ben poco. Tuttavia in una sezione locale del PD, su una finestra, ben visibile dalla strada, dopo le ultime elezioni comunali è stato attaccato un foglietto con su scritto 637, numero che dovrebbe ricordare ai cittadini della Circoscrizione che un loro candidato ha conseguito questo risultato in termini di voti. Fin qui poco male, fatta eccezione, per il discorso tante volte affrontato, sulla personalizzazione della politica e sul mutamento antropologico del consenso che si è avuto nel passaggio da una politica fatta di simboli e partiti ad una fatta di facce di singole persone e cioè dal passaggio da un "noi" ad un "io". Dal 16 aprile 2008 ad oggi a Pescara è successo di tutto, compreso il fatto che a primavera prossima si torna di nuovo alle urne. Mister 637 e la sua compagnia, da ieri orfani anche del loro leader nazionale, oltre che di quello regionale, già decapitato qualche mese fa, dovrà rimettersi di nuovo in pista per riconfermare la sua posizione. Sono curioso di leggere il suo prossimo programma elettorale, poiché di cose fatte in questo breve periodo di gloria sono state davvero pochine tanto per essere generosi. Auguri e buon lavoro amici, ricordo i nostri incontri, le nostre cene a base di pizza e birra, in cui sognavamo di andare un giorno noi ad occupare quei posti della politica per fare la nostra rivoluzione culturale e invece siamo finiti nel modo peggiore bloccati nelle sabbie mobili di un giovanilismo vecchio.

Mister 637, forse era troppo giovane all'epoca per ricordare che nella storia del suo attuale partito c'è anche una parte di storia, (oggi facciamo difficoltà a capire quale) di militanza, di appartenenza, costruita molto sul concetto del "noi" e molto poco su quello dell'io". I tempi cambiano e con essi le espressioni collettive. Tuttavia mister 637 non aveva fatto altro che seguire il nuovo flusso di pensiero che lega il consenso elettorale alla comunicazione. Con l'avvento del cosiddetto "berlusconismo"[15] questo binomio è diventato inscindibile. Difatti tra le ragioni che possono contribuire a determinare un risultato elettorale un ruolo di primo piano è svolto dalla comunicazione politica dominata dal mezzo televisivo e in questi ultimi anni anche dalle piattaforme legate ad internet. La comunicazione politica attraverso i media ha sostituito la grande retorica tipica del discorso ideologico. In senso più generale, il rapporto tra sistema dei media e sistema politico, ha consentito un ampliamento delle occasioni di visibilità televisiva dei candidati politici; difatti a quelle tradizionali quali le apparizioni nei notiziari, gli spot, i dibattiti, si sono aggiunte le apparizioni nei talk-show televisivi e numerose interviste. Legata a questa novità, è l'affermarsi del fenomeno della mediatizzazione della politica, dove ogni atto politico è comunicato in tv. Molti si interrogano sul rischio di trasformazione di una competizione incentrata solo sull'uso del mezzo televisivo, arrivando a segnalare il profilarsi di una vera e propria telecrazia o videocrazia[16].

---

[15] Termine coniato dopo l'ingresso in politica dell'imprenditore Silvio Berlusconi proprietario tra l'altro di tre reti televisive.
[16] telecrazìa s. f. [comp. di *tele-* e *-crazia*]. – In genere, il potere che ha la televisione, come mezzo di comunicazione e di informazione, di esercitare una notevole influenza sull'opinione pubblica. In particolare, come termine polemico del linguaggio giornalistico, l'uso (e la possibilità d'uso) della comunicazione televisiva da parte di uomini politici per guidare la pubblica opinione e ottenere il consenso popolare. Con l'uno e con l'altro significato, è

Negli ultimi decenni la tv è diventata, di fatto, egemone come strumento di comunicazione politica. Ciò ha contribuito a ridimensionare la dimensione locale del dibattito elettorale e spinto verso la dimensione della personalizzazione dello scontro ovvero verso il processo secondo cui le qualità personali del candidato divengono contenuto rilevante della proposta politica e, conseguentemente, elemento centrale della comunicazione elettorale. L'uomo solo al comando è storicamente gradito a noi italiani. Noi abbiamo bisogno di una guida che ci dica quello che dobbiamo fare. Siamo fatti così perché è il nostro passato a ricordarcelo. Perfino allo stadio quando ci piace definirci "noi" tifosi della nostra squadra in pratica poi diventiamo allenatori unici pronti a dire la nostra sui moduli di gioco e sulle formazioni da schierare. Scegliere un uomo solo al comando però è molto pericoloso e non solo per la salvaguardia del processo democratico. Scrive Franco Cassano in un paragrafo del suo libro *Modernizzare stanca* intitolato *l'immortalità del cretino:*

A sentire i cantori dello spirito del tempo occorre sciogliere tutto, lacci e laccioli, vincoli e impedimenti, strozzature e protezioni. Tutto va reso fluido, continuamente riformato, sottratto alla vecchia forma solida e trasformato in quella liquida o ancor meglio in quella gassosa. Va di moda il divenire, mentre l'essere è proprio insopportabile, e quando lo s'incontra si fa finta di non conoscerlo. (…) Si afferma, in una forma nuova e adeguata ai tempi, una vecchia figura che avevamo già incontrato nei decenni precedenti e che probabilmente accompagna l'umanità dalla sua nascita: il cretino. Negli anni Settanta il cretino più diffuso era quello che pensava di risolvere tutti i problemi scavalcando gli altri a sinistra, ricattandoli in nome della radicalità. Era un conformista dei luoghi comuni allora dominanti, il cretino adeguato ad essi. Con gli anni Ottanta un nuovo cretino si profilò all'orizzonte, il cretino del disincanto, quello che scavalcava tutti dal lato della disillusione, trasformando il suo cinismo in disinvoltura morale. Gli anni Novanta sono invece dominati dal cretino liberista, l'uomo che

---

usato anche il sinonimo Videocrazia (tratto dal Dizionario Treccani).

predica l'avvento del mercato universale e la liquefazione di tutti i rapporti sociali, la totale disponibilità alla mobilitazione competitiva. Le nostre terre pigre e scettiche sono attraversate da questi nuovi profeti del verbo liberista, dall'ultimo modello di cretino, quello che dicendo: "la globalizzazione impone che...", pensa di poter chiudere ogni discorso e battere ogni obiezione. La caratteristica del cretino è, infatti, sempre la stessa: trasformare alcune buone ragioni in una verità totale.[17]

Questo nuovo modo di fare politica diviene a tutt'oggi responsabile di quel processo definibile come personalizzazione della leadership, che favorisce il diffondersi dei simboli del potere individuale e di una conseguente trasformazione delle singole personalità in soggetti del potere politico. Proprio la scomparsa o il declino del carattere impersonale dell'immagine del partito pone molto più spazio all'emergere della figura del leader e alla sua progressiva sovrapposizione con l'immagine del partito. I leader carismatici della politica odierna divengono delle figure in grado di creare consenso attraverso il look, l'immagine, il frame, ottenuta secondo strategie di marketing politico alla cui base vi è la convinzione dell'importanza della spettacolarità e della necessaria aurea carismatica quale componente specifica ed interna al gioco politico delle parti. Il passaggio dal "noi" all' "io" è un cambiamento nella struttura interna alla politica stessa, ma nel contempo implica un ridimensionamento del ruolo dei partiti e dei loro organi di decisione collettivi a favore dell'assunzione di responsabilità individuale del leader di fronte agli elettori: quindi una trasformazione nella comunicazione. Si mettono in pratica tattiche e persuasioni per stabilire e persuadere che le convinzioni personali, l'integrità, i propositi, la biografia e in definitiva la personalità, la credibilità del leader sono tali da meritare la fiducia dell'elettore, mentre la tradizione di un valore, di una ideologia, di un "sentire comune" finisce nel dimenticatoio a favore di un modo di emergere consono all'estetismo dei nostri tempi. Oggi

---

[17] Franco CASSANO, *Modernizzare stanca*, Il Mulino, pp. 117-118

questa competizione alla leadership comporta la necessità di leggere e, soprattutto, di mostrare la politica come la realizzazione di una persona che solo con le sue azioni si conquista il diritto alla fiducia chiesta ad ogni elettore, confinando nello sfondo il riferimento al partito. La relazione con gli elettori non è più mediata, dunque, dalla società, ma è diretta verso, e consumata attraverso i media per i quali occorrono individualità forti e permalosità di linguaggi per garantirne la riconoscibilità dei tempi politici, e non di certo di complessi sistemi di concetti.

Governare sotto la bandiera del "noi" (prima repubblica) comporta la concertazione infinita su ogni decisione da prendere e soprattutto essere sotto la scure del ricatto delle forze di governo (bastava avere una percentuale di zero virgola qualcosa ed entrare a far parte di una coalizione per pretendere al pari dei grandi partiti un posto di rispetto nelle decisioni che contano). Governare sotto la bandiera dell' "io" (seconda repubblica) tutti sappiamo come sono andate e come continuano ad andare le cose. Dei due mali allora quale scegliere? Un problema che scomoda anche i concetti di identità e nazionalità Slavenka Drakulić nel suo libro *Caffè Europa* riflette su questo difficile passaggio nelle società ex-comuniste dell'Europa dell'est, dove nonostante la caduta dei regimi rimane permanente la presenza del "noi" ovvero di una permanenza del passato, di una paura di uscire allo scoperto del singolo individuo. Questa constatazione porta a concludere la scrittrice che la transizione verso una democrazia compiuta non è ancora avvenuta in quei paesi dell'ex blocco sovietico. Il libro è del 1997 e fa riferimento a fatti datati, tuttavia in questo processo di assorbimento di queste nazioni dentro il progetto di un'Europa allargata possiamo trovare ancora forti presenze come dimostrano la crescita di movimenti razzisti e ultra-nazionalisti nello spazio post Sovietico. Al contrario di questa posizione ci siamo noi italiani. La nostra è la patria di molti "io" in una versione riveduta e corretta, come siamo solo noi capaci di fare. Siamo la nazione dell'io per ricordare a tutti i nostri diritti ma non lo siamo altrettanto per quanto concerne i doveri. Questa logica asimmetrica, scrive il sociologo Franco Cassano, in cui si ritiene normale ricevere e innaturale pagare ha fatto scomparire il "noi" trasformandolo in "loro": alla terza persona plurale, la più lontana e la più esterna all'"io", vengono attribuite le responsabilità di tutti i mali.[18] Così in ogni momento difficile della nostra storia sociale, politica, economica torna il solito rimbalzo di responsabilità. Il lavoratore che rimane disoccupato accusa l'impresa; l'imprenditore che chiude o de-localizza accusa la politica; i politici accusano fenomeni mondiali di globalizzazione e tutto torna. Tutti colpevoli – nessun colpevole. Tutti responsabili – Nessun responsabile. Fatte queste dovute premesse passiamo ad esaminare in maniera pratica alcune anomalie accadute nel tessuto industriale abruzzese.

---

[18] Franco CASSANO, *Modernizzare stanca*, Il Mulino, p. 140

Capitolo quinto

Esperienza sul campo

In campo lavorativo, dalla metà degli anni Ottanta ad oggi, mi sono sempre occupato di consulenze tecnico-commerciali presso le industrie presenti in Abruzzo e nelle regioni limitrofe. Riordinando gli appunti di questi decenni e soprattutto rielaborando la banca dati relativa alle varie aziende visitate è emerso un primo dato molto significativo: la costante e progressiva scomparsa di decine di grandi e medie aziende ogni anno dal territorio e la nascita pressoché zero di nuove. Nel 2004 sono uscito da questo settore e con gran fatica sono riuscito a rientrarvi nel 2009. Al mio rientro e alla nuova mappatura del territorio i dati sono stati ancor più sconvolgenti; intere zone industriali erano scomparse del tutto e quelle ancora in essere si erano fortemente ridimensionate. Il mondo industriale abruzzese era completamente cambiato rispetto a quanto io avevo imparato a conoscerlo nel passato. Certo la politica dello "zio Remo"[19] era già finita da un po', tuttavia è lecito chiedersi com'è stato possibile dilapidare un patrimonio in così poco tempo. In fondo è la stessa domanda, su scala nazionale, che si pone Luciano Gallino nel suo libro del 2003. La rievocazione in Abruzzo dei tempi del gasparismo dà la misura di quanto la politica di oggi sia in decadenza. Se da una parte è un bene che gli abruzzesi abbiano rispetto e memoria, pur nella diversità di opinioni, di chi questa regione ha contribuito a costruire, è male che vivano con la testa girata all'indietro vedendo un futuro del tutto incerto. Si può ricondurre tutto alla mancanza oggi di esponenti politici di prestigio? La risposta è no. Siamo di fronte a cambiamenti epocali in cui le decisioni politico economiche da prendere sono di una

---

[19] Per i non abruzzesi per zio Remo s'intende Remo Gaspari (Gissi, 10 luglio 1921 – Gissi, 19 luglio 2011) uomo politico della Democrazia Cristiana e avvocato, dieci volte deputato e sedici Ministro della Repubblica

grande complessità in primo luogo per la perdita della sovranità nazionale dei singoli stati membri dell'Unione Europea a vantaggio di un progetto di integrazione ancora tutto da divenire nel tentativo ambizioso di costruire gli Stati Uniti d'Europa. La conseguenza più negativa di questo progetto è stata la costruzione della sola unità monetaria ed economica ricondotta ad una banca centrale europea che, di fatto, ha azzerato il potere decisionale dei governi degli Stati membri. Incertezze sulle programmazioni di sviluppo, contrasti tra le corporazioni, legislazioni in contrasto tra loro, sistema fiscale differente tra diverse nazioni, sommate a governi instabili e carenze infrastrutturali di alcuni territori sono concause che hanno determinato e continuano a determinare l'abbandono degli investimenti produttivi nel vecchio continente e in maggior misura in aree con problematiche più rilevanti rispetto ad altre. Si investe dunque poco in Europa, meno in Italia e pressoché niente nelle zone del centro-sud Abruzzo incluso. Quando si assiste a conferenze tematiche o si ascoltano degli esperti in materia, gran parte delle loro spiegazioni sull'attuale stato di crisi, vengono ricondotte al fenomeno della globalizzazione, termine che personalmente penso dica tutto e niente. Dobbiamo credere che siamo in crisi perché viviamo in un mondo globale e pertanto quanto non si è più competitivi si creano i presupposti per la chiusura di aziende con pesanti ricadute sui territori? In altri termini significa dire: quando le condizioni per investire da voi erano vantaggiose per una serie di sgravi di varia natura abbiamo investito, oggi che questi vantaggi sono altrove, ce ne andiamo (parliamo in questo caso di facility). Del resto basta tradurre questo termine e vengono fuori concetti come: facilità, abilità, destrezza, agevolazione, facilitazione, condiscendenza, opportunità. Quando l'economia diventa solo finanza e la finanza è governata dagli azionisti sono questi che decidono dove e come far confluire i loro investimenti. A fronte di questi ragionamenti da bar è facile giungere anche ai rimedi: torniamo indietro di cinquant'anni come condizioni lavorative in

54

termini di stipendi, di sicurezza, di diritti, torniamo a regalare intere aree in termini di sfruttamento del suolo, di benefit energetici, idrici, infrastrutturali e fiscali e vedrete come le grandi multinazionali torneranno ad investire nei nostri territori! Resta da chiedersi perché non lo facciamo? Questo interrogativo ne porta con se un altro: siamo proprio sicuri (visto il prezzo da pagare) di aver bisogno di queste multinazionali? Altro ragionamento da bar che è facile ascoltare è questo: l'Italia per il patrimonio storico, artistico ed ambientale che possiede potrebbe vivere solo di questo. Per l'Abruzzo potremmo utilizzare l'equazione: se l'Italia rispetto al mondo è la più ricca in termini ambientali e potrebbe vivere di questa risorsa, allora l'Abruzzo che è la regione verde d'Europa potrebbe fare lo stesso. Fine dell'Abruzzo "industriale" inizio dell'Abruzzo "culturale, ambientale e turistico". Basterà questa nuova scelta e consapevolezza per toglierci da guai? La risposta è magari! Purtroppo i numeri di lavoratori occupabili nell'industria manifatturiera non lo sono altrettanto in questo settore e soprattutto il processo di trasformazione implica un cambio di approccio culturale delle imprese ancora troppo lontano da divenire.

5.1 I tempi della politica e della burocrazia

La politica ha i suoi tempi e quasi sempre non coincidono con quelli del mondo reale. Si conta fino a cento quando la casa dopo dieci è già crollata. Scrive Antonio Del Giudice ex direttore del quotidiano abruzzese *Il Centro* nell'editoriale del 2 gennaio 2005:

"Anche in Abruzzo il 2005 comincia come fotocopia del 2004. Per la quinta volta, un vero record, abbiamo valicato il 31 dicembre senza che il Consiglio regionale approvasse il bilancio. Siamo di nuovo in esercizio provvisorio". [20]

---

[20] ANTONIO DEL GIUDICE, *Il guinness dell'Abruzzo* tratto da *Buona domenica* FinPress editore, 2005 p. 135

Il dispositivo dell'articolo 163 del testo unico degli enti locali concede questa possibilità e spesso la classe politica è costretta a farvi ricorso. La mia esperienza in regione mi ha insegnato che il mese di dicembre è il periodo dell'anno più impegnativo dal punto di vista lavorativo proprio per questa ragione. Si passano nottate per cercare di riuscire ad approvare il bilancio rispettando i termini di legge con estenuanti trattative tra le varie forze politiche ed in particolare con le opposizioni che tra emendamenti e ostruzioni varie trovano l'occasione per cercare di far saltare il banco. Per gli interessi di pochi si calpestano i diritti di molti ad avere un bilancio approvato e quindi operativo. Quando tutto si sistema si entra nel merito dei vari capitoli di spesa e la loro destinazione. Ho imparato tuttavia a non prendere troppo sul serio quanto scritto e soprattutto a saper leggere attorno ad ogni voce chi vi si nasconde dietro. Il bilancio, a partire da quello familiare fino a quello di uno Stato, è una cosa seria ma sembra che a pochi interessi. Ciò che preme ai vari rappresentanti dei territori è giocarsi il proprio consenso elettorale e di potere attraverso opere ed iniziative di vario genere fatte appunto finanziare dagli organi di governo (oggi viene qualche sospetto guardando il master plan della regione Abruzzo). Torniamo al bilancio e facciamo un breve cenno su alcune nozioni generali. Il bilancio dello Stato è un documento contabile indicante le entrate (imposizione fiscale) e le uscite (spesa pubblica) relative ad un determinato periodo di tempo ovvero i cosiddetti conti pubblici. Relativamente allo Stato italiano, esso è un documento di previsione contemplato dall'art. 81 della Costituzione da approvarsi con scadenza annuale. Il bilancio può essere classificato in diversi modi. A seconda dell'esercizio finanziario cui si riferisce tra:

~ Bilancio preventivo
~ Bilancio consuntivo.

Rispetto al contenuto può essere:

~ di competenza (entrate accertate e spese impegnate)
~ di cassa (entrate effettivamente riscosse e uscite effettivamente pagate).

Oltre alla funzione contabile, il bilancio svolge anche le seguenti funzioni:

~ politica, concernente il rapporto fiduciario tra il Parlamento e il Governo;
~ giuridica, perché rappresenta una sorta di autorizzazione preventiva delle spese, che il Parlamento concede all'organo cui spetta il compito di dare esecuzione al bilancio;
~ economica, perché determina il regolare andamento dei cicli economici ed il raggiungimento dei fini funzionali dell'attività finanziaria.

Chi controlla il bilancio? La Corte dei Conti con le sue sezioni esercita il controllo di legittimità su atti e sulla gestione delle amministrazioni dello Stato aventi sede nella Regione; verifica il funzionamento dei controlli interni a ciascuna amministrazione. Esercita il controllo sulla gestione delle amministrazioni regionali e loro enti strumentali, ai fini del referto ai consigli regionali, nonché il controllo sulla gestione degli enti locali, dei loro enti strumentali, delle università e delle istituzioni pubbliche aventi sede nella Regione. Il controllo comprende la verifica dei cofinanziamenti regionali per interventi sostenuti con fondi comunitari. Ai fini del coordinamento della finanza pubblica, verifica il rispetto degli equilibri di bilancio da parte di Comuni, Province, Città metropolitane e Regioni, in relazione al patto di stabilità interno ed ai vincoli derivanti dall'appartenenza dell'Italia all'Unione Europea. Qualora accerti, anche sulla base delle relazioni degli organi di revisione economico-finanziaria, comportamenti difformi dalla sana gestione finanziaria, il mancato rispetto degli obiettivi posti con il patto stesso, la presenza di squilibri di bilancio o di gravi irregolarità contabili, adotta specifica pronuncia e vigila sull'adozione, da parte dell'ente locale, delle necessarie misure correttive nonché sul rispetto dei vincoli e limitazioni posti in caso di mancati rispetto delle regole del patto di stabilità interno. Tali disposizioni si applicano anche agli enti del Servizio sanitario nazionale; le pronunzie adottate nei confronti di tali enti vengono trasmesse anche alla Regione interessata per i conseguenti provvedimenti. Detto questo può capitare (anzi capita spesso) che le regioni presentino una spesa fuori controllo soprattutto in materia sanitaria. Per rientrare nei parametri previsti dalla legge di stabilità, pena la sospensione o riduzione dei trasferimenti, bisogna dimostrare, conti alla mano, che tutti gli sforzi vanno in quella direzione, ovvero rientrare nel più breve tempo possibile dagli sforamenti di spesa. Così può capitare di vedere azzerate tutte le risorse destinate ai vari settori perché dirottate al solo capitolo sanitario. Ovviamente si tratta di un'operazione di facciata; una dichiarazione di impegno a voler rimettere i conti in ordine. Non appena la Corte dei conti approva il bilancio, le somme vengono di nuovo ripartite come sempre, nei diversi settori. Insomma bisogna dimostrare di aver recepito il dettato governativo e di aver fatto bene il compito assegnato. La stessa procedura credo si ripeta da parte del governo centrale verso l'Europa al fine di ottenere quei trasferimenti necessari alla vita stessa della macchina statale. La cartina sotto riportata indica in celeste quali sono le regioni interessate al piano di rientro dal disavanzo della spesa sanitaria e in grigio le regioni che lo hanno concluso o non più affiancate dai Ministeri. Dal sito del Ministero della salute riportiamo la cronistoria del piano di rientro sanitario della regione Abruzzo, un capitolo fondamentale perché incide profondamente su qualsiasi altro intervento di spesa in altri settori e in particolare nel settore produttivo industriale, oggetto della nostra riflessione.

La regione Abruzzo ha siglato il piano il 6 marzo 2007. A seguito della verifica del 22 luglio 2008, si è avviata la procedura di diffida, di cui all'art.4, del Decreto Legge del 1 ottobre 2007, n°159, convertito con modificazioni dalla Legge 222/07, ai fini del commissariamento, non essendo stati raggiunti gli obiettivi prefissati. Successivamente, a seguito dell'incontro del 2 settembre 2008, persistendo i presupposti riscontrati precedentemente, il Consiglio dei Ministri, con delibera dell'11 settembre 2008, ha nominato il dott. Gino Redigolo Commissario ad acta per l'intero periodo di vigilanza del Piano. Sulla base delle disposizioni previste dalla normativa di cui sopra, con delibera del Presidente del Consiglio del 12 dicembre 2009 è stato nominato il Presidente pro-tempore della Regione Abruzzo dott. Gianni Chiodi quale Commissario ad acta per la prosecuzione del Piano di Rientro, in sostituzione del precedente Commissario. Successivamente con delibera del 13 gennaio 2010, il Presidente del Consiglio dei Ministri ha affiancato al Commissario ad acta, come sub-commissari, la dott.ssa Giovanna Baraldi e il dott. Giancarlo Rossini, al fine di rafforzare l'impatto dell'attività commissariale. Ai sensi del "Patto per la Salute" del 3 dicembre 2009, art. 13 comma 14 e art.2 comma 88 della Legge 23 dicembre 2009, n° 191, la Regione ha inviato, in data 15 luglio 2010, il Programma Operativo 2010 con il quale intende dare prosecuzione al Piano di Rientro 2007/2009. Il 4 agosto 2010 la delibera della Presidenza del Consiglio dei Ministri, a seguito della rinuncia da parte del Dott. Giancarlo Rossini in data 16 febbraio2010, ha esteso la delega della dott.ssa Giovanna Baraldi, in qualità di sub-commissario ad acta, per la realizzazione di tutti gli interventi prioritari definiti nel mandato ricevuto il 13 gennaio 2010. Il 6 luglio 2011 il Commissario ad acta ha provveduto ad adottare apposito decreto (DCA n° 22/11) con il quale approva il Programma Operativo 2011-2012, predisposto in applicazione dell'art. 2 , comma 88 della Legge 191/2009. A seguito delle dimissioni del sub-commissario Giovanna Baraldi, in data 30 aprile 2012, con delibera del 7 giugno 2012, il Consiglio dei Ministri ha preso atto delle suddette dimissioni ed ha provveduto alla nomina del dott. Giuseppe Zuccatelli in funzione di sub-commissario per l'attuazione del Piano di Rientro dai disavanzi del SSR abruzzese. La gestione commissariale, con DCA 84 del 9 ottobre 2013, ha approvato il Programma Operativo 2013-2015 che è stato valutato dai Ministeri affiancanti adeguatamente impostato subordinatamente ad alcune prescrizioni indicate nella riunione di verifica del 21 novembre 2013. Con DCA n°112/13 del 30 dicembre 2013 la struttura commissariale ha approvato la nuova versione del Programma Operativo 2013-2015 con le modifiche ed integrazioni richieste. Nella riunione di verifica del 17 e 22 aprile 2014, Tavolo e Comitato hanno valutato che il P.O. 2013-2015, adottato con Decreto 112/2013, fosse stato integrato con le prescrizioni di cui alla riunione del 21 novembre 2013; hanno ritenuto altresì necessario che la struttura commissariale procedesse all'invio dei chiarimenti richiesti e all'adozione, con atto formale di integrazione del Programma Operativo 2013-2015, delle ulteriori integrazioni indicate. Con delibera del Presidente del Consiglio del 23 luglio 2014 è stato nominato il Presidente pro-tempore della Regione Abruzzo dott. Luciano D'Alfonso quale commissario ad acta per la prosecuzione del Piano di Rientro , a seguito delle elezioni regionali del 25 maggio 2014. Nel corso della riunione di verifica del 4 agosto 2014 il Commissario ad acta ha dichiarato di volersi avvalere della procedura di cui all'art. 2, comma 88, della legge n. 191/2009 per l'uscita dal commissariamento. Una riunione di verifica si è tenuta l'8 aprile 2015 mentre la seduta del Consiglio dei Ministri del 15 settembre 2016 ha deliberato l'uscita dell'Abruzzo dal tale regime, prima regione tra quelle commissariate, ad aver concluso la procedura.

5.2 Alcuni numeri

Le previsioni di spesa per il 2016 e i prossimi anni sono state effettuate sulla base delle legislazione vigente e del quadro macroeconomico elaborato per il periodo di riferimento. In particolare – avverte il Def - esse scontano, per il 2016, la manovra di 1.783 milioni prevista dalla Legge di stabilità e, per gli anni 2017 e successivi, il contributo del settore sanitario alla complessiva manovra a carico delle regioni, introdotta sempre dalla Legge di stabilità. Tale contributo è stato definito in sede di Intesa Stato-Regioni dello scorso 11 febbraio in 3.500 milioni per il 2017 ed in 5.000 milioni a decorrere dal 2018, e conseguentemente fissando il fondo sanitario per il 2017 in 113,063 miliardi e in 114,998 per il 2018. Previsioni per l'anno 2016. La spesa sanitaria del 2016 è prevista per un importo pari a 113.376 milioni, con un tasso di crescita dello 0,9 per cento.

PREVISIONE DELLA SPESA SANITARIA 2016-2019				
	2016	2017	2018	2019
Spesa sanitaria	**113.376**	**114.789**	**116.170**	**118.505**
In % di PIL	6,8%	6,7%	6.6%	6,5%
Tasso di variazione in %	0,9%	1,2%	1,2%	2,0%

L'ARCONET (armonizzazione contabile degli enti territoriali) è il processo di riforma degli ordinamenti contabili pubblici diretto a rendere i bilanci delle amministrazioni pubbliche omogenei, confrontabili e aggregabili al fine di:

* consentire il controllo dei conti pubblici nazionali (tutela della finanza pubblica nazionale);
* verificare la rispondenza dei conti pubblici alle condizioni dell'articolo 104 del Trattato istitutivo UE);
* favorire l'attuazione del federalismo fiscale.

L'armonizzazione dei sistemi contabili e degli schemi di bilancio delle amministrazioni pubbliche costituisce il cardine irrinunciabile della riforma della contabilità pubblica (legge n. 196/2009) e della riforma federale prevista dalla legge n. 42//2009.

Entrambe le leggi hanno delegato il Governo ad adottare uno o più decreti legislativi, informati ai medesimi principi e criteri direttivi, per l'attuazione dell'armonizzazione contabile.

Per gli enti territoriali la delega è stata attuata dal decreto legislativo 23 giugno 2011 n. 118 "Disposizioni in materia di armonizzazione dei sistemi contabili e degli schemi di bilancio delle Regioni, degli enti locali e dei loro organismi, a norma degli articoli 1 e 2 della legge 5 maggio 2009, n. 42".

5.3 Burocrazia

Aprire un'attività legale in Italia è pura follia. Quelle che vediamo aprire e chiudere in poco tempo nelle nostre città spesso sono fatte per coprire attività illecite come per esempio il riciclaggio di denaro sporco (in gergo si parla di lavanderie). Un imprenditore che vuole investire in Italia prima di tutto deve vedersela con un nemico terribile: l'apparato burocratico su cui si fonda l'intera vita dello Stato. Un mio amico tempo fa fece un progetto ben articolato per aprire una pizzeria ai propri figli disoccupati facendo riferimento ad un bando europeo per il finanziamento agevolato per l'avvio di attività di imprenditoria giovanile. Il suo progetto fu approvato. Entro un mese, pena la perdita del finanziamento, doveva avviare l'attività (la famosa startup). Per il solo sopralluogo tecnico e poi la successiva autorizzazione la società energetica chiese un tempo variabile da uno fino a tre mesi. La conclusione della storia è facile conoscerla: il mio amico ha rinunciato al bando, ha chiesto un prestito (è stato fortunato perché lavora in banca) e nei tempi dilatati dei vari enti ha aperto la pizzeria diversi mesi dopo. Cosa occorreva per aprire un piccolo locale con una modesta attività? Penso poche cose; eppure ci sono tante pratiche, tanti soldi da spendere per ottenere il via. Mi dicono che all'esterno non funziona così. Se poi parliamo di interventi pubblici, oggi quasi scomparsi, il tempo di realizzazione, in Italia, sono drammatici. In questi termini si esprime un articolo su *Il sole 24 ore* del 10 gennaio 2016 che continua: per completare una grande opera, dall'avvio della progettazione al collaudo, servono in media 14 anni e 7 mesi. Ma il dato più impressionante della fotografia scattata circa un anno fa su 35mila opere dal Dipartimento per le politiche di sviluppo (Dps) è un altro: il 42% dei ritardi di consegna delle opere sono dovuti ai cosiddetti «tempi di attraversamento», vale a dire tempi morti di ordinaria burocrazia che si perdono nel passaggio da una fase all'altra, da una PA all'altra, da una decisione all'altra, da un parere all'altro.

FIGURA 3.6 I servizi professionali rappresentano in media più del 70% dei costi per avviare un'impresa in Italia

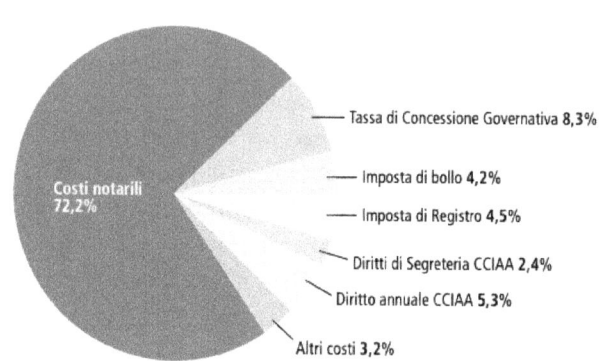

Tassa di Concessione Governativa 8,3%

Costi notarili 72,2%

Imposta di bollo 4,2%

Imposta di Registro 4,5%

Diritti di Segreteria CCIAA 2,4%

Diritto annuale CCIAA 5,3%

Altri costi 3,2%

Fonte: Banca Dati *Doing Business.*

5.4 Nel far-west degli investimenti

Adesso proviamo a fare lo stesso ragionamento se un imprenditore o un gruppo internazionale volesse aprire uno stabilimento in una zona industriale. Visti i tempi della burocrazia italiana quanti di noi a loro posto lo farebbe? Penso pochi o nessuno. Partiamo dalla base: cos'è un investimento industriale? Gli investimenti sono uscite di cassa, in una o più soluzioni (fase di impianto) che genereranno nuovi flussi di cassa positivi (fase di esercizio). Per sostenere un investimento bisogna fare:

1) Una valutazione strategica
2) Una valutazione tecnica
3) Una valutazione di mercato
4) Una valutazione finanziaria

Per fare un investimento bisogna decidere se ricorrere ai metodi tradizionali o finanziari analizzando bene i pregi e i difetti di ciascuno. Bisogna tener conto del tempo di recupero dell'investimento PBP (*payback period*). Molte imprese pongono un limite temporale (*cutoff period*) entro il quale si deve rientrare dall'investimento. Su questa particolare fase s'innescano molte criticità e soprattutto numerosi limiti solo in parte superabili. L'introduzione del RMC (rendimento medio contabile) come criterio di valutazione degli investimenti anch'esso presenta diverse lacune. Senza addentrarci in materia di analisi finanziaria, ci interessa sottolineare l'abc che si muove dietro la decisione di fare un investimento su un determinato territorio. Facendo un parallelismo con il mondo del sport, possiamo constatare che ad esempio nel calcio sono spariti o vanno scomparendo i vecchi presidenti, in genere industriali, che finanziavano la propria squadra del cuore per pura passione o per piccoli tornaconti per lo più legati a sponsorizzare la propria attività. Le società di oggi possono ancora stare sul "mercato che conta" solo se finanziate da grandi investitori per lo più stranieri e in massima parte rappresentati da sceicchi arabi, magnati russi o cinesi. I grandi club che in Europa possono permettersi l'ingaggio dei migliori professionisti del pallone, sono tutti di proprietà riconducibili a queste figure. L'eventuale investitore in materia industriale non può che essere lo stesso che investe nel mondo dello sport. Si comprende bene che non vi è alcun interesse diretto da parte di costoro ad entrare in una simile impresa, tuttavia tramite le loro ramificazioni, soprattutto bancarie e finanziarie, possono indirettamente esserne coinvolti. Entriamo così nel minato mondo della finanza e delle banche. Un articolo pubblicato su *Il Manifesto* del 24 novembre 2012 è intitolato senza giri di parole *Banchieri imbroglioni* dove si legge:

I nuovi padroni del mondo sono gli speculatori di borsa, che non hanno alcun interesse per il bene comune. Da quando è scoppiata la crisi nessuno è riuscito a mettere loro la museruola. Per quanto tempo le democrazie resisteranno a questa impunità?A quei cittadini che ancora lo ignoravano, la crisi sta dimostrando che i mercati finanziari sono i protagonisti principali della attuale situazione economica in Europa. Essi rappresentano un cambiamento fondamentale: il potere è passato dai politici agli speculatori di borsa e a una corte di banchieri imbroglioni. Ogni giorno, i mercati muovono somme colossali. Ad esempio, quasi 7 miliardi di euro, solo in debiti degli stati della zona euro, secondo la Banca centrale europea. La decisione collettiva quotidiana di questi mercati può rovesciare i governi, dettare politiche e sottomettere popoli. Il dramma è anche che questi nuovi "padroni del mondo" non hanno alcun interesse per il bene comune. La solidarietà non è il loro problema. Meno ancora la preservazione dello stato sociale. La unica razionalità che li spinge è l'avidità. Gli speculatori e banchieri, guidati dall'avidità, arrivano a comportarsi come mafie, con la mentalità di uccelli rapaci. E con una impunità quasi totale. Da quando, nel 2008, è scoppiata la crisi – in gran parte causato da loro – nessuna riforma seria ha potuto regolamentare i mercati o mettere la museruola ai banchieri. E nonostante tutte le critiche contro la "irrazionalità del sistema", il comportamento di molti attori finanziari continua ad essere cinico. È evidente che le banche svolgono un ruolo chiave nel sistema economico. E che le loro attività tradizionali – stimolare il risparmio, dare credito alle famiglie, finanziare le imprese, dare impulso al commercio – sono costruttive. Ma dalla generalizzazione, negli anni ottanta, del modello della "banca universale", che aggiunse ogni sorta di attività speculativa e di investimento, i rischi per i risparmiatori si sono moltiplicati, così come la frode, l'inganno e gli scandali.

L'articolo si conclude chiedendosi:

Questo scandalo enorme dimostra che la criminalità è nel cuore stesso della finanza internazionale. E che, probabilmente, milioni di famiglie hanno pagato i loro mutui a tassi irregolari. Molti hanno dovuto abbandonare le loro case. Altri ne sono stati cacciati perché non potevano pagare un debito artificialmente manipolato. Ancora una volta, le autorità incaricate di vigilare sul buon funzionamento dei mercati hanno chiuso un occhio. Nessuno è stato punito, a parte quattro disgraziati. Tutte le banche coinvolte sono ancora facendo affari. Per quanto tempo le democrazie possono resistere a una tale impunità? Nel 1932, negli Stati uniti, Ferdinand Pecora, un figlio di immigrati italiani che arrivò all'incarico di procuratore di New York, fu scelto dal presidente Herbert Hoover per indagare sulla responsabilità delle banche nelle cause della crisi del 1929. Il suo rapporto fu impressionante. Pecora propose il termine "bankster" per qualificare i "banchieri gangster". Sulla base di quel rapporto, il presidente Franklin D. Roosevelt decise di proteggere i cittadini dai rischi della speculazione. Sanzionò tutte le banche imponendo il "Glass-Steagall Act" e stabilendo (durò fino al 1999) un'incompatibilità tra due tipi di attività: le banche di deposito e le banche d'investimento. Quale governo europeo della zona euro prenderà una tale decisione?

L'Italia industriale è alla stagione dei saldi. Svende tutto e cerca di fare cassa per pura sopravvivenza. In un articolo sul quotidiano *Libero* del 7 marzo 2014 dal titolo *Svendita Italia. Ecco le 830 aziende che abbiamo ceduto per la crisi* si legge:

Il made in Italy non muore. Cambia pelle e soprattutto proprietà. Dal primo gennaio 2008 a oggi sono passate in mani straniere ben 830 aziende italiane per una valore complessivo di poco superiore ai 101 miliardi di euro. Cifra che arriva tranquillamente a 115 miliardi, dal momento che nelle operazioni più piccole gli importi della cessione non sono dichiarati. Nello stesso periodo lo shopping italiano all'estero si è fermato a circa 340 prede per un capitale più o meno di 65 miliardi. Nel primo caso l'attenzione è concentrata soprattutto sul lusso e sul settore retail, nel secondo caso, quando siamo noi a investire, c'è molta chimica, farmaceutica e industria connessa alle automobili. Un caso su tutti Fiat a Detroit. (…) Da un lato l'impoverimento della capacità industriale del Paese è frutto di mala politica, troppi sussidi, zero infrastrutture e alte tasse assieme a una scarsa lungimiranza di imprenditori che non hanno saputo capitalizzare le proprie creazioni, ma dall'altro va sottolineato che su 830 poco più di una ottantina sono acquisizioni di natura finanziaria: le altre sono legate a imprese con Dna prettamente industriale e quindi, generalmente, con progetti di crescita. Con la trasformazione dell'export e l'unificazione -sotto questo profilo

67

- dell'Europa la crescita industriale passa ormai quasi esclusivamente attraverso le acquisizioni. E il made in Italy frammentato non avrebbe più avuto speranza non solo di crescere, ma spesso anche di vivere. L'Italia, dunque, nella globalizzazione ci mette la conoscenza, gli stranieri la distribuzione. E sempre più spesso i soldi. Si può notare che negli ultimi anni lo shopping straniero lungo la penisola è aumentato. Al contrario si è assistito a una diminuzione delle acquisizioni Italia su Italia. Perché, come detto sopra, si è aggiunto un terzo pilastro fondamentale: la liquidità che a noi manca. I Paesi che più stanno scommettendo sull'Italia sono Francia, Usa, Germania, Russia, Corea del Sud e la galassia emiratiana.

Tra queste 830 aziende italiane comprese nell'elenco ne troviamo alcune, sotto elencate, che hanno a che fare con l'Abruzzo:

Vecchia proprietà	Nuova proprietà	Nazionalità
Artsana Sud S.p.A (Serenity)	Ontex NV	Belgium
Bianchi Vending Group Spa (40% Stake)	AAC Capital Partners	Netherlands
Biogen-Dompe AG (50% Stake)	Biogen Idec Inc.	USA
Brioni Spa	Kering	France
Delverde Industrie Alimentari Spa	Molinos Rio de la Plata SA	Argentina
Flovetro Spa (50% Stake)	Nippon Sheet Glass Co Ltd	Japan
Hatria Srl	CoBe Capital LLC	USA
Il sole 24 ore Spa	vwd Vereinigte Wirtschaftsdienste	Germany

Imerys SA (Four Ground Calcium)	Omya AG	Switzerland
Isagro Italia Srl (50% Stake)	Sumitomo Chemical Co Ltd	Japan
Micron Technology Italia	LFoundry GmbH	Germany
Pantex International Spa	BNP Paribas SA; Efibanca Spa	France Italy
Sixty Group	Crescent HydePark	Singapore

Enrico Grazzini su *MicroMega* del 31 luglio 2014 scrive l'articolo *Come stiamo svendendo l'Italia:*

La vendita della Indesit a Whirpool è solo l'ultimo caso: si sta verificando nel silenzio generale la fine dell'Italia industriale, come predetto da Luciano Gallino. Il pericolo imminente è quello di cedere al capitale estero non solo le industrie ma anche le grandi banche, e di svendere completamente il risparmio italiano. A causa del declino verticale dell'industria e della sofferenza delle banche italiane, e a causa della colpevole inerzia governativa e dei pesanti vincoli europei, il capitalismo nazionale sta diventando un servile vassallo di quello internazionale. E l'Italia rischia così di precipitare definitivamente nel Terzo Mondo. (…)

Conclude l'articolo

L'unificazione bancaria europea decisa dalla UE genera la necessità di ricorrere al mercato per ricapitalizzare le banche nazionali colme di debiti in sofferenza a causa della crisi, e, spesso, dei crediti erogati agli "amici". L'apertura del mercato bancario nazionale sollecitata dall'Unione Europea è una fortuna per la speculazione internazionale. Le ricapitalizzazioni sono una manna per gli investitori esteri che con pochi soldi potranno acquistare il risparmio nazionale: ma senza il minimo controllo sul risparmio non ci saranno nuovi investimenti e prospettive di sviluppo più o meno sostenibile. L'Italia diventerà irrimediabilmente un paese del terzo mondo.

Allora ai furbi di turno (vedremo in seguito qualche esempio) bisogna contrapporsi con decisione. La lotta alla globalizzazione e ai suoi effetti distorti va combattuta senza paura ricordando che un altro mondo è possibile. Ribadendo che con una popolazione di oltre 500 milioni di persone, un PIL che è maggiore di quello statunitense e 4,3 milioni di km^2 di superficie, l'Unione Europea ha tutti i numeri e le competenze necessarie per cambiare l'attuale corso della globalizzazione e quindi limitare i suoi devastanti effetti sull'ambiente e le persone. Che si può adeguare le importazioni di merci extra-UE agli standard europei in materia di sicurezza del lavoro, di tutela dell'ambiente e di diritti dei lavoratori; in questo modo si metterebbe fine alla continua concorrenza sleale che permette alle grandi multinazionali di ottenere il massimo beneficio dall'attuale globalizzazione ai danni dei lavoratori europei e dello stato di salute del pianeta.

5.5 Non sappia la mano destra ciò che fa quella sinistra

In Regione Abruzzo tra le deleghe assegnate ai vari assessori c'è quella delle attività produttive e della gestione delle crisi industriali. In termini di "marketing regionale" forse era meglio omettere la seconda parte della delega, tuttavia l'idea di base non è sbagliata anche se qualche riserva operativa viene da pensare. E' accaduto in passato quando fu assegnato ad un assessorato la delega alla pianificazione urbanistica e territoriale di aree protette, beni e valutazioni ambientali di politiche per lo sviluppo sostenibile di politica energetica e di ciclo integrato dei rifiuti. Anche questa scelta poteva sembrare appropriata in quanto le materie tra di loro sono connesse, però ricordo le difficoltà a cui si veniva incontro quando si trattava di gestire allo stesso tempo attività di sviluppo energetico con quelle di salvaguardia dei territori sottoposti a vincoli ambientali dei parchi, contrasti tra due visioni opposte ed interessi spesso separati tra loro da poche decine di metri. Insomma non era facile prendere decisioni per autorizzare ad esempio un impianto fotovoltaico o installare delle pale eoliche e allo stesso tempo parlare di salvaguardia dei parchi naturalistici. Così per quanto riguarda il mondo industriale fare incontri alla ricerca di nuovi investitori e poi fare tavoli di concertazione per salvare le aziende che chiudono magari nella stessa area o addirittura nello stesso settore di produzione è cosa complicata. Un caso recente riguarda il settore cartario dove è stata scongiurata la chiusura definitiva di un'importante stabilimento della Marsica (lo stesso gruppo decise per la chiusura nel 2008 di un suo storico sito di Chieti dopo 70 anni e ridimensionò in maniera drastica proprio il sito industriale di Avezzano) dove si è trovato un accordo per riconvertire la produzione di carte per periodici e carte patinate per stampa in cartone da imballaggio. Tutto bene se non fosse che in Valpescara un altro importante gruppo che produce dal 1972 cartone da imballaggio minaccia già da tempo la chiusura o il ridimensionamento di alcuni suoi siti. Allora viene da chiedersi: c'è mercato o non c'è mercato per questo settore di attività? Si tratta solo di una questione di cattiva gestione dell'azienda per cui una è virtuosa e l'altra no? Conoscendo molto bene l'interno di queste fabbriche per averle visitate per lavoro tante volte, credo che la verità oramai storicizzata sia quella di costringere il governo di un territorio (quindi a noi cittadini) a contribuire ai costi relativi ad ammodernamenti tecnici, alla sicurezza, alla salvaguardia dell'ambiente e al risparmio energetico. Insomma gli imprenditori sembrano voler dire trovate dei fondi attraverso leggi ad hoc e noi continueremo a produrre nel vostro territorio altrimenti andiamo via. In tutt'altro settore, quello musicale, oggi dai vari gestori di locali per suonare viene chiesto agli artisti di pubblicizzare l'evento, di portare e montare tutta l'attrezzatura necessaria, di portare il pubblico e in base a quanti "clienti" sono intervenuti essere pagati per l'esibizione. Spesso viene da chiedersi: ma l'imprenditore cosa ci mette di suo? Quale margine di rischio condivide con gli artisti? La risposta è nulla; ci mette il suo locale. Allora è lecito pensare, per chi dispone di un ampio spazio, di suonare a casa propria invitando gli amici che si vuole. Se l'impresa non aggiorna professionalmente il capitale umano, se non aggiorna le macchine per la lavorazione, i software, i sistemi di sicurezza, i componenti di nuova generazione in grado di fare efficienza produttiva e risparmi energetici e soprattutto non fa ricerca, che impresa è? Mi piacerebbe ascoltare un dibattito sulla figura dell'imprenditore oggi e non convention in luoghi affascinanti con false premiazioni ed attestati di merito.

5.6 Strumenti operativi per chi li vuole usare

Per formare un database sulle attività presenti in un territorio vi sono diversi mezzi da consultare. Di solito ci si abbona a riviste specializzate che mettono a disposizione informazioni utili per chi deve operare nei diversi settori. Inoltre i vari enti camerali dispongono di dati, così come istituti di ricerca, università ed associazioni di categoria. Per il mio lavoro ho sempre utilizzato l'Annuario delle industrie abruzzesi edito dal CRESA il Centro regionale di studi e ricerche economico-sociali presso l'Istituto delle camere di commercio d'Abruzzo. Le aziende sono riportate in ordine alfabetico in base alla denominazione e suddivise per settori e sotto settori di attività economica. Per ogni azienda vengono fornite: denominazione o ragione sociale; natura giuridica; indirizzo della sede amministrativa e dello stabilimento o degli stabilimenti; anno di fondazione; capitale sociale; occupazione per classi di addetti e fatturato annuo; elenco dei principali prodotti; elenco dei principali paesi di esportazione. Uno strumento a mio parere completo e molto utile per comprendere il territorio ed agire di conseguenza. Non conosco quanti utilizzino e in che modo queste informazioni. Ne ho visto copie negli archivi di alcune imprese insieme a tante altre pubblicazioni che vengono consegnate via posta o dopo qualche seminario; presumo sia presente anche nei palazzi di governo o almeno lo spero o invece più di una riserva sul fatto che venga consultato.

5.7 Annuario 2015 delle industrie abruzzesi

L'annuario pubblicato dal CRESA per il 2015 ci fornisce i seguenti dati: le aziende inserite sono 1.050 e, in termini complessivi, rappresentano circa il 10% delle unità locali manifatturiere, comprese quelle artigiane, che operano sul territorio regionale. Dal punto di vista della distribuzione per settore di attività economica è rilevante il peso del settore metallurgia e prodotti in metallo (20,6%) seguito dall'alimentare (12,7%), dal settore abbigliamento (9%), dal legno e mobili (8,6%) e dal settore dei materiali da costruzione (8,5%). Per gli altri settori solo macchinari e apparecchiature non classificate altrove, mezzi di trasporto, elettronica e apparecchiature elettriche, carta e cartotecnica, gomma e plastica superano il 4%. Il 66,3% delle aziende occupa da 10 a 30 addetti. Si tratta in larga parte di aziende con un fatturato fino a un milione e cinquecentomila euro (34,8%) e la cui natura giuridica è concentrata nella società di capitali (Srl: 65%). Riguardo all'anno di fondazione il 75% delle aziende è stato fondato nell'arco di tempo che va dal 1981 al 2012 e, in particolare, il 24,4% negli ultimi quindici anni. Il valore percentuale delle aziende presenti nell'Annuario che dichiara di esportare è pari al 31,8%. Dal punto di vista territoriale le province di Chieti (36,3%) e di Teramo (36,1%) risultano quelle più industrializzate, mentre L'Aquila (13,9%) e Pescara (13,7%) si attestano su posizioni più modeste. La provincia con l'indice più alto di aziende esportatrici è Teramo (1,08), seguita da Chieti (1,01) nella media regionale. Le province di L'Aquila (0,97) e Pescara (0,76) presentano valori al di sotto della media regionale.

5.8 Il mondo delle buone intenzioni

Le riunioni del G20[21], quelle del G8[22], del WTO[23], della commissione europea, dei governi nazionali, delle regioni, degli enti locali, delle parti sociali, sono tutti, a parole, pieni di buone intenzioni. Ad esempio la comunicazione Europa 2020 parla di una strategia di crescita intelligente, sostenibile ed inclusiva ovvero una proposta decennale a sostegno dell'occupazione, della produttività e della coesione sociale che tenga conto della necessità di rivedere il modello europeo di crescita degli ultimi anni e di contrastare gli effetti della crisi economica e finanziaria. Serve aggiungere altro? Penso proprio di no! Succede come a scuola dove il più bravo fa il compito in classe e gli altri ricopiano. L'Europa scrive gli enunciati e i principi generali e gli altri li ricopiano nel proprio obiettivo guida (per la regione Abruzzo vedasi il paragrafo 1.2 obiettivi e linee guida per la programmazione unitaria dei fondi comunitari 2014-2020 della cabina di regia ex Dgr n. 388/2013). Sempre in casa Europa e di conseguenza in Italia ci si propone di perseguire nel 2020 i seguenti obiettivi:

---

[21] Il G20 è un forum dei ministri delle finanze e dei governatori delle banche centrali creato nel 1999 per favorire l'internazionalità economica e la concertazione.

[22] Il G8 è un forum politico degli otto governi più industrializzati al mondo.

[23] Il WTO (World Trade Organization) è un'organizzazione internazionale creata allo scopo di supervisionare gli accordi commerciali tra gli stati membri

TARGET EUROPA 2020	TARGET ITALIA
Portare al 75% il tasso di occupazione di età compresa tra 20 e 64 anni	67/69%
Investire il 3% del prodotto interno lordo in ricerca e sviluppo	1,53%
Ridurre le emissioni di carbonio del 20%, aumentare del 20% la quota delle energie rinnovabili e del 20% l'efficienza energetica	-13%; 17%; 27,9%
Ridurre il tasso di abbandono scolastico a meno del 10% portare al 40% il tasso dei giovani laureati	15/16%; 26/27%
Ridurre di 20 milioni il numero di persone a rischio povertà	2,2 milioni

Che bravi che sono! Pongo allora una domanda provocatoria: se voi foste al posto di questi signori che riempiono questi tabulati non fareste la stessa cosa? Chi a parole non sosterrebbe questi obiettivi. Sui principi generali teoricamente siamo tutti d'accordo. E' come dire ad esempio che nessuno scriverebbe siamo contrari a ridurre la fame nel mondo o ad eliminare le guerre; a parte qualche esaltato. Forse la gara non è tanto nell'enunciare i principi quanto a stabilire la percentuale di praticabilità del progetto. Investire ad esempio il 3% del PIL in ricerca e sviluppo per uno Stato debole porta ad un risultato, mentre farlo in uno forte ne porta un altro. Il 3% per tutti significa che il "gran premio" lo vincerà sempre la stessa scuderia. Altra considerazione: portare il tasso di occupazione al 75% con questa forte recessione mi sembra un paradosso. Dove la occupiamo questa gente?

5.9 Budget

Insomma ogni previsione porta con se il peccato originale delle buone intenzioni, uno zuccherino da somministrare al bambino che ha paura di fare la puntura. Accade la stessa cosa giocando con i numeri e le percentuali anche nel mondo del lavoro. Nella mia azienda puntualmente tra fine ed inizio anno si convocava la riunione per stabilire gli obiettivi e il budget da raggiungere per l'anno successivo. Ho sempre cercato di non partecipare a queste sceneggiate, ma tutte le volte che vi sono stato costretto, ho fatto le mie previsioni in maniera scientifica ed oggettiva. All'imprenditore della tua analisi non importa nulla, quello che vuole sentir dire da te e l'impegno a fare per l'anno nuovo una sostanziale percentuale di fatturato in più rispetto all'anno precedente. Se nella casella di ogni cliente aggiungevi al fatturato raggiunto un più venti per cento il tuo compito in classe risultava perfetto, prendevi un bel dieci che significava essere in sintonia con gli obiettivi aziendali volti a crescere ogni anno. Così la tua azienda cresceva nel budget di previsione e la stessa cosa facevano le concorrenti mentre le industrie in Abruzzo e dintorni diminuivano. Nessuno si accorgeva che la torta da dividere ogni anno era più piccola (il solo mio budget di qualche anno fa è quello totale annuo di tutta l'azienda oggi). Fare queste previsioni era un miracolo impossibile anche a Nostro Signore! Come potevano essere veritiere quelle previsioni? Infatti non lo erano e così ogni anno qualcuno chiudeva i battenti mentre se tu rimanevi a galla era solo perché avevi rosicchiato i clienti di un concorrente che non c'era più. Questi dati sul fatturato, sulle previsioni di crescita, erano "dopati" in partenza. Forse tutti lo sapevano, ma bisognava gonfiare le capacità imprenditoriali delle aziende per ottenere dei buoni fidi in banca, per poter accedere a fondi pubblici o partecipare a gare importanti o per essere ammessi nella vendor list dei più importanti gruppi industriali. Insomma bisognava essere qualificati come un'azienda leader, giovane, dinamica e in continua crescita. L'insieme di questi dati falsati diventano banche dati per i più importanti studi di ricerca e per le loro pubblicazioni. Su questi studi di settore si fonda il più o meno successo della classe politica (tutti gli indicatori ci dicono che stiamo facendo bene e che le misure prese vanno nella direzione giusta – chi non ha sentito dire queste parole da un politico). Un mio amico aveva un impresa edile con 80 dipendenti più altrettanti di indotto; l'aveva costruita facendo il muratore con il padre. Giorno dopo giorno, lavorando e studiando fino alla laurea in architettura, nel tempo si era posizionato in un discreto segmento qualitativo e quantitativo. Aumentando i cantieri e il mercato fece anche investimenti in strutture più innovative consigliato dai vari direttori di banche che lo spingevano al rinnovo tecnologico previa la concessione di allargamenti di fidi e condizioni più vantaggiose per la gestione dell'impresa. Quando scoppiò la crisi finanziaria e le banche cominciarono a chiudere i rubinetti del credito ed invitare le aziende a rientrare velocemente dalle loro esposizioni, ecco che quelle tecnologie innovative, quei macchinari di nuova generazione, vennero considerati ferro da rottamare. Gli stessi direttori che avevano sostenuto il rinnovamento e l'ampliamento come giuda tradirono il mio amico e l'impresa terminò amaramente i suoi giorni insieme a tutte le famiglie dei lavoratori che vi facevano parte.

5.10 Tu chiamale se vuoi... evasioni!

Giochiamo con le parole di una nota canzone di Lucio Battisti sostituendo alle emozioni la parola evasioni. Si evade per tante ragioni la principale, a detta di molti, è perché in Italia c'è una pressione fiscale insopportabile che soffoca ogni iniziativa di fare impresa. Scrive Marta Panicucci sul giornale online *International Business Times* (IBTimes) il 20 novembre 2015 *Tasse sulle imprese: Italia inferno d'Europa. Pressione fiscale del 64,8% contro una media europea del 40,6%*

Italia ancora una volta maglia nera quando si parla di fiscalità. Il Belpaese è il peggior posto in Europa dove fare impresa, almeno per quanto riguarda il prelievo fiscale annuale sul profitto: 64,8% contro una media europea del 40,6%. A rivelare questo e altri indicatori fiscali importanti è il rapporto annuale di Banca mondiale e PWC "Paying taxes 2016". Sono tre gli indicatori considerati: la pressione fiscale sulle imprese, le ore perse per gli adempimenti fiscali, e il numero di tasse che gravano sulle imprese: su 189 Paesi del mondo analizzati, l'Italia si pone al 137simo posto.

Il rapporto, presentato a Varsavia, è stato riproposto in Italia dal MEF. Durante la presentazione Fabrizia Lapecorella, direttore del dipartimento Finanze del MEF, ha fatto notare che il rapporto si riferisce al 2014 e quindi non prende in considerazione i miglioramenti che porteranno le misure introdotte dalla legge di stabilità 2016. Questo è vero. Ma il gap tra l'Italia e i colleghi europei è talmente ampio da non poter certo essere colmato dalle timide riforme di Renzi che, oltretutto, privilegiano l'abolizione delle tasse sulla prima casa, rispetto al taglio del cuneo fiscale.

Prelievo sui profitti delle imprese

Il rapporto prende in considerazione 189 Paesi del mondo, suddivisi per macroaree. Le condizioni della regione europea, formata da Paesi UE e AELS (Norvegia, Svizzera, Islanda, Liechtenstein), nell'ultimo anno sono complessivamente migliorate. Venti economie della regione hanno fatto riforme per abbassare le aliquote di prelievo sui profitti delle imprese portando ad una riduzione della media regionale dal 41,2% al 40,6%.

Il quadro però è disomogeneo con 12 economie che presentano una diminuzione della pressione fiscale e 8 economie che presentano un aumento. Nel 2013 la Francia ha registrato il più alto prelievo sulle imprese nella regione europea, ma nel corso del 2014 si è ridotto di 6,2 punti percentuali al 62,7% ed è ora al secondo posto più alto della regione dopo l'Italia. Nonostante un lieve calo dal 65,4% del 2013 al 64,8% del 2014 si posiziona prima per il prelievo fiscale sui profitti delle imprese.

Ore necessarie per gli adempimenti fiscali delle imprese

Nel 2014, nella regione europea sono state necessarie 173 ore per adempiere agli obblighi fiscali, due ore in meno rispetto al 2013. La riduzione è dovuta principalmente all'introduzione di pagamenti online e sistemi tecnologicamente avanzati che permettono alla imprese di pagare le tasse risparmiando tempo prezioso.

A fronte di un calo generalizzato nell'area europea delle ore perse a pagare la tasse, in Italia nel corso del 2014 è stata introdotta un'altra tassa sulle imprese che ha fatto aumentare di un'ora il totale delle ore necessarie per gli adempimenti fiscali. In Italia le imprese perdono 269 ore all'anno (più di 11 giorni), a fronte di una media europea di 173 ore e mondiale di 261 ore. Nella zona europea peggio dell'Italia soltanto Polonia (271), Portogallo (275), Ungheria (277), Repubblica Cieca (405) e Bulgaria (423).

Numero adempimenti fiscali delle imprese

Nella zona europea nel 2014 è calato anche il numero degli adempimenti fiscali per le imprese: la media passa da 12,3 del 2013 all'11,5 del 2014. Anche in questo caso l'Italia si trova tra gli ultimi della classe con 14 adempimenti fiscali per le imprese italiane. La classifica del Paying taxes 2016 vede al primo posto nell'area europea la Norvegia con soltanto 4 adempimenti fiscali per le imprese e in fondo alla classifica, dopo l'Italia, troviamo Croazia (19), San Marino (19), Svizzera (19), Islanda (21), Lussemburgo (23), Cipro (27).

Italia: alto cuneo fiscale = alta disoccupazione

Il rapporto indica l'alta spesa pubblica dei Paesi della zona euro come una delle ragioni principali dell'alta pressione fiscale sulle imprese. Nella zona euro, la spesa pubblica in percentuale del PIL nel 2014 era del 49%, rispetto a una media OCSE di poco più del 40%.

L'elevato cuneo fiscale – scrive il rapporto - in alcune economie dell'Europa continentale sembra essere uno dei fattori che più contribuisce all'alto tasso di disoccupazione: Spagna, Italia e Francia hanno tassi di disoccupazione più alti delle principali economie dell'UE e hanno un elevato cuneo fiscale.

Chiaramente molti altri fattori sono al lavoro nel contribuire ai problemi del mercato del lavoro in queste economie. Ma le tasse relativamente elevate sul lavoro non contribuiscono a sostenere l'occupazione. Al contrario, i Paesi con un cuneo fiscale inferiore - di circa il 30% o al di sotto - sembrano avere una migliore esperienza di lavoro. Nel Regno Unito e negli Stati Uniti, il tasso di disoccupazione è appena al di sopra del 5%. In Giappone e Corea è circa il 3,5%, e in Messico e Cile 5-6%.

Il rapporto ribadisce chiaramente la necessita, indicata anche dalla Commissione europea, di tagliare il cuneo fiscale, le tasse sul lavoro che frenano le assunzioni. Ma come sappiamo, il governo Renzi nella manovra per il 2016 ha preferito procedere con l'abolizione delle tasse sulla prima casa, misura criticata da tutti gli enti economici internazionale. Il nostro posto nella classifica del Paying taxes 2016 conferma che la priorità per l'Italia deve essere il taglio deciso e consistente del cuneo fiscale con l'obiettivo di portare l'Italia almeno entro la media della zona europea.

Il carico fiscale è un buon argomento ma non esaustivo per spiegare la scomparsa dell'Italia industriale. Le tasse sono state sempre alte nel nostro Paese, probabilmente in passato le aziende riuscivano a compensare queste maggiori imposte rispetto ai concorrenti di altri Stati, usufruendo di agevolazioni e leggi ad hoc, che sostenevano ed incoraggiavano le stesse ad investire nei nostri territori. I vincoli di stabilità imposti dall'Europa oggi, impediscono gran parte dei sostegni che in passato sono stati elargiti anche con molta facilità ed approssimazione (l'aiuto di Stato oggi è vietato). Noi italiani non abbiamo un grande senso civico e lo Stato è visto come uno dei peggiori nemici del cittadino e delle imprese (molte volte si ha la percezione che sia proprio così). Con una convinzione del genere, diventa naturale pensare come fare per aggirare l'ostacolo; per combattere "il nemico". Più denaro possiedi, più diventa indispensabile avere dei consulenti specifici che ti aiutino a non farti "prendere il bottino". Per le ferie estive, diversi anni, ho frequentato località di montagna nelle Alpi. Molti imprenditori del nord Italia, specie lombardi, le scelgono come meta per la loro seconda casa. Nei fine settimana o nel periodo delle ferie, molti di loro li potevi trovare in canottiera, bermuda e ciabatte in relax intenti a sistemare il prato del proprio giardino oppure davanti al classico barbecue. Questo stato di pace e tranquillità favorisce l'incontro tra vicini di casa e creano le condizioni per una condivisione di buona parte della giornata; pranzi e cene compresi. Gettata la maschera dei feroci assalitori del business giù in pianura, in altura, si perde gran parte della scontrosità e si torna forse ad essere "umani". Così tra un cicchetto e l'altro, si entra in maggior confidenza, cadono le barriere e ci si conosce un pò meglio. Quando le chiacchiere vengono alimentate dalla lettura dei giornali iniziano gli inevitabili commenti ed ognuno dice la propria. Più di una volta ho assistito a vere e proprie lezioni di economia e di finanza quando ti spiegano come fare a pagare il meno possibile le tasse affidando la gestione delle proprie attività a studi specializzati in materie tributarie, legali e legislative. Professionisti che lavorano esclusivamente per poche imprese a cui dedicano tutto il loro sapersi muovere tra le larghe maglie della legge. Si entra così nel sottile confine fra evasione ed elusione; per spiegare brevemente la differenza riportiamo quando scritto sulla rivista telematica *Fisco Oggi*:

Entrambe sono caratterizzate da una inopponibilità all'Amministrazione finanziaria degli atti privi di una valida ragione economica e aventi il fine di aggirare obblighi e divieti.

L'evasione fiscale si verifica quando attraverso mezzi illeciti (frode, occultamento redditi, simulazione, irregolarità contabili, contrabbando, eccetera), il contribuente si sottrae in tutto o in parte al pagamento del tributo. C'è, invece, elusione quando attraverso mezzi leciti (operazioni straordinarie, localizzazione in paradisi fiscali, interposizione fittizia di persone, negozi privi di valide ragione economiche, cessioni di attività, eccetera) che rispettano la lettera della legge, ma ne travisano lo spirito, o avvalendosi di lacune o ambiguità della norma tributaria, il contribuente si sottrae in tutto o in parte al pagamento del tributo.

Il recente dossier *Panama papers* ci dà un'idea di come si muove un certo mondo dell'impresa viaggiando fra il labile confine di legalità ed illegalità. Del resto i faccendieri di un tempo con la ventiquattrore che portavano soldi nei paradisi fiscali sono stati superati dalla tecnologia. Il denaro cartaceo in circolazione, quello come lo abbiamo conosciuto per tanto tempo, non esiste più. Oggi le transazioni sono dei bit che passano da un computer all'altro. Del resto i computer non hanno morale come sostiene Negroponte che aggiunge: lo stesso concetto di stato-nazione subirà grandi cambiamenti in tutto il mondo[24]. Dunque se siamo proiettati verso un mercato unico globale; se il sistema finanziario è apolide, il sistema bancario e politico è sovra nazionale, ha senso ancora parlare di politica fiscale locale, di leggi nazionali? Si tratta di rivedere il rapporto tra il diritto dell'Unione Europea e l'ordinamento costituzionale interno dei singoli paesi membri.

5.11 Piccoli orticelli da coltivare

Abbiamo visto come la grande economia finanziaria cerca di superare gli ostacoli muovendosi su larga scala; c'è n'è una, quella piccola o personale, che per sopravvivere coltiva il proprio orticello in maniera altrettanto scientifica. Come ho detto più volte, ho lavorato per più di vent'anni come tecnico-commerciale presso le industrie, caratterizzando le mie visite sotto l'aspetto tecnico. Ho avuto questo genere di preparazione e come tale ho cercato di propormi ai miei referenti. L'aspetto commerciale era una conseguenza del mio intervento pratico sulle linee di produzione. Il mio motto era: proponi, consiglia, risolvi e venderai di conseguenza. Tuttavia una tipologia di lavoro del

---

[24] Nicholas NEGROPONTE, *Essere digitali*, Sperling&Kupfer editori, p. 240

genere obbliga ad avere relazioni con più reparti di una fabbrica. Il compito più difficile resta sempre quello del primo approccio quando generalmente bisogna interfacciarsi con l'ufficio acquisti e cercare di farsi codificare come fornitore. Possono passare mesi e a volte anni prima di essere messi alla prova e magari superarla. Questo richiede costanza, convinzione nelle proprie capacità e delle proprie offerte tecnologiche, una buona organizzazione societaria alle spalle, molta pazienza e tempo e denaro da spendere per le visite. Nella mia carriera questo atteggiamento mi ha spesso premiato, ma ero consapevole che potevano essere usate altre strategie. Quando ci sono in ballo commesse sostanziose dal punto di vista economico, in genere viene coinvolta direttamente la proprietà, ed il proprio ruolo diventa marginale. Così mentre in una stanza si portano avanti le trattative fino ad un certo livello, in un'altra si incontrano i vertici aziendali. L'esito dell'incontro è top secret e si vi sono stati sviluppi positivi si capirà in future sedute. Di cosa si parla negli incontri al vertice? Con l'esperienza acquisita negli anni, il mistero è sempre più svelato. Così mentre le parti tecniche e commerciali parlano di numeri, quantitativi, percentuali di sconto, tipo di servizio da offrire, condizioni per la fornitura, modalità dei pagamenti, a livello apicale si parla di altro. Ci si accorda in genere per qualcosa di extra lavorativo più noto come tangenti o regalie varie. Più l'azienda è grande, più c'è bisogno di oliare la macchina della corruzione. Lo fanno tutti, perciò bisogna diffidare di coloro che vantano nel proprio curriculum aziendale clienti di un certo peso acquisiti per meriti puramente tecnici o commerciali. Non c'è da trascurare nemmeno il mondo delle certificazioni della qualità di un'azienda dove si pagano profumatamente gli enti preposti e le prestazioni di coloro che vengono inviati sul campo a visionare i reparti. Questo settore per effetto della globalizzazione sta subendo anch'esso un cambiamento. Leggiamo qualcosa a riguardo tratto dal portale *Qualitiamo* dedicato alle tematiche della qualità e della certificazione in generale. *Risk management: il futuro della qualità:*

Il Mondo della Qualità, soprattutto nell'ambito dei Sistemi di Gestione, si è profondamente trasformato. Gli stessi Enti di Certificazione stanno cercando di riposizionarsi come fornitori di servizi diversificati.

Nei paesi Occidentali le certificazioni ISO 9001 sono oramai arrivate a saturazione e il principale mercato di riferimento è quello Asiatico. Forse il motivo è anche da ricercarsi nel fatto che la Qualità, nata con il fine ultimo di garantire la conformità dei prodotti, è poi evoluta tenendo in considerazione i processi che però vanno oggi esaminati anche secondo una logica di gestione dei rischi e non solamente sulla base di input ed output.

La logica secondo la quale se il processo è giusto il risultato finale è sicuramente quello giusto è valido in una logica industriale ma ha dei punti di debolezza in ambiti ove la componente umana, sociale, morale, sensoriale, e di immagine sono importanti. Si torna sempre al triangolo Qualità attesa-erogata-percepita.

La qualità col tempo si è trasformata in un'attenzione spasmodica per i prezzi (ne sanno qualcosa i fornitori). L'attenzione per i prezzi si è poi trasformata nuovamente nella gestione dei costi totali e la qualità dei prodotti e servizi è passata in secondo piano.

Le aziende, a seguito della globalizzazione, il ricorso all'outsourcing e lo sviluppo tecnologico hanno aggiunto incertezza complessità e parecchi rischi al loro modo di operare.

Tutta la filiera produttiva è sotto stress, i prodotti non devono arrivare sul mercato né troppo presto né troppo tardi per poter così contrastare efficacemente quelli dei concorrenti.

A questa si associa poi la catena di fornitura, (la cd supply chain), che si sta trasformando da una logica just-in-time in una just-in-case.

La globalizzazione e la circolazione immediata delle informazioni implica un'attenzione prima sconosciuta a tutela dell'immagine e dei marchi.

Essere un'azienda certificata è una pre-condizione per iniziare a giocarsi la partita; entrare nella vendor list dei fornitori è il secondo passo. Una volta che l'azienda è inserita nel database tutto diventa più facile e le porte cominciano ad aprirsi da sole. Quando tutto è sistemato e si torna alla routine quotidiana del lavoro, bisogna ricordarsi che ci sono da sistemare i piccoli orticelli, giacchè tutti hanno fame! Il responsabile del magazzino, quello della manutenzione elettrica, quello meccanico, il capo elettricista in produzione, l'ufficio tecnico e naturalmente gli acquisti. Io non ho mai sopportato l'idea che per lavorare bisognava omaggiare qualcuno, forse sono stato presuntuoso delle mie sole capacità professionali, o troppo idealista o semplicemente uno che non capiva il richiamo di certe sirene. Del resto ognuno lavora come meglio crede e porta con se i valori ricevuti dalla propria famiglia e dai maestri incontrati lungo il cammino. Troppa gente ho incontrato a mio parere nel posto sbagliato ma nonostante non brillassero nel proprio campo godevano di postazioni inattaccabili. A volte vedo osannare imprenditori su riviste specializzate come degli abili conduttori di aziende leader nei mercati internazionali, sono gli stessi a cui un certo tipo di personale dipendente ruba risorse sotto il naso. Con il peggiorare della situazione economica molti contratti sono stati rivisti a ribasso (parlo dei dipendenti della produzione poiché i compensi dei manager sono cresciuti inversamente proporzionale alla crisi). Questa condizione penalizzante non fa altro che aumentare i comportamenti poco leciti. Così per compensare i soldi in meno in busta paga si affidano parte delle proprie spese personali e familiari al "buon cuore" dei fornitori. Così tra una fornitura e l'altra magicamente si possono trovare telefoni cellulari, tablet, pc portatili e tante altre cose utili. Ad un livello superiore, un dirigente che deve ristrutturare o costruire da zero una casa, può trovarsi sul cantiere una squadra di operai con annesso materiale pronti a dare una mano! E' una sorta di gioco *multi level* dove tutti danno e prendono qualcosa. Stiamo ovviamente parlando di un livello stile "ladri di polli" perché il grande "sistema" della corruzione si gioca in un altro campo e con altre cifre molto lontano dai nostri territori. Poteva accadere di trovarsi di fronte ad aziende molto innovative in settori altamente tecnologici, al passo con i tempi, e vederle escluse dalla possibilità di aggiudicarsi certe commesse. Tralasciamo poi in questo racconto quelle aziende che hanno o che hanno avuto a che fare direttamente con lo Stato e in particolare con il Ministero della difesa.

Capitolo sesto

Una generazione di manager con il PC

Parlavo con un responsabile della manutenzione ultra cinquantenne di un'azienda in Valsinello (in provincia di Chieti) che produce componentistica per automotive il quale mi raccontava di essere entrato in quell'azienda appena terminata la scuola professionale. Aveva imparato in tutti questi anni e sotto varie gestioni dell'azienda a lavorare con macchine sempre più complesse. Prossimo alla pensione (forse) nonostante tutta l'esperienza acquisita stava ancora davanti a questi macchinari di produzione. Al piano superiore erano in riunione i vertici dell'azienda guidati da un giovane manager inviato dalla casa madre che poco prima avevamo visto passare con un PC portatile in mano. Parlammo degli incerti sviluppi futuri della ditta e di possibili tagli o chiusure nonostante il mercato non li avesse condannati da un punto di vista di commesse in entrata. Il giovane manager nella pratica non conosceva minimamente quella fabbrica e non si era degnato di affacciarsi in produzione neanche per farsene una minima idea. Il suo compito era altro. Dissi a Carmine: se fossi io il proprietario di questa fabbrica, la farei dirigere a gente come te che la conosce da sempre e che ne ha seguito i suoi sviluppi nel bene e nel male. Tu non dovresti stare ancora davanti le macchine ma potresti essere di grande aiuto ai nuovi assunti perché risparmieresti loro tanto tempo di apprendimento che invece hai dovuto fare tu poiché non ti ha formato nessuno ma sei cresciuto battendo ogni giorno la testa a capire le cose che non andavano e trovando soluzioni. La vera formazione, di cui tutti parlano, è questa. Ma il manager di turno dopo aver acceso il suo computer e collegato al proiettore in sala riunioni inizia a far scorrere grafici e dati e parla quasi sempre con termini anglosassoni. Oggi gran parte del tempo nelle aziende è impiegato nel fare riunioni "briefing" e gran parte di questo contagio anche terminologico si è trasferito nel lessico comune di gran parte degli operatori ognuno per il suo settore di competenza. Una ricerca del 2000 rilevava come in Italia l'uso di parole inglesi nelle aziende era cresciuto del 773%. I settori più colpiti sono il marketing, la finanza, le risorse umane, la produzione e gli acquisti. Tra i termini ricorrenti annotiamo: *performance, competitor, report, mission, buyer, brand*. La malattia ha contagiato tutti tanto che a livello governativo le riforme vengono oramai quasi tutte tradotte con terminologie inglesi il *"jobs act"* attualmente è il più gettonato e anche il più discusso. Raccontavo delle profonde novità riscontrate al mio rientro nel settore industriale. Questa trasformazione quasi antropologica del lavoratore e dell'impresa forse è quella che mi ha più colpito. Riuscire ad incontrare un manutentore, un responsabile degli acquisti o della progettazione è diventata una vera impresa rispetto al passato. Questi signori sono tutti i giorni in riunione. Cosa avranno da dirsi chiusi in quelle stanze? Ma il giovane manager inviato dalla casa madre ha delle linee guida ben precise da illustrare ai colleghi che non conosce. Tutte le informazioni acquisite nei vari "brainstorming" vengono registrate nel portatile e poi verranno illustrate con altri "brainstorming" nella sede centrale aziendale. Se l'azienda in questione a sua volta ha altri stabilimenti vi saranno altre riunioni quante sono le sedi presenti a livello mondiale. Così nel frattempo che questi signori impiegano il loro tempo a far riunioni su riunioni fuori il mondo viaggia in altre direzioni e le fabbriche chiudono.

6.1 Dove si prendono le decisioni?

Viene da chiedersi: ma allora le decisioni su un particolare settore dove vengono prese? Ha senso parlare con dei direttori di stabilimento locali e con i loro sottoposti se poi non hanno nessun potere decisionale? Torniamo indietro nel tempo e focalizziamo di nuovo l'attenzione sulle industrie abruzzesi. Nello specifico diciamo qualcosa inerente il più grande ed importante gruppo presente nel territorio: la Pilkington di San Salvo in provincia di Chieti. La Pilkington in Italia produce vetro per auto nei siti di San Salvo e Settimo Torinese e vetro per l'edilizia a Porto Marghera e San Salvo inoltre possiede una cava di sabbia a Melfi. Lo stabilimento abruzzese rappresenta il più grande centro produttivo e copre un'area di oltre 800.000 metri quadrati e vi lavorano circa 2000 persone. L'attuale stabilimento ha acquisito nel 1994 in joint-venture con Techint SpA, il gruppo SIV (Società Italiana Vetro) fondata nel 1962[25], rilevando poi la quota di Techint SpA nel 1995[26]. Ho lavorato per commesse legate a questo gruppo e suoi stabilimenti nel mondo sia come progettista che come tecnico-commerciale dal 1989 al 2004, e come più volte detto, vi sono tornato per lavoro nel 2010. Intere generazioni sono cresciute in questo stabilimento; famiglie provenienti da tutta Italia sono venute ad abitare in Abruzzo crescendo i propri figli in questa terra; vi è una zona residenziale a Vasto addirittura creata ad hoc denominata Villaggio SIV. Ho conosciuto responsabili di molti settori e quando questi sono andati via ho visto pian piano essere rimpiazzati da giovani che ai loro inizi carriera erano dei semplici apprendisti. Dopo l'acquisizione della Pilkington le cose sono cambiate radicalmente. Tutto il sistema pensante dell'azienda è stato decapitato e lo stabilimento è stato ridotto a semplice unità produttiva una della tante presenti nel mondo. Le decisioni più importanti ad esempio in termini di acquisti componenti oggi si prendono in Inghilterra o in Polonia e tutti gli uffici che un tempo operavano nello stabilimento abruzzese sono stati smantellati; sono rimasti un paio di impiegati (a quei tempi neo assunti) ad interfacciarsi con gli operatori italiani; impiegati ridotti a semplici passa carte o meglio

---

[25] In Abruzzo dovremmo parlare dello stabilimento SIV, del Centro ricerche, della Flovetro SpA, di Bravo Srl.

[26] Su questa specifica manovra vi è tutta una letteratura di aggiramento dell'antitrust di cui si rimanda ad altri studi specifici.

passa email. La fine di questa unità progettuale ha determinato la fine di tutte quelle aziende sorte attorno (l'indotto) specializzate nella meccanica ed elettronica di precisione fiore all'occhiello di tutto il distretto industriale vastese. Le tre allaccianti A, B, C di cui si compone la zona industriale di San Salvo, la zona industriale di Cupello sono oramai ridotti a cimiteri di capannoni chiusi.

6.2 Quando la salvaguardia dell'ambiente è in contrasto con l'occupazione

Non distante da questo importante complesso industriale insiste la Denso Manufacturing Italia che nel 1999 acquisì l'80% e nel 2001 il restante 20% della Divisione macchine rotanti della Magneti Marelli costruito nel 1972. Questo stabilimento fu al centro di una problematica ambientale tra gli anni 1994-96. Riportiamo alcuni articoli al riguardo. Fonte AGI del 4 agosto 1994: *Nube tossica San Salvo: scienziati dicono cosa non è.*

Non è fatta di ozono, di ossido di carbonio o di ossido di azoto la nube tossica che da mesi, all'improvviso, compare (si fa per dire: in realtà è invisibile) nell'atmosfera dell'area industriale di San Salvo-Vasto, una delle più importanti del Mezzogiorno, e manda all'ospedale decine di persone: bronchiti, emicranie, bruciori agli occhi, difficoltà respiratorie. Per settimane gli analisti, i fisici, i chimici sguinzagliati dalle autorità hanno tentato di arrivare a spiegare il fenomeno. Ci sono riusciti in parte. I primi risultati li hanno forniti la Regione Abruzzo, la Provincia di Chieti, la facoltà di Medicina di Chieti e l'istituto Mario Negri Sud. Sono risultati che vanno per esclusione: non si tratta delle sostanze e dei composti di cui si era temuta la presenza a causa dell'inquinamento. L'ozono è una forma allotropica dell'ossigeno e produce gli effetti riscontrati sulle persone colpite, ma non c'è I due ossidi (di carbonio e di azoto) sono notoriamente tossici, il primo è mortale e subdolo, ma non ci sono. Cos'è dunque la nube tossica? Ancora mistero, ma per poco. Gli scienziati sono convinti di arrivare alla soluzione lavorando per esclusione, mentre molte delle fabbriche sono chiuse per ferie e quindi non inquinano. Nonostante questo, la nube è ricomparsa giorni fa, riportando panico e malesseri (per fortuna non gravi) nella zona. Molti dicono: e se improvvisamente divenisse letale?

Ancora in un articolo del 5 dicembre 1994 si legge: *Ancora nube tossica a San Salvo: continua il "mistero"*

Oggi, per l'ennesima volta da quasi un anno, è tornato a verificarsi a San Salvo il fenomeno ormai noto come "nube tossica": qualcosa, un composto chimico non identificato, si diffonde nell'atmosfera dell'importante centro industriale tra Abruzzo e Molise, a sud di Vasto, e provoca intossicazioni e malesseri. La gente denuncia pruriti, tosse, mal di testa, bruciori agli occhi, difficoltà di respirazione. Qualcuno ricorre al medico, ma c'è ben poco da fare: bisogna soltanto aspettare che l'aria torni respirabile. Oggi il fenomeno è risultato meno intenso del solito, con conseguenze trascurabili. Molti sono ormai abituati e si limitano a tapparsi bocca e naso con il fazzoletto, o a chiudere le finestre di casa. La verità e che mesi di indagini, analisi, sopralluoghi, campionature di atmosfera, rompicapo di varia natura non sono serviti a nulla. Il fenomeno, e il mistero con esso, restano intatti. Chi o cosa provoca la nube? Non lo sanno la ULS, le autorità provinciali, gli scienziati di istituzioni scientifiche, i chimici, gli specialisti dell'atmosfera, i fisici. La risposta non c'è La nube torna ogni tanto, quasi beffarda: l'allarme di oggi sarà il trentesimo, forse il quarantesimo.

La storia di questa nube tossica si è protratta per anni e molti si sono interessati della questione. L'8 agosto del 1994 si riunisce presso il Mario Negri Sud di S. Maria Imbaro, la commissione che coordina lo studio sulla "nube tossica" di San Salvo (CH), per valutare i risultati delle indagini fino a quel momento svolte e per predisporre strategie future. Dai risultati emersi si escludeva un inquinamento di tipo convenzionale (Ozono, Co, NOx, SOx), e ci si impegnava a continuare a monitorare le sostanze per controllare lo stato di qualità dell'aria. Le analisi chimiche svolte fino a quel momento hanno permesso di restringere il campo di ricerca delle molecole potenzialmente responsabili che saranno studiate con indagini mirate. La commissione prosegue con l'impegno per tutto il mese di agosto di protrarre un'indagine epidemiologica ambientale e a settembre, quando i cicli produttivi riprenderanno a pieno ritmo, di intensificare la rete di campionamento analitico sugli inquinanti ritenuti responsabili. Due anni dopo nel 1996 nella XIII legislatura il deputato Antonio Saia (Rifondazione Comunista – Progressisti) presentò un'interrogazione a risposta scritta alla Camera dei deputati, così articolata:

Ai Ministri dell'ambiente e dell'industria, del commercio e dell'artigianato. - Per sapere - premesso che: da molti mesi ormai e' stata segnalata, presso il comune di San Salvo (CH), la presenza di una nube tossica che inquina l'atmosfera e l'ambiente e che provoca danni vari all'organismo quali, soprattutto, irritazione delle mucose, tosse, asma, eccetera; tale nube, la cui natura non e' ancora ben conosciuta, si ripresentava periodicamente e causava danni sia ai lavoratori della zona industriale che agli abitanti del comune di San Salvo e delle zone limitrofe; nei giorni scorsi e' tornata a manifestarsi tale situazione di inquinamento, tanto che sette operai hanno dovuto ricorrere alle cure del pronto soccorso per disturbi agli occhi ed alle vie respiratorie; la questione era già stata rappresentata al Governo dal sottoscritto attraverso una interrogazione, rimasta senza risposta -: quale sia la natura delle sostanze tossiche che causano periodicamente l'inquinamento ambientale a San Salvo; quale sia la loro reale pericolosità per l'ambiente, per i lavoratori della zona industriale e per i cittadini di quel comune e delle zone circostanti; quale sia la causa della periodica comparsa della suddetta nube tossica; quali provvedimenti il Governo intenda adottare per: impedire che il fenomeno abbia a ripetersi; risanare l'ambiente dalla eventuale persistenza di sostanze tossiche; M erogare sanzioni ad eventuali responsabili di immissione nell'aria di sostanze nocive all'ambiente ed alla salute; se non si ritenga opportuno fornire alla Asl di Lanciano -Vasto il personale ed i mezzi necessari per comprendere bene la natura e l'origine del problema e per dare ad esso le soluzioni opportune.

Insomma di questa vicenda molti sapevano ed hanno taciuto. In un articolo del quotidiano *Il tempo* del 29 maggio 2005 si legge: *Nube tossica, arriva la prescrizione.*

Dopo il rinvio al Tribunale da parte della Corte d'Appello scadono i termini. A stabilirlo è stato ieri il giudice monocratico del Tribunale di Vasto, Guido Campli, dinanzi al quale la Corte d'Appello de L'Aquila aveva rimesso il processo, che ha accolto la richiesta di prescrizione del reato presentata dal Pm Agostino Chieffo e dalla difesa di Remo Cocozzella, Enzo Montaruli e Adriano Grossi, i tre dirigenti della Magneti Marelli condannati, il 12 dicembre 2000, a sei mesi di reclusione ed al risarcimento dei danni alla parte civile da liquidarsi in separata sede, perché riconosciuti colpevoli, dal Tribunale di Vasto in composizione monocratica, di lesioni personali aggravate in relazione al fenomeno della "nube tossica", registratosi nella zona industriale di San Salvo tra il 1994 ed il 1996. Come si ricorderà, a causa di una misteriosa nube, diversi lavoratori di Piana Sant'Angelo manifestarono problemi agli occhi e di respirazione. Dopo numerosi rilievi, gli esperti del CNR identificarono nello stirene, usato nei processi di lavorazione della Magneti Marelli, la causa di quella nube, prodotta dalle emissioni nell'atmosfera di vapori provenienti dai camini dello stabilimento della Marelli. I legali dei tre imputati, più precisamente l'avvocato Giovannadrea Anfora del Foro di Torino e gli avvocati Giovanni Cerella e Guido Giangiacomo del Foro di Vasto, avevano presentato ricorso in Appello per i loro assistiti, ritenendo che, con la sentenza di primo grado, non fosse stato rispettato il principio della correlazione tra l'imputazione contestata e la sentenza emessa. Cocozzella, Montaruli e Grossi, infatti, erano stati portati in giudizio per lesioni colpose, ma si erano poi ritrovati condannati per lesioni personali aggravate. I giudici aquilani, come si ricorderà, avevano riconosciuto l'inesattezza della sentenza di primo grado e rimesso il processo dinanzi al Tribunale di Vasto, accogliendo le obiezioni della difesa, per la quale, sostituito l'elemento psicologico del reato, i tre imputati erano stati ritenuti responsabili di una condotta volontaria lesiva della salute dei consimili. Da ieri, dunque, la nube tossica è molto più simile ad una bolla di sapone.

Ci sono voluti anni per chiudere la vicenda e senza entrare in giudizi personali il caso della nube tossica ricorda molti altri casi nazionali ben più gravi; una per tutte la vicenda Ilva di Taranto. Quando scoppiò questo caso in Abruzzo noi operatori del settore industriale avemmo modo di ascoltare diversi punti di vista al riguardo e soprattutto potevamo accedere direttamente alle fonti del problema poiché passavamo molto del nostro tempo in produzione. Non era compito nostro fare indagini o portare prove di accusa verso certe tipologie di lavorazione, ma ciò che non riuscivamo a capire era il silenzio di coloro che lavoravano dentro questi ambienti; il silenzio delle rappresentanze sindacali e di quelle politiche. C'era il sospetto che tutti sapevano, pochi parlavano e molti coprivano. Quando uno stabilimento vitale per una comunità minaccia la chiusura e il trasferimento in altri territori scatta la paura di restare privi di un nutrimento che difficilmente si può ottenere in altro modo. Allora in nome dell'occupazione si chiude un occhio sulla pericolosità di certe lavorazioni e l'uso di certi componenti, su gli scarichi fognari, sui depuratori, sui fumi delle ciminiere, sulla sicurezza delle macchine di produzione e si spera nella buona sorte magari truccando anche i dati delle varie centraline di rilevazione della qualità dell'aria e dell'acqua e i dati statistici sulla qualità in generale della vita di un territorio.

6.3 La fabbrica dei veleni

Un caso ben più grave e con conseguenze ancora tutte da valutare è la triste storia in Valpescara della Solvay Chimica Bussi. Riportiamo dal sito del Corpo Forestale dello Stato il seguente dossier al riguardo:

Inquinamento della falda acquifera superficiale e profonda con sostanze tossiche e cancerogene che superano i limiti di legge di centinaia di migliaia di volte, diossina nei terreni e contaminanti che continuano a fuoriuscire dall'area. Questa la bomba ecologica attorno al fiume Pescara. A lanciare il nuovo allarme sul sito di Bussi dove nel 2007 il Corpo forestale dello Stato scoprì la megadiscarica di rifiuti tossici, è il WWF Abruzzo, che diffonde i dati dei monitoraggi ambientali e parla di un quadro di contaminazione delle acque e dei terreni molto grave. Nell'ambito dell'inchiesta sulla discarica di Bussi, considerata la più grande d'Italia, se non d'Europa, lo scorso 18 aprile il Gup del Tribunale di Pescara ha rinviato a giudizio 19 ex amministratori della società che gestiva il sito, all'epoca dei fatti, i quali dovranno rispondere di reati quali disastro ambientale e avvelenamento delle acque destinate al consumo umano. Il processo prenderà il via il 25 settembre p.v. davanti alla Corte d'Assise di Chieti.

Le indagini della Forestale

Nella primavera del 2007, il personale del Comando Provinciale di Pescara del Corpo forestale dello Stato, guidato dell'allora Comandante Dr. Guido Conti, scopriva, sepolta nella verdeggiante Valle del fiume Pescara, la discarica abusiva di rifiuti tossici più grande d'Europa, una superficie grande come venti campi di calcio, per un totale di 500 mila tonnellate di rifiuti. Ha inizio così il processo che vede imputati diciannove persone tra ex vertici della società che gestiva il sito, direttori e vicedirettori che hanno gestito il polo chimico in quegli anni, accusati di disastro doloso e avvelenamento delle acque. Otto, invece i dirigenti delle società gestori dell'Acqua in Abruzzo (Ato e Aca), accusati a vario titolo di commercio di sostanze contraffatte e di turbata libertà degli incanti. L'acqua contaminata potrebbe essere uscita dai rubinetti di centinaia e centinaia di case. La discarica si trova, infatti, in un collo di imbuto e raccoglie le acque di un terzo della regione, punto di confluenza delle acque che provengono dal Gran Sasso della Maiella, gli acquiferi più importanti d'Abruzzo. Ed è proprio lì, in questo punto di raccolta, che si trova la discarica che rilascia veleni.

La discarica venne scoperta dalla Forestale dopo più di un anno di indagini, avviate a seguito del ritrovamento nel fiume Pescara di considerevoli quantità di clorometanoderivati. Tali elementi chimici erano stati individuati nel corso di una precedente operazione denominata "Blue River", sul controllo delle acque di scarico industriali e civili nei fiumi della Provincia, portata a termine diversi anni prima dal personale del Comando Provinciale di Pescara del Corpo forestale dello Stato. Il blitz aveva condotto a numerose sanzioni (2.200.000 euro) e cinque denunce a carico dei responsabili dell'avvelenamento delle acque. Sotto la regia della Procura della Repubblica, gli agenti della Forestale avevano condotto le indagini e cercato le cause del ritrovamento delle sostanze tossiche, di derivazione industriale, nelle acque del fiume abruzzese.

La campagna di controlli ed analisi unita a sequestri, perquisizioni, acquisizione di documenti, secondo quanto disposto dal Gup, aveva portato al riscontro di sufficienti elementi di reato per sequestrare l'area e denunciarne i presunti responsabili dell'inquinamento. Il personale del Corpo forestale dello Stato sequestrava così il sito vicino al polo industriale chimico di Bussi sul Tirino (PE). L'analisi delle foto aeree degli ultimi cinquant'anni e i sorvoli con gli elicotteri del Corpo forestale hanno fatto il resto. L'area che era veniva sottoposta a sequestro giudiziario e subito venivano organizzati ed avviati i sondaggi e i carotaggi con tecnici di una ditta altamente specializzata, con il personale della Forestale e con alcuni geologi e chimici locali. Già le prime ricerche condotte dalla Forestale avevano messo in luce che per molti decenni la zona sarebbe stata la tomba di un numero imprecisato di sostanze tossiche contenute in rifiuti e scarti industriali. Una pratica reiterata nel tempo, visto che, molte delle sostanze originariamente palabili, cioè a metà fra stato liquido e solido, furono ritrovate cristallizzate. Le sostanze interrate, mischiate ai terreni che sono stati inquinati da questi materiali, per effetto delle piogge, avrebbero ceduto lentamente gli inquinanti al fiume per arrivare al mare. L'odore dei solventi interrati nel momento in cui le ruspe hanno cominciato a scavare per avere la prova definitiva, era nauseabondo. I danni prodotti all'ambiente erano e sono incalcolabili, considerando che le sostanze tossiche hanno prodotto un inquinamento serio del terreno e delle falde acquifere circostanti.

I dati dell'inquinamento

Per decenni la discarica di Bussi sarebbe stata destinata a smaltire illegalmente oltre centomila tonnellate di scarti di lavorazione chimiche ed industriali quali: il cloroformio, il tetracloruro di carbonio, l'esacloroetano, il tricloroetilene, triclorobenzeni, metalli pesanti, tanto da essere stata definita una delle più grandi discariche nascoste di sostanze tossiche e pericolose mai trovate. Un disastro ambientale di enorme entità. L'esacloroetano è stato il vero filo d'arianna, in quanto ha consentito di collegare in maniera inequivocabile la discarica di Bussi e l'acqua di rete. Su 43 parametri presi in considerazione, per 35 sono stati riscontrati superamenti delle concentrazioni soglia di contaminazione per la falda superficiale e 23 per la falda profonda. La stragrande maggioranza dei piezometri della rete di monitoraggio all'interno dell'area industriale evidenzia superamenti dei limiti. Alcune sostanze mostrano superamenti di enorme entità: il cloroformio 453.333 volte i limiti nella falda superficiale e 46.607 volte nella falda profonda; il tricloroetilene 193.333 volte nella falda superficiale e 156 nella profonda. Il mercurio 2.100 volte nella falda superficiale; il diclorometano 1.073.333 volte in falda superficiale e 3.267 volte nella falda profonda, il tetracloruro di carbonio 666.667 volte nella falda superficiale e 3733 volte nella falda profonda. I monitoraggi ambientali sono quelli realizzati dalla società Environ per conto dell'attuale proprietaria del sito industriale, la Solvay Spa, che nel frattempo si è costituita parte civile nel processo penale in corso.

Il danno ambientale

L' Ispra, per conto dell'Avvocatura dello Stato, ha stimato un danno ambientale di 8,5 miliardi di euro e una contaminazione di circa 2 milioni di metri cubi di terreni, oltre a quella relativa all'acqua di falda. A fronte di un quadro così preoccupante però, sono stati avviati dalla Solvay, due sistemi di messa in sicurezza d'emergenza sia sulla falda superficiale che per quella profonda nonché alcuni interventi di bonifica su piccole aree. I dati dei monitoraggi realizzati dal privato, validati dall'ARTA (Agenzia Regionale per la Tutela dell'Ambiente), costituiscono il riferimento per tutte le azioni di bonifica del sito e, sono, quindi, pubblici. I dati, si riferiscono esclusivamente all'attuale area di proprietà Solvay e ad alcuni pozzi/piezometri posti a valle dell'area industriale, più esattamente nella Valle del Pescara alla confluenza tra il fiume Tirino e il Pescara. Da questi dati emerge che il sistema di trattamento è in grado di ridurre drasticamente il livello della contaminazione, ma che tra il 2007 e il 2012, nove parametri sono risultati comunque oltre la concentrazione soglia di contaminazione per la falda superficiale e tre per la falda profonda. Alcune sostanze, inoltre, continuano a fuoriuscire dal sito nonostante il trattamento. La situazione peggiora verso valle nei pozzi-piezometri. Nel biennio 2011-2012 per la falda superficiale undici parametri sono risultati essere oltre i limiti di legge, mentre per la falda profonda sono stati dodici i parametri non conformi. Tra questi, sostanze estremamente tossiche e/o cancerogene come il benzene (33 volte i limiti nella falda superficiale) il monocloroetilene (132 volte nella falda superficiale e 112 volte nella profonda), l'esacloroetano (16 volte nella falda superficiale e 152 volte nella falda profonda). Nel 2011 la Environ per conto della Solvay ha ricercato, nei campioni di suolo all'interno del sito industriale, diossine e furani. Su 29 campioni ben 9 sono risultati avere valori superiori ai limiti di legge per le aree industriali. Il campione più contaminato presentava un valore di 23,7 volte superiore al limite di legge per le aree industriali.

La vicenda ambientale, processuale ed occupazionale del sito industriale di Bussi sul Tirino non si è ancora conclusa. Si parla di bonifiche, si parla di riconversione, si parla di nuovi soggetti interessati all'acquisto dell'area. Tra le varie proposte, c'è stata quella di impiantare un cementificio, idea alquanto curiosa, visto che a pochi chilometri di distanza ne erano prossimi alla chiusura due quello di Scafa e quello di Pescara. Chissà per produrre cosa e a quale mercato! Chissà se l'idea di produrre cemento poteva tornare utile invece per coprire l'enorme area e così risparmiare i relativi costi per la bonifica. Ma non facciamo processi alle intenzioni e continuiamo la narrazione. Chiudendo la quasi totalità dello stabilimento, un intero territorio ha smesso di esistere. La Montecatini, poi Montedison, poi Montefluos, poi

Ausimont, ora Solvay-Solexis e domani chissà, hanno spento gli impianti accesi nel lontano 1902 poi ampliati nel 1924 e nei decenni successivi al dopoguerra fino all'ultimo intervento di ristrutturazione negli anni '90 per la costruzione di una centrale turbogas. Con la costruzione del primo insediamento industriale fu costruito un villaggio operaio che divideva le case degli operai da quelle degli impiegati. Vi erano un forno comune, il dopolavoro aziendale, i magazzini, i ricoveri per gli animali, l'emporio, la chiesa, la mensa, l'impianto sportivo con un campo da tennis in uso esclusivo ai dirigenti e ai loro figli. Negli anni '30 fu costruito anche un cinema-teatro[27]. Che fare per tornare a dare vita e ossigeno alle famiglie di questa area industriale? E' bene ricordare che questa zona è confinante con le aree protette del parco nazionale della Majella da un lato e del Gran Sasso-Laga dall'altro; che in direzione Pescara insistono vigneti di pregio e monumenti di interesse nazionale e in direzione Sulmona vi è un'altra zona industriale di cui è bene raccontare qualcosa al riguardo.

6.4 Il deserto della valle Peligna

Restiamo in zona in questo nostro viaggio nell'Abruzzo industriale. A Popoli sempre in provincia di Pescara, paese confinante con Bussi, il fiume Aterno incontra le sorgenti del fiume Pescara, dando vita al corso d'acqua più importante della regione. Le caratteristiche dell'acqua ha fatto si che in zona nascessero uno stabilimento termale (Terme di Popoli) e uno stabilimento per la produzione di acqua minerale (Gran Guizza). Quest'ultimo ha la sede generale a Scorzè in provincia di Venezia ed è stato fondato nel 1992. A Popoli fu costruito uno stabilimento per la produzione della birra Moretti nel 1968 che successivamente fu ceduto alla concorrente Dreher e poi fu

---

[27] Gianni MELILLA: *Nella mia CGIL*, capitolo *La fabbrica di Bussi*, Textus Edizioni, p. 2

chiuso. Poco distante si è preferito spianare una montagna intera per costruire lo stabilimento Guizza che in fondo fa parte dello stesso settore produttivo delle bevande. Le scelte spesso non rispondono a criteri logici e di buon senso; vi sono altri fattori da tener conto quando si decide di favorire l'arrivo di nuovi investimenti e di solito lo si è fatto sempre a danno del consumo del suolo. A Tocco da Casauria paese a confine con Popoli direzione Pescara nel 1999 si è costruito uno stabilimento per la produzione di rimorchi, semirimorchi, centinati, ribaltabili, portacontainer di proprietà Merker, diventata poi Margaritelli e poi ancora C.I.R. Compagnia Italiana Rimorchi. Una vallata destinata a vigneti e uliveti interrotta dalla presenza ingombrante di questo stabilimento. E' stata una scelta felice la sua collocazione? Fra le tante aree industriali dismesse nelle vicinanze era proprio il caso di costruire in quella zona? Alla politica che ha dato il benestare le risposte. Purtroppo oltre al danno (ambientale) c'è stata anche la beffa (occupazionale); lo stabilimento è passato di mani in mani ma non è mai realmente decollato come era nelle previsioni e nelle speranze dei tanti occupati della zona. Anzi di questo complesso industriale si è parlato poco delle sue eccellenze tecnologiche e dei suoi lavoratori e molto delle sue vicende giudiziarie. Qualcosa al riguardo vogliamo raccontare e lo facciamo sempre attingendo a dossier disponibili in diverse fonti. Dal quotidiano abruzzese *Il Centro* del 24 novembre 2010 leggiamo:

Il crac Merker, grande quanto un buco da 280 milioni di euro, presenta il conto a sette anni dall'inizio dell'inchiesta sulla bancarotta della fabbrica di semirimorchi di Tocco da Casauria e a tre dalla firma sugli avvisi di fine indagini. La procura ha sollecitato il rinvio a giudizio di 36 persone, delle 44 iniziali, a partire dal progettista Gianfranco Ramoser, che nell'estate 2003 in cui scoppiò lo scandalo venne anche arrestato e che ora chiede di patteggiare tre anni e tre mesi. Un'indagine complessa, testimoniata dalle 100 pagine di un capo d'imputazione tecnico e articolato. Secondo la procura, l'ingegnere svizzero, 54 anni, sarebbe «il capo e promotore dell'associazione», responsabile del "rosso" da 280 milioni provocato tra il 1999 e il 2003 attraverso la supervalutazione dell'industria di Tocco, rilanciata dalla famiglia umbra Margaritelli, che l'acquistò per 12 milioni e mezzo di euro dopo l'intervento del commissario straordinario Guglielmo Lancasteri e quattro bandi di gara, tre dei quali andati deserti partendo da una base di 62 milioni. Dice l'accusa: sapendo che le banche difficilmente avrebbero concesso un finanziamento superiore all'apporto dei capitali, con l'utilizzo di società fantasma e di complesse operazioni (false fatturazioni), Ramoser sarebbe riuscito a farsi finanziare il costo effettivo dell'opera da più istituti di credito e da gruppi che avevano creduto a quella mega operazione industriale. Dunque, una strategia per realizzare il plusvalore della fabbrica, stimato in 140 miliardi delle vecchie lire. Secondo le indagini del Nucleo regionale di polizia tributaria della Finanza e l'accusa sostenuta dal sostituto procuratore Giampiero Di Florio, sarebbero state tenute condotte dirette «a occultare il dissesto finanziario, a procrastinare lo stato di insolvenza della Merker e delle società partecipate, collegate e controllate, e a conseguire in maniera fraudolenta risorse finanziarie dal circuito bancario, che in parte venivano distratte a favore delle società del gruppo e di numerosi correi». La richiesta di rinvio a giudizio - che riguarda anche il crac della Fischer di Pianella, assorbito nel fascicolo principale - passerà ora all'attenzione dell'ufficio del gup, che dovrà fissare la data dell'udienza preliminare. Insieme a Ramoser, hanno chiesto di patteggiare altre cinque persone. I reati contestati, a vario titolo, vanno dall'associazione per delinquere (contestata a 17 imputati) alla bancarotta patrimoniale e documentale, dalla truffa aggravata ai danni dello Stato e del sistema bancario al riciclaggio, dalle false comunicazioni sociali alle dichiarazioni infedeli fino alle false fatturazioni. Accuse pesanti, alcune delle quali non lontane dalla prescrizione. A chiedere giustizia sono soprattutto i numerosi istituti bancari parti offese nel processo. Tra gli altri imputati, spiccano i nomi del tesoriere Klaus Schmidt, del factotum Hilde Ruth Salerno, del manager francese Christian Binot e di sua moglie Claudine Normand, del commercialista Marino Alessandrini, all'epoca consulente della Merker, dell'imprenditore Antonio Cascella, e di Elio Cinquegrana, all'epoca amministratore delegato della Merker. A Ramoser viene attribuito un ruolo «di vertice e di organizzatore delle condotte altrui, pianificando e dirigendo ogni singolo aspetto» della presunta associazione per delinquere, «ideando tutto il progetto delittuoso e assumendo comportamenti tali da poter essere indicato titolare esclusivo delle attività economiche che, pur formalmente facenti capo alle sigle societarie utilizzate dall'associazione per il perseguimento dei fini illeciti, erano in realtà in tutto e per tutto a lui riconducibili». Quanto alla Fischer, sarebbe stata costituita per ottenere finanziamenti per 56 milioni 810 mila euro da un pool di banche guidate da Mediocredito Lombardo. Per la Fischer le banche hanno erogato, fino al 31 dicembre 2002, finanziamenti per 32 milioni 520 mila euro, ma le ulteriori tranche vennero bloccate in quanto l'azienda (che aveva come unico cliente la Merker), in crisi finanziaria, non adempì più alle obbligazioni finanziarie, tra le quali le prime rate dei mutui.

In un articolo del 3 novembre 2014 si legge:

Bancarotta: parte il processo sulla Merker di Tocco da Casauria.

Con l'ammissione delle prove si e' aperto davanti al Tribunale collegiale di Pescara il dibattimento riguardante la vicenda della bancarotta della Merker di Tocco da Casauria, che il 22 luglio del 2003 portò all'arresto, tra gli altri, di uno svizzero, all'epoca dei fatti progettista della Merker. Il Tribunale, inoltre, ha stabilito un calendario di udienze: si tornerà in aula il 22 giugno 2015 per ascoltare i testimoni del pm. Le altre date sono: 20 luglio, 12 e 13 ottobre, 17 novembre. Il processo conta in totale 16 imputati. Tra questi non figura il progettista svizzero, in quanto nel mese di ottobre 2013, dopo dieci anni dal suo arresto, ha patteggiato davanti al gup la pena insieme ad altre sette persone. Altre due invece sono state giudicate dal gup con il rito abbreviato e altre sono uscite di scena in quanto diversi reati si sono prescritti. I reati che restano in piedi sono l'associazione per delinquere, però solo per alcuni dei promotori, il riciclaggio e quelli relativi alla bancarotta fraudolenta. Nel mirino del pm Giampiero Di Florio un buco da 280 milioni di euro causato tra il 1999 e il 2003 attraverso la supervalutazione della fabbrica

Puntiamo di nuovo il compasso e da Popoli ci spostiamo questa volta in provincia de L'Aquila. Guardiamo l'area industriale Peligna nel distretto di Sulmona. Iniziamo dal rapporto imprese 2006/2011 Valle Peligna redatto da Aldo Ronci ricercatore CNA.

La Valle Peligna decresce a causa delle pesanti perdite nei settori dell'industria, del commercio e dell'insufficiente crescita nelle costruzioni mentre la Valle del Sagittario decresce per le flessioni nell'industria, nel commercio e nelle attività ricettive. Solo la Valle Subequana è in controtendenza: cresce e lo fa a seguito del sisma. E quanto emerge nell'analisi condotta dall'economista sulmonese Aldo Ronci sulla dinamica delle imprese del territorio dal 2006 al 2011. I dati sono stati forniti dalla Camera di Commercio dell'Aquila. La crisi in Valle Peligna ha fatto registrare la perdita di 63 imprese passando dalle 3387 del 2006 alle 3324 del 2011. Nella Valle del Sagittario le imprese perse sono state 12, dalle 361 si è scesi a 349. A trarre benefici è invece la Valle Subequana che ha 15 aziende in più, da 227 a 242. In termini percentuali la Valle Peligna decresce dell'1,86%, la Valle del Sagittario del 3,32% mentre la Valle Subequana cresce del 6,61% a fronte di una crescita media a livello nazionale del 2,27%. Come spiegare la differenza? Nella Valle Subequana le imprese sono cresciute, in particolare nei settori dell'industria (+5), delle costruzioni (+8) e dei servizi (+6) realizzati per la quasi totalità nel Comune di Castelvecchio Subequo a seguito degli eventi sismici del 2009. Al di là del territorio subequano per il Centro Abruzzo in generale viene confermato lo stato di grave crisi economica e sociale. "E' necessario – scrive Ronci nel documento – che gli interventi per lo sviluppo abbiano come punti centrali di riferimento la competitività ed il mercato esterno alla Valle Peligna, privilegiando l'esportazione". Per far questo bisogna mettere in moto il tanto auspicato sviluppo di cui si discute da più di 20 anni tramite i 17milioni di euro dei Fas, vera boccata d'ossigeno per l'intero territorio.

Torniamo al racconto in prima persona. Chi ha avuto a che fare per lavoro con questa zona fino a qualche decennio fa ricorda la coda di macchine costrette a stare dietro ai numerosi e lenti Tir che si recavano nella zona industriale a partire dallo stabilimento Fiat per proseguire verso gli altri grandi complessi presenti in zona. Molti ricorderanno le numerose volte che le pattuglie di polizia o carabinieri esponevano la paletta fermando e multando coloro che provavano a sorpassare questi bestioni che occupavano gran parte della carreggiata della stretta e scomoda statale 17 che saliva dall'uscita del casello autostradale di Pratola Peligna (un osservatore attento o che non conosce il territorio potrebbe obiettare: perché non uscivate al successivo casello di Sulmona anziché quello di Popoli o Pratola? Costui forse non conosce la differenza di tariffe di questi rispettivi caselli o forse non paga di tasca sua il pedaggio di questa fantomatica autostrada dei parchi!). Ho raccontato questo particolare per dare l'idea della capacità produttiva di quella zona fino a qualche tempo fa. Se oggi fate lo stesso percorso vi troverete in un deserto. La beffa dopo il danno verso noi viaggiatori per lavoro è stata quella che da poco tempo quel tratto di statale 17 è bypassabile perché si è costruita una variante, la SR5Dir, che si raccorda direttamente alle zone industriali di Raiano, Corfinio e Sulmona. Troppo tardi: grazie lo stesso! (questa stessa opportunità si è resa disponibile con il collegamento veloce Teramo – Mosciano oggi che le industrie si sono dimezzate). Nel rapporto 2008 sulle infrastrutture di Trasporto in Abruzzo a cura di Unioncamere Abruzzo difatti si parla dell' Infrastruttura:

SS 17 dell'Appennino Abruzzese ed Appulo Sannitico" e così la si descrive: La SS 17 insieme ad altre infrastrutture di viabilità ordinaria, quali la SS 81, la SS 16 e la SS 5, costituisce, senza dubbio una delle strade più lunghe e contemporaneamente la principale arteria di percorso della dorsale appenninica. La sua denominazione di "Strada dell'Appennino Abruzzese ed Appulo Sannitico", sta ad indicare il suo percorso, che da Antrodoco sino a Foggia attraversa le regioni del Lazio, Abruzzo, Molise e Puglia e che costituiva l'antico trattuto, che anticamente si percorreva per la pratica della pastorizia. La SS17 attraversa quindi tutta la dorsale appenninica abruzzese e si collega con importanti infrastrutture stradali, quali la A 24, la SS652, la SS83, la SS 261 e la SS158. Tra le altre vie di collegamento, si incrociano la A 25, la SS153 della Valle del Tirino e la SS 5 Tiburtina. Durante il tracciato, l'infrastruttura incontra importanti centri industriali, localizzati nella Valle Peligna e nelL'Aquilano, per poi essere contornata da un percorso prettamente montano, caratterizzato dalla presenza delle bellezze naturalistiche. La gestione dell'infrastruttura in esame, rientra nella competenza della società Anas.

Peccato si è arrivati con leggero ritardo! Senza essere polemici ma con dati oggettivi alla mano facciamo un po' di storia industriale anche in questo territorio. Iniziamo con il racconto di un colosso internazionale: la Sitindustrie Tubes & Pipes Spa. Dall'articolo del 21 maggio 2011 del quotidiano *IM Impresa Mia* si legge:

Nell'estate 2009 Sitindustrie, pur essendo un colosso metalmeccanico, ha annunciato la crisi dell'azienda: si tratta di un gruppo internazionale, commerciale e industriale con sede a Valduggia in provincia di Vercelli, di cui fanno parte Sitai di Prato Sesia e Valvometal di Valduggia, otto stabilimenti di produzione, approvati dai principali enti di certificazione mondiali e localizzati in Italia, Francia, Svizzera, Regno Unito e Cina assicurano, anche grazie alla collaborazione di 1100 persone, un fatturato annuo di 450 milioni di euro e una gestione integrata delle differenti produzioni: tubi saldati e raccorderia in acciaio inossidabile; tubi e raccorderia in leghe di rame; package in acciaio inossidabile e leghe di rame; valvole industriali; barre e semilavorati di rame e sue leghe; costruzioni e carpenteria metallica; energie rinnovabili; attività vitivinicole. Ai lavoratori non sono state date spiegazioni dall'azienda che ha chiesto la cassa integrazione guadagni per i dipendenti che ha coinvolto le allora 170 persone, scese poi a 140 per pre-pensionamenti e ricollocamenti, facenti parte dei due stabilimenti piemontesi. La vicenda e stata ricordata dal deputato del Pd Luigi Bobba in seguito alla notizia pubblicata dal quotidiano *La Stampa* del 13 maggio scorso, che l'amministratore delegato di Sitindustrie, Fausto Bocciolone ha incontrato i lavoratori e ha precisato che nel piano approvato dal tribunale non erano inseriti i soldi per coprire la cassa in deroga da meta giugno a fine 2011. Infatti, i lavoratori del gruppo dovevano godere della cassa integrazione fino al mese di dicembre – l'accesso al concordato preventivo sembrava aver lasciato qualche spiraglio per la vendita dei due opifici, e alla cassa straordinaria, garantita ancora fino al 18 giugno, si contava di sostituire quella in deroga fino al 31 dicembre, in questo modo si sperava di poter arrivare a una ripresa delle attività nel giro del medio-lungo periodo – invece i 128 dipendenti valsesiani ancora in forze al gruppo Sitindustrie, negli stabilimenti di Valduggia e Prato Sesia si sono visti licenziati ingenerando un problema sociale di elevate dimensioni se si considerano anche le famiglie coinvolte e l'indotto. Perciò Bobba ha chiesto ai ministri dello Sviluppo economico Paolo Romani e del Lavoro Maurizio Sacconi "se non si ritenga urgente intervenire al fine di consentire ai lavoratori di accedere alla cassa integrazione in deroga".

Un'altra chiusura inaspettata con un finale ancora peggiore è stata quella dell'ex Diaprint. Leggiamo dal quotidiano *Il Centro* del 11 marzo 2015: *Lastre di eternit e vernici nella fabbrica incendiata.*

SULMONA. Hanno lavorato duro fino a notte inoltrata per spegnere l'incendio che si è sviluppato lunedì sera all'interno dello stabilimento chiuso da due anni dell'Italfinish. E ancora ieri mattina di nuovo al lavoro, fino a metà giornata, per bonificare gli ultimi focolai. L'obiettivo era uno solo: spegnere le fiamme ed evitare che plastica, eternit e solventi presenti all'interno dello stabilimento venissero a contatto con le fiamme, provocando una nube tossica e danni all'ambiente circostante. Due giorni in cui i vigili del fuoco di Sulmona, con l'ausilio dei colleghi dell'Aquila, hanno operato senza sosta affrontando la delicata situazione con grande decisione, fino a quando il pericolo è cessato. Già dalla scorsa notte l'incendio sembrava domato. Ma ieri mattina, al momento della verifica della situazione, i custodi si sono accorti che in alcuni punti della fabbrica il fuoco aveva ripreso vigore, tanto va allertare nuovamente i vigili del fuoco che si sono portati prontamente sul posto con gli idranti che hanno ripreso a riversare ettolitri di acqua sui materiali dismessi, giacenti nel sito, e considerati ad alto rischio ambientale. Una volta spente le fiamme sono iniziate, da parte dei vigili del fuoco, nuove e più accurate operazioni di verifica al fine di evitare eventuali nuovi incendi, così da procedere con la messa in sicurezza dello stabilimento. Ancora poco chiare le cause alla base del rogo. Anche se fin dal primo momento si è ipotizzato un corto circuito scaturito dalle vasche per l'ossidazione d'alluminio, riattivate dopo tre anni dalla chiusura della fabbrica, per le operazione di smantellamento. La fabbrica infatti, che ha avuto una lunga storia prima con la Diaprint, poi con l'Agfa e ancora la Lastra, e per ultima la bergamasca Iltalfinish dal 2007, si trova in concordato preventivo dopo il fallimento dichiarato nel novembre 2011. Attualmente si stava procedendo allo smantellamento di una delle linee di produzione e gli operai, lunedì quando è divampato l'incendio, avevano smesso di lavorare alle 18. In pochi mesi è la terza volta che scatta l'allarme inquinamento ambientale nel nucleo industriale di Sulmona. Un cimitero di capannoni dismessi o sotto fallimento che costituisce un costante pericolo.

Ora su questa fabbrica chiusa voglio aggiungere qualcosa di personale. Quando la società era sotto il controllo della 3M venne inviato come manager da Minneapolis negli Stati Uniti un ingegnere Christopher Murray per illustrare e realizzare il nuovo piano industriale e la nuova filosofia aziendale ai dipendenti del sito di Sulmona Diaprint. Partire da una metropoli statunitense e ritrovarsi in un paesino di montagna in Abruzzo non deve essere stata una passeggiata per il povero Chris. Inoltre era portatore di una visione del lavoro molto diversa da quella tipicamente italiana. Fece molta fatica nei primi tempi ad inserirsi in quel contesto; per tutti era il nemico da combattere; era l'occhio della proprietà; la spia venuta da lontano con in testa chissà quali rivoluzioni da fare. Chris non era stupido, amava l'Europa, amava l'Italia (forse perché era nato a Boston la più europea delle città americane) e grazie all'incontro casuale con la mia cara amica Tiziana cominciò a conoscere ed amare Sulmona e poi l'Abruzzo intero. Chris portò avanti con successo i suoi progetti e nello stesso tempo diventò "abruzzese". Quando la sua missione lavorativa terminò, sposò Tiziana e tornò negli Stati Uniti dove vive tuttora rimpianto da molti colleghi. Questa storia mi consente di aggiungere ancora qualche riflessione.

6.5 Il grande fascino attrattivo dell'Abruzzo

La vicenda di Chris apre un'altra finestra sul ragionamento che stiamo facendo. Possiamo porci delle domande come: chi decide di investire in un territorio? Certamente società di capitali o di persone che dispongono di grandi liquidità. Cosa chiedono per investire? Leggi certe, governi stabili, sistema fiscale vantaggioso, infrastrutture efficienti, remunerazioni rispetto al capitale investito, ecc. Una volta fatta la scelta chi verrà poi fisicamente a gestire l'investimento? Dei manager. Cosa chiedono questi manager per lasciare la propria città e trasferirsi in posti assai diversi rispetto alle loro abitudini di vita? Dipende! Se si è celibi o sposati. Se si hanno figli piccoli o grandi. Se si è ad inizio carriera o si hanno diversi anni di esperienza. Dopo il fattore economico, viene valutato la durata della trasferta. In genere la scelta dovrebbe cadere verso personale con una già discreta carriera alle spalle ma ancora voglioso di viaggiare e scoprire nuovi territori e magari disposto a trasferirsi avendo con se la propria famiglia. Quando la scelta cade verso questo tipo di figura, allora la decisione di investire o meno, dipende dal consenso a trasferirsi di costoro e soprattutto da quello delle proprie compagne. Dove andremo a vivere e lavorare è assai diverso da dove viviamo adesso? C'è il mare o la montagna? Quanto dista dal centro più importante? Ci sono collegamenti semplici per raggiungere l'aeroporto o le autostrade? I nostri figli potranno contare su scuole ed università di buon livello? Ci sono spazi idonei per fare attività all'aria aperta? Com'è la qualità della vita in generale? E' facile trovare casa? Sono alcune domande che vengono poste prima di accettare un trasferimento importante. Ora per quanto riguarda l'Abruzzo, senza fare campanilismi stupidi, possiamo dire che almeno in questa classifica occupiamo posti in vetta. Quale territorio nel mondo passa in meno di cento chilometri da montagne vicine ai tremila metri al mare e viceversa. Aggiungiamo la presenza di parchi nazionali e regionali più estesa d'Europa rispetto alla grandezza del territorio; una specificità culinaria eccellente; non vi è gara: l'Abruzzo merita di essere conosciuto e vissuto. Trasferire questo concetto nel mondo (come in parte si sta tentando di fare) è un buon inizio. Ma siamo appunto all'inizio. Nell'ultimo anno che ho lavorato, il 2014, spesso ho fotografato le zone industriali dove andavo in visita. Non ne ricordo una tenuta in condizioni decenti. In Val di Sangro, che è stato in passato, il sesto distretto industriale più importante d'Italia, ho trovato rotatorie con erba alta metri; cartellonistica piena di ruggine o caduta a terra; strade piene di buche e fossi d'acqua. Se la cura riservata a questa importante zona, dove tra l'altro insistono stabilimenti come Sevel, Honda Italia, è questa, sul resto dei territori meglio sorvolare. Allora si può essere bravi a "vendere" l'Abruzzo come terra meravigliosa dei parchi, ma se poi coloro che verranno a visitarlo, trovano questo scenario, allora meglio puntare ad altro. Sono stato nel 2001, sempre per lavoro, in Giappone a visitare tre stabilimenti di una delle più importanti società di elettronica industriale; decisamente un altro mondo irraggiungibile per noi per i prossimi secoli. Apro una piccola finestra per chiarire alcuni aspetti. Nel capitolo intitolato *C'è un posto per l'Italia fra i due capitalismi?* di Romano Prodi tratto dal suo libro *Il capitalismo ben temperato* si parla dei due archetipi di capitalismo che si sono scontrati all'interno dell'economia di mercato unica rimasta dopo la sfida vinta contro l'economia pianificata. I due modelli sono quello anglosassone e quello germanico-giapponese. Il primo, che ha trovato il suo momento più forte negli Stati Uniti, è costituito da grandi imprese con un azionariato sostanzialmente anonimo, fortemente mobile e quasi sempre disinteressato alla gestione quotidiana delle imprese. [28] Nel secondo la grande impresa è generalmente posseduta da un intreccio di azionisti formati da grandi banche, società di assicurazione, da fondazioni legate all'impresa, fondi collegati ai dipendenti o ai sindacati. Questi

---

[28] Romano PRODI: *Il capitalismo ben temperato*, Il Mulino, p. 12

esercitano un controllo costante e quotidiano sulle aziende possedute. [29] Il fenomeno della cosiddetta "globalizzazione" dell'economia, ha tuttavia ha messo a confronto direttamente i due modelli. Le visioni e le azioni messe in atto dai due modelli capitalistici devono essere tenuti in giusta considerazione quando si chiede loro di investire nel nostro Paese. Chissà ad esempio da quali pensieri sarà assalito il giapponese che dalla casa madre SMC Corporation, leader mondiale per la produzione di componenti pneumatici per l'automazione industriale che annovera 78 tra filiali e uffici commerciali in 50 Paesi al mondo, quando si reca in vista presso lo stabilimento di Carsoli (zona industriale piana del Cavaliere) presente dal 1977, considerato il rally che dovrà fare tra sterrati, fossi pieni d'acqua, sottopassi riempiti d'erba e canneti, auto bruciate e abbandonate tra i campi e greggi di pecore al pascolo! Ma torniamo sulla strada principale del racconto. E' sembrato quasi concordato che in valle Peligna a stretto giro chiudessero oltre la Sitindustrie e la Lastra, la Cosmo SpA che produceva pavimenti in legno; la Campari SpA (Crodosud)[30] che produceva bevande analcoliche; la Finmek SpA (ex Ericsson Trasmissioni SpA) che assemblava apparecchiature di telecomunicazioni (sulle vicende dei poli elettronici parleremo in un capitolo specifico) inoltre la Beta Utensili SpA non è più un polo produttivo ma solo commerciale, e la Sistemi Sospensioni SpA (ex Magneti Marelli, ex Fiat) il più importante e storico sito industriale si è ridimensionato enormemente. Queste sono le principali aziende a cui vanno aggiunte quelle di piccola e media dimensione e quelle presenti intorno ai comuni limitrofi di Sulmona come a Raiano (Ceramica Saba SpA) a Corfinio (Coca Cola SpA) a Pratola Peligna (Fonderie Foceit SpA). Tutti questi disoccupati come vivono oggi in questa area? Qui sono crollate produzioni appartenenti a settori differenti tra loro: è crollata l'industria metalmeccanica, quella elettronica, quella alimentare,

---

[29] Romano PRODI: *Il capitalismo ben temperato*, Il Mulino, p. 16
[30] Oggi rilevata dalla Medibev

quella del legno, quella della ceramica e perfino quella termale con un clamoroso imperdonabile errore tecnico durante l'esecuzione dei lavori [31]. Due fatti curiosi a margine di questa triste vicenda: oltre a svincoli e rotatorie sono sorti dei centri commerciali e la politica ha pensato bene di collocare una propria sede di Sviluppo Italia Abruzzo SpA. Un incubatore di imprese che si sviluppa su una superficie coperta di 4000 mq con 8 moduli per attività manifatturiera e 21 per attività di servizi. Di cosa e su quali settori si dovrebbero occupare le nuove imprese mi resta difficile capire, ma auguriamo tutto il bene possibile e non solo a certi personaggi della politica locale che hanno fatto una brillante carriera nei palazzi che contano!

6.6 La Marsica: una Silicon Valley in Abruzzo

Se la valle Peligna piange la Marsica certo non ride. Per chi non conosce questa parte di territorio abruzzese facciamo qualche cenno storico geografico. La Marsica si estende per circa 1.906 km² su una superficie territoriale eterogenea, tra le più complesse d'Italia: le aree pianeggianti sono costituite dalla conca del Fucino (140 km²), dai piani Palentini (60 km²) e dalla più contenuta piana del Cavaliere. Il territorio è diviso in cinque macro-settori: la Marsica fucense; la valle del Giovenco; la valle Roveto; la piana del Cavaliere e l'area del parco Nazionale d'Abruzzo, Molise e Lazio. Il centro amministrativo più importante della Marsica è Avezzano circondato dalla grande Conca del Fucino, un ex lago (il terzo per estensione d'Italia) iniziato a prosciugare per volontà dell'imperatore Claudio nel 41 d.C. con lavori proseguiti nei secoli fino ad arrivare all'XIX secolo, quando nel 1875 l'impresa fu completata grazie all'impegno del principe Torlonia. L'immenso lago divenne ciò che vediamo oggi una grande zona fertile agricola. Date queste premesse e queste caratteristiche vocative del territorio penso si faccia molta fatica a comprendere quali

---

[31] Nello specifico si è persa la vena della sorgente sulfurea

siano state le motivazioni che abbiano giustificato nel tempo la scelta di costruire una zona industriale che avesse come fulcro produttivo un polo elettronico. Una Silicon Valley in Abruzzo. Così nel 1989 si insediò il centro produttivo della Texas Instruments che nel 1998 venne rilevata dalla Micron; il resto è storia recente ben ricapitolata in un articolo sul sito *www.marsicalive.it* del 3 maggio 2013: *Micron: si chiude un'epoca. Oggi il "closing" e il passaggio alla Jv Marsica con LFoundry*

Avezzano. Il 3 maggio rimarrà impresso nella storia della Marsica per il passaggio da Micron a LFoundry dello stabilimento più grande del territorio. Il sito, che produce memorie volatili, cambierà di nuovo pelle e tenterà una nuova strada. Oggi, infatti, è previsto il "closing" ossia la chiusura definitiva della cessione dell'azienda dalla multinazionale americana alla Marsica Innovation Technology, formata per il 51% dalla Jv Marsica srl e per il 49% dalla tedesca LFoundry. Un cambiamento che in realtà porta con se tanti pezzi di quello che è stato. La nuova società che si occuperà di gestire lo stabilimento del nucleo industriale, infatti, sarà formata dal management della Micron e in parte anche dai dipendenti del sito. Per quanto riguarda la produzione, invece, ci saranno delle modifiche, ma non nell'immediato. Aptina, uno dei principali clienti di Micron Avezzano, rimarrà per 4 anni e parallelamente la Jv Marsica inizierà a trovare anche nuove commesse che spazieranno in diversi campi. Per quanto riguarda i dipendenti, poi, è prevista la mobilità volontaria – con un premio per chi lascerà l'azienda – e la cassa integrazione per almeno altri due anni. Ancora poco chiaro il numero degli esuberi che, secondo l'ultima comunicazione, dovrebbero essere circa 300. Micron, seppure lascerà il sito, rimarrà in Marsica con 100 dipendenti che si occuperanno principalmente di ricerca. Quando Micron arrivò ad Avezzano era il 1998 e il gruppo di Boise (Idaho) si insediò nel principale nucleo industriale del territorio per rilevare i centri produttivi che la Texas Instruments aveva nel mondo, tra cui il nuovo e moderno stabilimento avezzanese. La struttura era stata aperta nel 1989 e conservava per questo anche una "dote" di 500 miliardi di vecchie lire come contributo pubblico non utilizzato. La Micron spiazzò tutti con un esordio clamoroso, comunicando al Governo italiano di voler rinunciare al finanziamento pubblico. L'obiettivo principale fu, infatti, quello di riconvertire la produzione agli standard di innovazione e qualità ma visti prima in un settore molto avanzato. Nel giro di venti anni più di quaranta produttori mondiali di semiconduttori e memorie Ram furono sbaragliati, nonostante la grande richiesta del prodotto che cominciava a spopolare nei personal computer. Il prezzo da pagare furono le 12 ore di lavoro, una novità nel panorama industriale italiano, ma anche una decisione difficile da digerire per i sindacati che fecero una dura battaglia contro il nuovo assetto gestionale. In breve tempo, la Micron Technology Italia divenne un polo tecnologico di eccellenza mondiale per la produzione di wafer (dischi di silicio) con tecnologia d'avanguardia, progettando soprattutto memorie non volatili di tipo Nand. Nel 2006 fu annunciato un investimento di 6 miliardi di dollari per il raddoppio dello stabilimento, ma il potenziamento non arrivò mai. Lo spartiacque ci fu nel 2007 quando la multinazionale americana propose la realizzazione di una torcia al plasma da utilizzare per incenerimento e gassificazione dei rifiuti. La popolazione locale si oppose e il progetto saltò. Nel febbraio 2010 Micron acquistò Numonyx, azienda nata da spinoff di Intel ed Stm.

Un altro gruppo internazionale che non ha certo brillato è la Panduit SpA di Avezzano. Su questo caso riportiamo un'interrogazione parlamentare fatta dall'allora senatore Ferdinando Di Orio in forza al PDS (Partito Democratico della Sinistra). Senato della Repubblica XIII legislatura 634 seduta 17 giugno 1999

DI ORIO.

–Al Ministro dell'industria, del commercio e dell'artigianato e per il turismo.

–Premesso:
che la Panduit – multinazionale statunitense che progetta, produce e commercializza sistemi integrati per l'elettronica e le telecomunicazioni – ha insediato un sito produttivo ad Avezzano (L'Aquila), grazie anche

ai benefici della legge n. 64 del 1986, per un investimento complessivo che ha superato i 60 miliardi;
che l'inizio dell'attività d'impresa del sito produttivo di Avezzano risale al 19 maggio 1992, con l'avvio di un reparto per la produzione derivata da sistemi ad iniezione di materie plastiche e di un altro reparto per la produzione di estrusi plastici;
che per un periodo di tempo è stata mantenuta un'officina altamente specializzata, attrezzata per la costruzione di stampi e filiere, come dimostrano i dati riportati in tabella, e che ha consentito la collocazione dell'azienda all'interno del contratto metalmeccanico:

produzione Panduit-Avezzano 1995-1998

	1995	1996	1997	1998
Produzione: iniezione (pz. anno)	564.175.000	968.541.000	1.113.254.644	1.138.159.500
estrusione (mt. anno)	387.161	801.493	1.583.554	713.556
Dipendenti	102	146	145	140

che nel mese di novembre 1998 l'azienda ha comunicato alle organizzazioni sindacali una grave situazione di crisi di mercato per i prodotti del reparto ad iniezione, che avrebbe comportato una riorganizzazione della multinazionale;
che in data 29 aprile 1999, dopo una lunghissima trattativa, veniva raggiunto un accordo tra i vertici aziendali della Panduit e le organizzazioni sindacali marsicane; tale accordo, approvato dalla totalità dei lavoratori, prevedeva, proprio al fine di superare la grave crisi di mercato relativa in particolare alle attività connesse al reparto ad iniezione, il ricorso alla cassa integrazione per un massimo di 70 dipendenti mantenendo in forza almeno 67 unità lavorative;
che in data 7 giugno 1999 l'azienda – venendo meno all'accordo precedentemente sottoscritto – ha comunicato alle organizzazioni sindacali la completa sospensione delle attività produttive e la collocazione di tutto il personale in cassa integrazione;
considerato:

114

che in data 9 giugno 1999 l'assemblea dei lavoratori della Panduit ha deciso lo sciopero ad oltranza ed ha chiesto in tempi urgenti la convocazione delle parti presso codesto Ministero;

che il sindaco di Avezzano, professor Mario Spallone, ha inviato un telegramma a codesto Ministero nel quale esprime tutta la sua preoccupazione per le sorti occupazionali e produttive della Panduit, chiedendo a nome di tutta l'amministrazione comunale di intervenire con sollecitudine anche attraverso la convocazione delle parti;

che il comportamento ambiguo e stigmatizzabile dei vertici aziendali della Panduit ha vanificato la concreta disponibilità espressa da tutti i lavoratori e dalle organizzazioni sindacali a trovare le soluzioni migliori per l'azienda e ha dimostrato la totale insussistenza di alcun tipo di piano industriale per il rilancio del sito produttivo di Avezzano, come dimostra il recente trasferimento dei macchinari presenti nel reparto ad iniezione in altri ignoti siti produttivi, si chiede di sapere se il Ministro in indirizzo non ritenga di procedere urgentemente alla convocazione delle parti, secondo quanto richiesto dalle organizzazioni sindacali e dalle istituzioni cittadine, e quali interventi specifici intenda adottare al fine di mantenere un così importante sito produttivo di recente insediamento e tecnologicamente avanzato, salvaguardando i livelli occupazionali di un territorio interessato da gravi crisi industriali e da elevati livelli di disoccupazione.

Con il decreto del 6 aprile 2000 veniva concesso il trattamento straordinario di integrazione salariale per crisi aziendale, legge n. 223/1991, in favore dei lavoratori dipendenti dalla S.p.a. Panduit Italia, unità di Avezzano. (Decreto n. 28105). (GU Serie Generale n. 114 del 18-5-2000).

La Panduit non è stata la sola azienda del settore a chiudere i cancelli; sulle vicende Alcatel, Ericsson c'è tutta una letteratura al riguardo che trascina altri poli di elettronica, elettromeccanica per lo più legate alle telecomunicazioni. Restando nella provincia de L'Aquila come non parlare della lunga vicenda dell'Italtel. Riportiamo al riguardo il verbale di riunione redatto il 30 aprile 2009 presso il Ministero dello Sviluppo Economico:

115

In data 30 aprile 2009 si è tenuta presso il MSE una riunione per esaminare la situazione di ITALTEL. Alla riunione presieduta dal Dr. Castano, hanno partecipato l'Ing. De Julio Amministratore Delegato di Italtel e la Dr.ssa Bigatti Responsabile Risorse Umane di Italtel, le OOSS nazionali e territoriali FIOM – CGIL, FIM-CISL, UILM – UIL e le RSU.

Il Dr. Castano in apertura di riunione ha comunicato che l'incontro è stato sollecitato dalle OOSS per esaminare la situazione di Italtel ed è stato prontamente convocato per il ruolo fondamentale che Italtel riveste per il settore TLC nel nostro Paese.

L'Ing. De Julio ha illustrato i contenuti del "Piano Strategico 2009-2011" recentemente approvato dal CdA. Il nuovo piano prevede un incremento del fatturato nel triennio fino ad oltre 600 Mln € nel 2011, dopo aver registrato una diminuzione nel 2008 (470 Mln Euro) rispetto al 2007 (540 Mln Euro). L' equilibrio economico sarà raggiunto consolidando le posizioni di tradizionale forza nel mercato e sviluppando l'attività di servizi professionali / sviluppo di reti e applicazioni avanzate (nuovi servizi e nuovi contenuti) per operatori pubblici e privati i n Italia e all'Estero. Italtel, in questo quadro, continuerà a proporsi anche come System Integrator che, oltre ai prodotti propri, è in grado di realizzare soluzioni complesse ai massimi livelli della tecnologia disponibile. Ciò permetterà, attraverso un percorso definito dall'Ing. De Julio molto impegnativo, il riposizionamento di Italtel con importanti recuperi di efficienza, attraverso la valorizzazione delle competenze professionali e tecnologiche già esistenti ed altre che dovranno essere acquisite anche attraverso adeguata attività di formazione e riqualificazione.

A conclusione della sua comunicazione, l'Ing De Julio ha illustrato l'impatto del Piano sulla occupazione che subirà un significativo ridimensionamento poiché, secondo quanto previsto, é necessaria una riduzione nell'arco dei prossimi 36 mesi di circa 450 addetti (400 nei primi due anni), passando così a circa 1.900 addetti a fine 2011 rispetto ai 2.300 del 31 dicembre 2008. A parere dell'Azienda, tale riduzione potrebbe avvenire senza ricorrere a strumenti "traumatici" quali i licenziamenti.

Le OOSS, hanno però affermato che il Piano industriale si basa sulla forte riduzione del personale ed hanno quindi sottolineato la necessità del coinvolgimento degli azionisti nel ripianamento del debito poiché, a loro parere, questo è il motivo per cui si propone una così drastica riduzione di occupati. Hanno sollecitato l'azienda a non perseguire obiettivi troppo impegnativi, che snaturino le caratteristiche dell'impresa e che abbiano pesanti riflessi per i lavoratori. Infine hanno sollecitato l'interesse del Governo ed in particolare del MSE alle problematiche che riguardano le aziende del settore.

Il Dr. Castano in conclusione, ha voluto ribadire l'interesse del Governo per il settore e, in particolare, ha esortato a rendersi disponibili ad un confronto strutturato poiché il MSE vuole affrontare in maniera organica (e non solo in presenza di emergenze) le questioni che riguardano il mondo delle TLC, strategico per lo sviluppo di un Paese moderno quale è il nostro. Con riferimento all'impegno del Governo a realizzare progetti che abbiano una positiva ricaduta sul settore, ha ricordato che solo una parte delle risorse destinate allo sviluppo della Banda Larga sono state destinate ad altre emergenze. Il progetto non è per nulla tramontato e verrà ripreso a breve; anche per questo sollecita le OOSS nazionali a fare la propria parte.

Per quanto riguarda l'"e-government", ha sottolineato l'impegno del MIUR a sviluppare progetti specifici ed ha ricordato che i fondi per la ricerca a disposizione di quel Ministero sono un riferimento importante anche per le aziende che hanno idee e sanno avanzare soluzioni innovative (in questo quadro si colloca anche una parte del futuro di Italtel). Infine ha ricordato anche il recentissimo impegno del Governo per la rinascita delle imprese di ICT a L'Aquila e in Abruzzo. In questo contesto è importante fare sì che le risorse pubbliche abbiano una massima ricaduta sul sistema produttivo e di ricerca italiano; è un impegno fondamentale e su questo fronte dobbiamo lavorare tutti (imprese, governo e sindacati) con grande determinazione, senza tentennamenti.

In conclusione, ribadendo il fondamentale ruolo che Italtel riveste per il settore e per il mercato italiano, ha suggerito due direttive su cui il Ministero del lo Sviluppo Economico intende lavorare:

-da un lato garantire una presenza attiva a tutti i tavoli che riguardano la vertenza Italtel (tra cui quello che verrà istituito presso il Ministero del Lavoro);

-dall'altro confermare alle Organizzazioni sindacali la disponibilità e l'interesse del Ministero ad attivare un tavolo settoriale.
Il tavolo di confronto resta, come sempre aperto e sarà convocato quando una delle parti lo richiederà.

La storia di questo polo elettronico a L'Aquila ha segnato parecchi colpi di scena: il caso Finmek è quello più risonante. Il 25 febbraio 2002 sulla rivista *www.elettronica-plus.it* appare il seguente articolo: *Mekfin: high-tech italiano con ambizioni europee.*

Partenza in sordina, ma ambizioni da primo della classe. Finmek spa si proclama oggi secondo gruppo europeo nel settore dell'Electronic Manufacturing Services e punta a un fatturato di 900 milioni di euro nel 2002, nonostante la crisi in atto. Non molto nota se non agli addetti ai lavori, Finmek fa capo alla holding di controllo Mekfin, che per il 2001 ha presentato un fatturato consolidato di 1.250 milioni di euro (NdR I dati ufficiali non sono stati ancora in possesso della redazione al momento di andare in stampa), con 6300 dipendenti. Questo piccolo impero elettronico, che ha sede a Padova, è stato messo insieme in pochi anni da Carlo Fulchir, imprenditore locale. È nato da alcune acquisizioni minori locali (come la Elektromec), ma è effettivamente decollato con l'acquisto delle attività core della Necsy (vedi box).Il passo effettuato nel 1993, quando il termine outsourcing era sconosciuto alla massa, ha generato una catena di iniziative che rappresentano oggi una holding internazionale, con 19 stabilimenti in Italia e altri 3 in Europa. Nel corso del 2001 si è definita con chiarezza la fisionomia del gruppo in tre settori operativi (EMS, ICT e prodotti elettromeccanici). EMS è il settore dedicato ai servizi di ingegneria e di fabbricazione elettronica. I mercati di riferimento sono rappresentati da telecomunicazioni, informatica, public utilities, automotive, consumer e medicale. Finmek è l'azienda cardine per questo settore. ICT si dedica allo sviluppo, produzione e marketing di sistemi per accesso ad Internet; personal computer, stampanti professionali e apparecchiature per ICT. Prodotti elettromeccanici sviluppa, produce e commercializza componenti e sistemi meccanici per automotive e apparati per il controllo e la distribuzione dell'energia elettrica.

La diversificazione di Mekfin

Dal punto di vista organizzativo e di fatturato, il "mondo Mekfin" fa capo per circa il 50 per cento alla Finmek, della quale parleremo più diffusamente in seguito per quanto concerne gli aspetti EMS. Nel settore ICT è presente la ex-Olivetti di Scarmagno, che fino a oltre la metà degli anni Novanta ha prodotto personal computer, per poi passare a un gruppo internazionale come OP Computers ed approdare infine, dopo altre vicissitudini di tipo legale e proprietario, in casa Mekfin con l'inizio del 2000, quando la neo costituita ICS ha rilevato attività e marchio dell'azienda informatica canavesana e ha dato l'avvio a importanti collaborazioni sul piano nazionale e internazionale (vale la pena di ricordare quella con Lexikon); il "braccio produttivo" della ICS si chiama CMS e fa parte di Finmek. Da citare anche, sempre nel settore informatico, la produzione di stampanti dell'americana Genicom (commercializzate tramite la Compuprint). Per quanto riguarda invece i prodotti elettromeccanici, si inseriscono in questo settore principalmente i dispositivi automotive della ex-Magneti Marelli e i contatori elettronici prodotti per Enel. All'area appartiene anche la Promek (meccanica di precisione). Negli ultimi due anni Mekfin ha rilevato imprese da Ericsson, Siemens, Bull, Fiat, Magneti Marelli, Olivetti, Telit, Italtel, Flextronics e in alcuni casi tali acquisizioni sono state trasferite per competenza alla controllata Finmek. Nella maggior parte dei casi tutti questi gruppi si sono trasformati a loro volta in OEM clienti di Mekfin per i prodotti collocati in outsourcing. Tra le attività estere da ricordare l'acquisizione della FHM di Kiel, che vanta una solida esperienza nelle telecomunicazioni, conta circa 200 dipendenti e ha fatturato nel 1999 l'equivalente di 50 milioni di Euro. Le altre location estere del gruppo derivano dagli impianti portati in dote da Ixtant, confluita nella Finmek (per es. in Romania). Il portafoglio clienti comprende, oltre ai giganti nominati, anche Acea, Marconi, Motorola, Philips, Emerson e Viasat (navigatori satellitari per automobili). È evidente lo sforzo del gruppo di riposizionare il proprio baricentro, con la ricerca di nuovi equilibri tra il business di riferimento, quello dell'EMS, e nuove segmenti o nicchie di mercato profittevoli. Operazione particolarmente opportuna in questo periodo in cui anche Finmek sta subendo i contraccolpi della crisi che ha colpito i propri

OEM e quindi un riequilibrio in altri settori si rivela un must, dal momento che i ricavi legati alle TLC sono scesi alla fine del 2001 al 65 per cento rispetto al precedente 82 e quindi la modifica del mix di prodotti/servizi offerti, in chiave di diversificazione strategica, è improrogabile.

Finmek: il cuore EMS di Mekfin

La Finmek spa, il gruppo di spicco della cassaforte Mekfin, è controllata all'82 per cento da quest'ultima e per la quota restante da un pool di banche, assicurazioni e fondi di investimento. Dispone di propri stabilimenti a Roma, Sulmona, Padova e detiene inoltre il controllo della società operative Finmek PBA, Finmek Seima, CMS (a Scarmagno, produzione PC), Costelmar (nel Casertano, ex-Siemens) e Ixtant. Finmek PBA è specializzata nell'assemblaggio di schede e sottosistemi elettronici, di medio e grande volume, per TLC, ICT, automotive e public utilities. Le sue sedi sono a Padova e Pagani. Finmek Seima Elettronica (ex-Magneti Marelli), con sede a Udine, è attiva nell'assemblaggio e collaudo di schede elettroniche e sottosistemi per ICT e automotive. Alla metà del 2000, in seguito al riallineamento strategico della Telit, che aveva stabilito di abbandonare per la propria piattaforma EMS, Finmek ha rilevato la Ixtant Electronics Manufacturing, con headquarter a Ronchi dei Legionari (Trieste). Al momento della cessione le fabbriche Ixtant erano 11, per la stragrande maggioranza situate in Italia, oltre che in Croazia e a Timosoara in Romania. Gli impianti più significativi portati in dote da Ixtant in Italia sono stati :– il sito di Marcianise (ex-Olivetti, ex-Modinform) – il sito di Chieti (ex-Alcatel) – il sito di Avezzano (ex-Ceme, ex-Panduit) – il sito di Aversa (ex-Texas Instruments). La "corazzata" Ixtant ha conferito al gruppo attività di produzione di terminali portatili per telefonia cellulare e satellitare, palmari, schede e subassiemi per TLC, IT, infomobility e consumer. Con la sua incorporazione (2300 dipendenti, 55 linee SMT) Mekfin, ma nello specifico Finmek, è diventato il maggior gruppo industriale italiano nella fornitura di EMS.

Facciamo un salto ai giorni nostri al solo scopo di evitare al lettore altre tristi vicende che riguardano i vari gruppi che si sono avvicendati dentro questo polo elettronico aquilano. Sul quotidiano *Il Messaggero* del 12 maggio 2015 si annuncia una buona notizia: *Accord Phoenix investirà all'Aquila previste 128 nuove assunzioni*

L'AQUILA - «Accordo importante e primo confortante segnale per questa città». L'ufficializzazione della notizia che l'Accord Phoenix, azienda internazionale che opera nel settore del riciclo di materiale elettrico ed elettronico, avvierà uno stabilimento all'Aquila è stata salutata con favore dal vicepresidente della Giunta regionale, Giovanni Lolli, che stamane ha preso parte alla conferenza stampa insieme con il sindaco dell'Aquila, Massimo Cialente. È stato il sindaco ad illustrare nel dettaglio i termini dell'accordo dopo che ieri sera il consiglio di amministrazione di Invitalia ha dato via libera al finanziamento pubblico in favore della società. L'investimento complessivo sarà di oltre 38 milioni di euro, di cui 10 finanziati da Invitalia. A regime i dipendenti saranno 128, di cui 13 amministrativi e 115 addetti alla produzione; nel giro di 18 mesi saranno attivate tutte e tre le linee inserite nel progetto di investimento. Sia Cialente che Lolli hanno confermato che nell'assunzione di personale avranno «priorità assoluta» i lavoratori del polo elettronico che in questi anni hanno perso le coperture e gli ammortizzatori sociali. Proprio sui lavoratori del polo elettronico Giovanni Lolli ha parlato di «dovere morale» da parte della classe politica della città di fare «l'indispensabile per ridare un futuro lavorativo» agli ex addetti dell'Italtel. «Sono lavoratori - ha detto - che hanno fatto la storia di questa città e il nostro obbligo doveva essere quello di ritrovare per loro una giusta collocazione. In tutti questi anni, invece, a parte l'impegno di pochi, una parte della politica ha giocato allo sfascio, calpestando la dignità di tutti i lavoratori». Lolli ha poi voluto sottolineare come «Invitalia abbia fatto un'istruttoria rigorosa sull'istanza di investimento presentata da Accord Phoenix», scrivendo nella delibera di concessione del contributo che «l'investimento deve essere fatto entro i prossimi 6 mesi». «Si è trattata - ha aggiunto Lolli - di un'operazione complessa con Invitalia non ha risparmiato indagini conoscitive approfondite e preteso garanzie forti dall'azienda». L'arrivo in città di Accord Phoenix «è un segnale importante, ma il quadro della crisi occupazionale rimane grave». Allo stato, ha ricordato Lolli, «ci

121

sono in città 5 vertenza occupazionali pesanti con in ballo 1500-1700 posti di lavoro. Un numero esorbitante che dà la misura di una crisi economica e occupazionale grave. In questo contesto, ci si preoccupa maggiormente di fare polemica su qualche ufficio regionale che viene trasferito dall'Aquila anzichè concentrare gli sforzi per risolvere o trovare alternative alle vertenze in atto».

A margine di questo possibile rilancio occupazionale penso ad Emilio, che conobbi quando i nostri figli frequentavano la scuola materna, aveva perso il lavoro in una di queste società elettroniche ed era in cassa integrazione. Oggi che i nostri figli sono grandi Emilio è ancora fermo al palo. Ogni tanto torna a L'Aquila per partecipare a qualche riunione dove si parla di futuri acquirenti per la sua azienda ma tutto finora è rimasto nel campo delle teorie. Spero per gente come lui che possa tornare al più presto a casa e con il lavoro per cui ha studiato. Siamo una nazione cattolica perciò dobbiamo continuare a credere nei miracoli mentre la domanda iniziale in questa zona d'Abruzzo continua a riproporsi: era meglio rafforzare la presenza di industrie per la lavorazione e trasformazione dei prodotti agricoli o puntare su poli elettronici? Vediamo cosa è accaduto ad un'importante risorsa agricola del territorio marsicano: la barbabietola da zucchero

6.7 La via dello zucchero

La foto di copertina del libro è stata scattata davanti a ciò che resta dello stabilimento zuccherificio di Avezzano. Facciamo anche per questa importante ex risorsa un po' di storia industriale. Dal sito della regione Abruzzo nella pagina cultura sottocapitolo archeologia industriale leggiamo:

Alla fine dell'800 il prosciugamento del lago Fucino determinò, oltre all'accrescimento della piccola industria artigianale locale già esistente, l'insediamento e lo sviluppo di strutture produttive riferite alla nascente attività agricola derivata dall'uso intensivo della vasta superficie risultante dall'area prosciugata e dall'utilizzazione razionale delle acque canalizzate. Nell'ex alveo del Fucino era stata intrapresa con successo la coltivazione della barbabietola da zucchero ed i prodotti, di qualità eccellente, venivano inviati per la lavorazione agli zuccherifici di Rieti e Monterotondo. La costruzione dello zuccherificio di Avezzano, ad opera di una società italo-tedesca, si verificò con tutta probabilità prima del 1894, come ci testimonia la medaglia del movimento degli operai che reca appunto questa data. Lo stabilimento funzionava con macchine a vapore ed era dotato di alte ciminiere in mattoni, aveva una potenzialità di lavorazione giornaliera dai cinquemila ai seimila quintali di barbabietole ed occupava alcune centinaia di operai. Per il trasporto delle merci la fabbrica era collegata, tramite un raccordo ferroviario, con la stazione di Avezzano, per cui mensilmente il trenino dello zuccherificio trasportava i prodotti dell'industria allo scalo merci di Roma ed alla banchina del porto di Napoli. La Società Romana Zuccheri gestì lo stabilimento fino al 1927, anno in cui le subentrò la società per azioni "Zuccherificio di Avezzano". Le numerose modifiche per ampliamenti e miglioramenti che le due gestioni apportarono agli impianti industriali condussero ad una lavorazione massima di dodicimila quintali di barbabietole al giorno con la produzione di una migliore e più raffinata qualità di zucchero. Il gravissimo evento sismico che nel 1915 colpì la Marsica non risparmiò la struttura industriale, danneggiandola notevolmente soprattutto nelle sue opere murarie più elevate: alla ricostruzione partecipò anche l'amministrazione Torlonia. Nel 1936 furono realizzate in un'area attigua le distillerie per la produzione di alcool etilico. Altre strutture, che possiamo definire accessorie, si erano progressivamente affiancate agli stabilimenti principali con funzione di supporto: fra queste le fornaci per calce e laterizio e le officine meccaniche necessarie per la riparazione di macchinari. Durante la seconda guerra mondiale l'attività della piccola area industriale fu di nuovo interrotta a causa di eventi bellici che produssero gravi danni agli stabilimenti, ma riprese con notevole alacrità nel 1945. Nel 1954, essendo ritenuto uno dei più vecchi esistenti in Italia, lo stabilimento subì dei rinnovamenti ed ampliamenti con adeguamento degli impianti alle nuove esigenze dell'industria saccarifera. Altri interventi, effettuati nel 1962 e 1963, potenziarono l'industria fino al raggiungimento di una lavorazione massima di quarantaduemila quintali di barbabietole con una produzione di cinquemila quintali di zucchero raffinato al giorno. Il numero dei capannoni e la loro varietà urbanistica ed architettonica testimoniano come lo stabilimento abbia subito progressivi ampliamenti nel tempo. Le finestrature di tutto il complesso sono ad arco a sesto ribassato, differenziate dalle cornici di inquadramento. Uno degli edifici più interessanti per la tecnica costruttiva è quello adibito a magazzino-deposito; è costruito con blocchi di pietra irregolare, inquadrati tra le file di mattoni cotti e disposti orizzontalmente. La " casa zucchero " é l'edificio principale del complesso. Della struttura originaria della fine del XIX secolo resta la parte bassa costituita da una muratura in mattoni con arco di scarico posto sulle aperture. Nei piani superiori, invece, la muratura mista all'intelaiatura in cemento armato, i ricorsi in mattoni, le catene metalliche testimoniano interventi successivi. All'interno le strutture ed i macchinari sono stati sostituiti interamente nel 1936. Altro elemento da segnalare é il " forno tipo Porion ", costruito nel 1905 con pianta rettangolare allungata, struttura in ferro e muratura in mattoni, destinato alla trasformazione della borlanda (prodotto residuo derivato dalla trasformazione del melasso) in salino potassico. L'edificio nel quale il forno é contenuto é in muratura di mattoni con copertura in legno impostata su capriate di ferro. La costruzione ad esso contigua, destinata a deposito, é stata realizzata nel 1964, mentre la ciminiera é stata ricostruita nel 1970. Sono presenti, inoltre, gli edifici destinati alla lavorazione del melasso (prodotto residuo della barbabietola da zucchero) per la produzione di alcool, costruiti nei primi anni del 1900 con alcuni impianti rinnovati nel 1936.

Restiamo nella Marsica e precisamente a Celano e continuiamo a parlare di zuccherifici. La Eridiana Sadam SpA con sede a Bologna nel 1990 insediò uno stabilimento per la produzione di zucchero, melasso e polpe (insomma come in una stazione c'è chi parte e chi arriva possiamo dire la stessa cosa per questo genere di stabilimento: per uno che viene chiuso se ne apre un altro). Leggiamo una pubblicazione sul sito *www.abruzzo24ore.tv* del 13 aprile 2015 dal titolo *Ex zuccherificio Eridania Sadam: azienda Celano applica procedura mobilità.*

In concomitanza con il termine al 30 giugno dei regimi di cassa integrazione guadagni, che le leggi vigenti non consentono di prorogare ulteriormente, Eridania Sadam S.p.A. - si legge in una nota dell'ufficio stampa dell'azienda - si vede costretta ad avviare la procedura di mobilità per 162 lavoratori, dipendenti presso i quattro siti tra cui quello di Celano. Gli altri ex saccarifici si trovano a Castiglion Fiorentino (Ar), Fermo e Jesi (An).

Le ragioni, che determinano la situazione di eccedenza del personale, sono connesse al drastico ridimensionamento del settore bieticolo-saccarifero italiano imposto dai Regolamenti comunitari di settore del 2006 (in Italia si e', infatti, passati da 19 a 4 zuccherifici) e all'impossibilita' di attuare, ad oggi - prosegue la nota - i progetti di riconversione relativi ai suddetti siti, previsti dagli accordi di riconversione e dagli accordi sindacali sottoscritti.

Benché, in tutti questi anni, Eridania Sadam si sia prodigata fattivamente per attuare tali progetti, tutti gli sforzi compiuti sono rimasti senza esito, non essendosi giunti all'ottenimento dei titoli abilitativi necessari al fine di poter realizzare i progetti di riconversione e poter sostenere il ricollocamento dell'attuale organico.

Pur tuttavia - conclude la nota - Eridania Sadam conferma il proprio intendimento di perseguire con determinazione il positivo completamento degli iter autorizzativi in corso, nell'ottica di consentire la creazione delle condizioni per la futura riassunzione dei lavoratori.

Su questa vicenda è intervenuta l'Europa con le sue leggi indiscutibili e incontestabili. Viene così penalizzato un territorio a forte vocazione agricola, con una storia centenaria di produzione e trasformazione. I nostri rappresentanti di governo hanno lasciato fare e così ci ritroviamo migliaia di disoccupati a cui dare risposte concrete difficili da dare. La cronaca odierna su questa area parla ancora di problematiche molto serie da risolvere, come il sequestro nel 2011 di circa 30 ettari dell'ex zuccherificio Sadam con l'ipotesi di reato di abbandono illecito di rifiuti, o la bocciatura il 22 marzo 2016 da parte della Giunta regionale del progetto Powercrop per la realizzazione della centrale biomasse. Come non bastasse su questo comune grava anche la vertenza Zincherie di Celano. Si legge in un articolo del 30 dicembre 2013 su *www.marsicalive.it*:

CELANO. Licenziamenti alla Pittini, l'onorevole Gianni Melilla (Sel) invia un'interrogazione urgente al ministro dello Sviluppo economico. "A soli 3 anni dal passaggio della Società Officine Maccaferri di Celano alle Trafilerie Zincherie del Gruppo Pittini, la nuova Proprietà ha deciso la chiusura dell'attività industriale con la perdita di tutti i posti di lavoro", ha scritto Melilla nella nota, "il passaggio tra le due Aziende era stato frutto di un accordo siglato presso il Ministero dello Sviluppo economico con le garanzie produttive e occupazionali concordate anche con i Sindacati oltre che con il Governo. Alla vigilia di Natale è arrivata la lettera di licenziamento per i 78 operai della Pittini senza nemmeno un preavviso della cessazione del rapporto di lavoro. Le cause, secondo l'Azienda, sono da ricondursi al protrarsi delle risultanze negative del bilancio e dalle previsioni negative per il corrente anno e per il futuro, dalla inutilità delle azioni di risanamento attuate negli ultimi anni, dal peggioramento del quadro congiunturale anche per quanto concerne il settore della produzione di filo zincato, dall'impossibilità di reperire clienti capaci di assorbire le potenzialità produttive dello stabilimento di Celano, indipendentemente dalla perdita del settore già dedicato alla produzione di fibre per cemento armato. A nulla sono valsi, gli oltre tre mesi di proteste, i sit-in davanti ai cancelli sulla Tiburtina, i blocchi del traffico e le occupazioni della sala consiliare del Comune di Celano". Melilla ha per questo chiesto al ministro dello Sviluppo economico: "se non ritenga doveroso convocare le parti sociali, gli enti locali e i vertici aziendali per cercare soluzioni produttive e occupazionali e scongiurare questo dramma occupazionale.

Il passaggio di proprietà dal gruppo Maccaferri a Pittini fa sorgere qualche dubbio. Scorrendo la storia del grande colosso bolognese sul proprio sito si leggono le tappe salienti di questo importante complesso industriale italiano. 1879 le origini; 1893 l'invenzione del gabbione; 1907 l'inizio dell'espansione; 1914-40 la diversificazione; 1953-66 rilancio e nuovi prodotti; 1969-95 cinque continenti; 1995-2000 l'evoluzione; 2000-2011 crescita dei settori e della competenza; 2015 nuove sfide. Peccato che in questa prontezza ad affrontare nuove sfide, come si legge nel sito, l'Abruzzo non rientra come obiettivo. Lo dimostra la cessione appunto dello stabilimento di Celano (qualcosa dovrebbe rientrarci anche lo zuccherificio Sadam e la Samputensili ad Ortona) e quello successivo di Castilenti in provincia di Teramo dove a riguardo riportiamo un articolo del quotidiano *Il Centro* in data 15 novembre 2015 intitolato *Vertice per salvare la Maccaferri. Prosegue lo sciopero.*

CASTILENTI. Si fanno sempre più flebili le speranze di salvare la Maccaferri di Castilenti. Dopo la chiusura a qualsiasi soluzione alternativa mostrata dal vice presidente del Cda delle Officine Maccaferri Luigi Penzo nell'ultimo incontro, ora non resta che il vertice in Regione di mercoledì.

Ieri si è tenuta un'assemblea del personale, ormai da due settimane in sciopero. «I lavoratori hanno votato se rientrare al lavoro per tamponare le perdite di salario dopo le due settimane di sciopero o se prorogarlo e aspettare l'esito dell'incontro sul tavolo della Regione. I lavoratori hanno deciso di prolungare il presidio fino a mercoledì», spiega Marco Boccanera della Fim Cisl. Giovedì si terrà una nuova assemblea per valutare di nuovo la situazione. «I lavoratori mostrano un attaccamento straordinario all'azienda e vogliono in tutti i modi cercare di salvaguardare il sito», aggiunge Giampiero Dozzi della Fiom Cgil, «da situazione resta molto difficile perchè l'incontro con il vicepresidente del Cda della Maccaferri non ha lasciato grandi spiragli».

Ora bisogna vedere che cosa emergerà dall'incontro convocato dal vice presidente della Regione Giovanni Lolli. «Non sappiamo se sarà presente la proprietà», aggiunge Boccanera, «già nello scorso incontro ci ha riconfermato la chiusura. Loro ufficialmente non ci hanno detto che spostano la produzione all'estero, ma i segnali sono quelli. Anche a Bellizzi l'altro stabilimento in Campania dove producono i gabbioni si prevede lo stesso destino del "gemello" di Castilenti, e si parla di esternalizzazioni». Il sindacalista, in occasione del varo della "Città Val Fino"– a cui ha partecipato una delegazione di operai con tanto di striscione – ha sottoposto il problema al governatore Luciano D'Alfonso: «pare che abbia contatti con alcuni vertici della Maccaferri e ci parlerà».

La prospettiva è un anno di cassa integrazione straordinaria e poi la mobilità per tutti. «Confidiamo che la Maccaferri tenti altre strade per salvare il sito», aggiunge Dozzi, «e che grazie alla cassa integrazione straordinaria si possa valutare un piano alternativo, ritardando nel contempo l'ingresso in mobilità. Se a Castilenti rimarrà l'impianto del geosintetico è importante. Dovremo anche cercare anche di capire il futuro della presenza di Maccaferri in Italia: denuncia una perdita del 30% dei volumi produttivi a cui in previsione si aggiungerà un altro 30%, il governo dovrebbe interrogarsi come mai un gruppo che opera nel campo del materiale per il risanamento ambientale si trovi in difficoltà in un Paese in cui le emergenze idrogeologiche sono all'ordine del giorno. C'è qualcosa che non va nelle politiche di tutela del territorio: valuteremo se c'è possibilità di portare la vertenza a un livello più ampio»

Sembra di capire che non ci sia la volontà di produrre in Italia e quindi in Abruzzo come si è fatto per decine di anni. I gabbioni sono utilizzati in gran parte per contenere argini e terreni in pendio; per una nazione che ha bisogno di un grande progetto di risanamento dal punto di vista del dissesto idro-geologico investire in altri posti sembra quasi un ossimoro. Chiudiamo l'argomento con alcune risposte positive. Per fortuna qualcosa di buono c'è sempre in ogni territorio. Ad Ortucchio ad esempio c'è lo stabilimento Mario Aureli fondato nel 1968 che produce succhi, creme, concentrati di carota. E' un'azienda leader in Europa e nel mondo ed occupa oltre 150 dipendenti tra fissi e a tempo determinato. Ci sono altre aziende la cui attività produttiva si lega bene alla capacità del territorio penso ad esempio della S.A.C.P.O. SpA sempre ad Ortucchio che produce patate fritte e gnocchi di patate surgelati (la Marsica è una grande produttrice di patate ndr). Stessa cosa si può dire per altre zone dove vocazione del territorio e produzione sono fortemente interconnessi. A Roseto degli Abruzzi in provincia di Teramo c'è la Rolli Alimentari SpA presente dal 1977 che produce vegetali surgelati dove però ci sono preoccupazioni per la esternalizzazione di alcune linee di produzione con il trasferimento di un ramo dell'azienda con relativo passaggio dei contratti di lavoro da quello dell'industria alimentare a quello dell'agricoltura. Per chiudere il discorso sul polo aquilano la domanda di fondo torna sempre a galla: era sufficiente la presenza di Telespazio per trasformare un territorio a forte vocazione agricola in un centro elettronico? Tra la zona industriale di Avezzano e quella de L'Aquila non era meglio scegliere questa seconda considerato che dispone di una facoltà di ingegneria ed inoltre conta la presenza di tre importanti industrie farmaceutiche come la Dompè e la Menarini a Pile e la Sanofi a Scoppito che per produrre farmaci sono quelle più avanzate dal punto di vista tecnologico? Un altro importante stabilimento presente ad Avezzano la Fiamm SpA che produce accumulatori al piombo (c'è bisogno di molta acqua per queste lavorazioni e questa richiesta duella con quella degli agricoltori, per non parlare poi dello smaltimento del processo produttivo ndr) non era più corretto se fosse stato insediato in val di Sangro ad esempio zona con forte presenza di automotive? Qui entra in gioco la politica, e la logica del buon senso, lascia il posto alle rivendicazioni storiche relative allo sbilanciamento economico tra la fascia montana e quella costiera abruzzese.

6.8 Un uomo forte sotto ogni campanile

In questo viaggio abbiamo capito che le industrie si sono costruite dove vi erano politici forti che contavano su un consenso quasi totale in termini di voti elettorali. Così il già citato onorevole Remo Gaspari ha portato nel suo territorio di Gissi industrie che potevano stare nella zona industriale di Vasto prossime al casello autostradale della A14 e prossime alla stazione ferroviaria e al porto; a Manoppello ed Alanno in provincia di Pescara si sono insediate fabbriche che potevano benissimo stare a Chieti Scalo nelle aree industriali Salvaiezzi e Madonna della Piane. A Colledara ai piedi del Gran Sasso in provincia di Teramo c'è una piccola zona industriale mentre poco distante vi è quella in pianura Vomano di Basciano e Montorio. A Montefino, Castiglione Messer Raimondo si sono costruiti poli industriali pur essendo prossimi alla zona industriale di Castilenti ecc. Insomma abbiamo la vocazione a sprecare suolo; a spianare intere montagne e colline pur di andare a fare stabilimenti vicini ai collegi elettorali dei politici con enormi costi per i collegamenti alle infrastrutture e ai servizi. Trovare una logica dove volutamente non deve esserci è impresa da filosofi: ed io lo sono! Un esercizio da assegnare invece, per chi ama incrociare i numeri e le statistiche, sarebbe quello di confrontare la nascita e la morte delle aree industriali con l'ascesa e la caduta dei maggiori esponenti politici nel tempo. Molti dubbi verrebbero sciolti senza fare tanti ragionamenti!

Capitolo settimo

Chi ha paura del futuro?

Gran parte dei cinque miliardi e mezzo di individui che da generazioni patiscono un alto grado di insicurezza socio-economica che hanno sperato di ridurre questo loro disagio (paesi emergenti) stanno sperimentando invece un ulteriore aumento di essa. Gran parte del restante miliardo circa di individui che aveva raggiunto un grado di sicurezza relativamente elevato si è accorto che lo sta perdendo rapidamente. Il futuro non c'è più e si è assaliti da un profondo stato di insicurezza e frustrazione. Ci si sveglia di notte con la paura di perdere i propri risparmi perché la banca è fallita oppure ha venduto titoli spazzatura mandando in fumo sacrifici di una vita perché ci si è fidati di loro. Ci si sveglia con la paura di finire nella lista dei licenziati e di non ritrovare più lavoro a causa dell'età; si ha paura di restare indietro con i pagamenti ed ogni volta che si apre la cassetta della posta si teme di trovare azioni legali a proprio carico; si ha paura di non riuscire a comprare abbastanza cibo per la propria famiglia; di perdere la casa costruita con tanta passione o ricevuta in dono dai propri genitori; di vedersi sequestrare la propria auto ferma da tempo in officina perché non si può pagare la sua riparazione. L'insicurezza socio-economica non è semplicemente uno stato d'animo, vi sono indicatori che la definiscono: delusione, frustrazione, preoccupazione, angoscia sono segnali che derivano dalla consapevolezza di fronte alla propria famiglia, di fronte agli amici e conoscenti di non stare più in sintonia con il loro movimento.

7.1 Strategie per la sopravvivenza

Nel mondo del lavoro un sentimento poco praticato è la riconoscenza. Personalmente anche quando ho lasciato le aziende con profondi dissensi, ho sempre mantenuto nel tempo un senso di rispetto e di gratitudine verso coloro che mi avevano consentito di lavorare, di fare esperienza e che avevano contribuito economicamente al mio benessere e a quello della mia famiglia. Lo stesso atteggiamento l'ho mantenuto verso i miei ex colleghi. Ci sono però delle ferite che fanno più fatica a rimarginarsi rispetto ad altre, specialmente quando avvengono in un momento totalmente inaspettato. Può capitare infatti di essere mandati in Giappone in viaggio premio per un aggiornamento professionale; di passare serate fino a notte fonda con il proprio capo a discutere di progetti e strategie per il futuro; di fare lunghi tragitti in autostrada raccontandosi molto di se e di progetti in cui si è parte integrante e ricevere qualche mese dopo una raccomandata in cui si comunica che le strade si dividono. Diverso è l'atteggiamento da assumere quando l'azienda è strutturalmente debole di suo e pertanto ci si abitua all'idea che un giorno la collaborazione potrà interrompersi. Sia in un caso che nell'altro bisogna mettere in pratica delle strategie per la sopravvivenza. Si creano improvvisamente dei vuoti da riempire che non si ricordavano dai tempi della gioventù quando si disponeva di molto tempo libero. Quando si lavora si passa molto tempo a fare delle promesse a se stessi del tipo: appena avrò un pò di tempo libero farò ... (segue un elenco infinito di cose da voler fare). Quando si creano le condizioni oggettive per farle, capita invece di non essere pronti. Si comprende subito di essere stati dei grandi teorici del sogno e nulla più. La drammatica domanda: e adesso che faccio? si presenta puntuale già alle prime ore del mattino quando accompagnando a scuola i propri figli questi ti dicono: buon lavoro papà; e mentre tutti gli altri genitori partono per le proprie destinazioni, tu devi inventarti qualcosa da fare per riempire la giornata. La prima volta che mi è successo il giorno dopo già lavoravo in un'altra ditta (anni Ottanta); la seconda ho cambiato completamente settore dopo un anno di inattività (primo decennio del Duemila); oggi praticamente si valutano piste estere giacché in Italia sembra non esserci più futuro. Il mio amico Lello imprenditore edile a 68 anni ha dovuto ricominciare tutto da zero cercando lavoro in Africa mentre molti suoi coetanei, pensionati già da qualche decennio, passano le giornate a passeggio o a fare gite e cene per ristoranti. Un dato altrettanto sconfortante è che fino a qualche decennio fa, colui che rimaneva a casa era praticamente solo; oggi al mattino ci si ritrova in tanti, tra disoccupati e lavoratori autonomi che hanno poco lavoro, e anche questo è un segnale sintomatico dei nostri giorni. Torniamo indietro di qualche decennio per raccontare un episodio accaduto ad un mio ex collega. La sua disavventura mi ha fatto aprire gli occhi e mi ha preparato a gestire anticipatamente qualcosa che sarebbe potuto accadere ad ognuno di noi come effettivamente accadde qualche tempo dopo.

7.2 Tonino e la Coca Cola

Antonio S. per gli amici Tonino è stato per alcuni anni un mio collega di lavoro. Ci siamo scambiati i posti nelle due società appartenenti allo stesso gruppo di cui eravamo dipendenti. Io passai dalla progettazione al commerciale e lui fece il contrario. Tonino per venire a lavorare da noi lasciò la più grande fabbrica d'Abruzzo la Sevel. Noi eravamo un'azienda leader nella progettazione, realizzazione e commercializzazione di sistemi di automazione industriale. Tonino lasciò un posto di lavoro "sicuro" e garantito sotto diversi aspetti (economico, sindacale, per grandezza, ecc.) per uno nelle mani di un solo imprenditore locale (nel privato sai come inizia la storia lavorativa ma non sai come finisce). Assecondando forse la sua natura ambiziosa, un giorno decise di lasciare anche la nostra azienda e qualche mese dopo si venne a sapere che era stato assunto, con un ruolo importante, in uno degli stabilimenti abruzzesi dell'orbita Coca Cola Corporation. Quando andavo a trovarlo come responsabile tecnico della produzione gli ripetevo sempre la stessa cosa: come cavolo hai fatto ad entrare in questo gruppo? Se hai qualche notizia di nuove assunzioni fammelo sapere che vengo di corsa. Era una battuta, che nascondeva anche un pò di invidia nel vederlo al top della carriera in un colosso mondiale. Accade un giorno, era un venerdì, che ci fu una cena con tutti i dipendenti per festeggiare l'ennesimo premio conquistato come miglior stabilimento produttivo al mondo. Tutti erano felici e l'indomani avrebbero collocato nella bacheca della hall accanto alla reception l'ennesimo trofeo. Il lunedì successivo, alla riapertura, Tonino e i suoi colleghi trovarono i cancelli chiusi e nel piazzale i Tir pronti a caricare le macchine di produzione. Quel venerdì sera si era consumata l'ultima cena a loro insaputa! Infatti lo stabilimento, senza che nessuno ne avesse avuto un minimo indizio, non esisteva più. In qualche quartier generale della corporation avevano semplicemente tolto la bandierina su quel sito produttivo: fine della storia (in realtà seppi qualche tempo dopo che la partita si giocò tra questo stabilimento e uno analogo presente in una regione ex mineraria francese e che quest'ultimo ebbe la meglio). La brillante carriera di Tonino si arrestò improvvisamente e da quel giorno si ritrovò a passeggiare per il corso della sua città natale. Abbiamo visto che molti settori produttivi sono stati messi in crisi dall'entrata sui mercati di Stati fortemente competitivi, ma su questa specifica produzione, è lecito sollevare qualche dubbio al riguardo perché sembra da escludere che in Italia si fosse registrato un crollo di consumo di questa bevanda. Ovviamente le ragioni della chiusura sono da ricercare in ben altri fattori. Del resto la storia di questo importante marchio in Abruzzo è lunga ed articolata. Si contavano proprio in questa regione diversi stabilimenti. A Pescara ne esisteva uno di imbottigliamento lungo la Tiburtina Valeria (Sibep); c'è n'era uno a Città Sant'Angelo sempre in provincia di Pescara, uno a Fara Filiorum Petri in provincia di Chieti, uno a Corfinio in provincia de L'Aquila ed uno ad Oricola sempre nell'aquilano che è l'unico rimasto in vita. A proposito della scomparsa dell'Abruzzo industriale, la politica locale, alla

134

chiusura di certi importanti stabilimenti ha reagito autorizzando la proliferazione di centri commerciali (per il loro numero rispetto al territorio e alla popolazione credo che l'Abruzzo costiero stia tra i primi posti in Italia ndr). Abbiamo assistito ad un passaggio epocale la trasformazione di un popolo di produttori ad uno di consumatori. La trasformazione della realtà industriale in commerciale di Sambuceto nel comune di San Giovanni Teatino in provincia di Chieti è un esempio calzante. Restando nell'ambito Coca Cola riportiamo un articolo apparso sul quotidiano *Il Centro* il 1 settembre 2007 dal titolo *Un centro commerciale nell'ex Coca Cola* dove si parlava della gestione del dopo chiusura dello stabilimento angolano.

CITTA' SANT'ANGELO. A Città Sant'Angelo nascerà un nuovo centro commerciale, al posto della vecchia fabbrica dell'ex Coca Cola, in località San Martino alta, a ridosso di viale Petruzzi. Il progetto è stato curato ed elaborato a spese della ditta Cantieri italiani, che fa capo al noto gruppo imprenditoriale pescarese Maresca. Il primo atto ufficiale amministrativo riguarda la sdemanializzazione di un'area. La proposta verrà discussa domani in consiglio comunale. Il progetto, spiegano in municipio, è localizzato in una zona che il vigente piano regolatore di Città Sant'Angelo destina urbanisticamente ad attività commerciali. Il nuovo centro commerciale dovrebbe avere negozi di mobili, prodotti per la casa, scarpe e abbigliamento sportivo. La struttura, quando sarà in funzione a pieno regime, dovrebbe dare lavoro a circa duecento persone. Così, il consiglio comunale si occuperà domani della sdemanializzazione di un'area che si trova a ridosso dell'ex Coca Cola. Il Comune cederà alla ditta Cantieri italiani un terreno di circa 5mila metri quadrati, destinato oggi a verde pubblico. Il valore è di 214mila euro. Il terreno verrà utilizzato dalla società per realizzare un parcheggio al servizio del futuro centro commerciale. Con la somma che il Comune incasserà dalla cessione dell'area, riqualificherà via Fonte della Ceca, che si trova sulla collina sopra il fabbricato dell'ex Coca Cola. La realizzazione del progetto, che dovrebbe avvenire entro un anno dal rilascio del permesso per costruire, comporterà il versamento nelle casse comunali di circa 200mila euro di oneri concessori

(Bucalossi). Il nuovo centro commerciale sarà formato da quattro superfici, ognuna delle dimensioni di circa 2.500 metri quadrati. Attualmente, il manufatto dell'ex Coca Cola è la sede produttiva della ditta Bianchi Vending, che nei prossimi mesi si trasferirà nella nuova sede (avete già letto come poi è andata a finire la storia di questo gruppo ndr). Quest'ultima società sta già realizzando un edificio a Città Sant'Angelo, in località Sant'Agnese, su una nuova area artigianale che si estende sui terreni di proprietà comunale (ex Eca). Nella sede attuale della società Bianchi Vending subentrerà il centro commerciale, dopo l'adeguamento e la ristrutturazione del vecchio fabbricato, senza aumento della cubatura esistente. In proposito, una delibera varata dal consiglio comunale alcuni anni fa, disciplina espressamente gli accordi di programmi, in materia di urbanistica. In particolare la riconversioni di vecchie fabbriche. Attualmente a Città Sant'Angelo ci sono tre grossi centri commerciali: IperPescara, Castorama e Ibisco, quest'ultimo per le attività all'ingrosso. Al posto dell'ex fabbrica New Tex, dismessa da anni, nascerà il centro commerciale Globo. I lavori sono già iniziati. Infine, in località Moscarola è previsto l'insediamento del «Village outlet». Un apposita conferenza dei servizi ha già dato il via libera alla nuova struttura commerciale.

Tutto è bene quel che finisce bene e l'ultimo chiuda la porta, si diceva in un famoso cartone animato dei miei tempi. Allo stabilimento di Corfinio è andato peggio perché lo stabile è ancora li chiuso. Sul quotidiano on line *Primadanoi* del 18 novembre 2010 si legge: *Coca Cola, a Corfinio si chiude e in Irlanda si apre*

CORFINIO. A marzo lo stabilimento Coca Cola di Corfinio chiuderà i battenti e in Irlanda la società punta all'energia sostenibile. L'annuncio è arrivato nelle scorse settimane dalla multinazionale: lo stabilimento in cui lavorano 80 dipendenti cesserà la produzione. Una situazione difficile per il territorio che vede altri posti di lavoro sfumare e perde una delle aziende più solide e note del mondo. Il gruppo ha espresso, comunque, l'intenzione di garantire la massima attenzione per i livelli occupazionali; mentre, per il sito produttivo, non sono state escluse, a priori, le ipotesi di riconversioni dello stesso, come auspicato dalla

Provincia. Intanto Antonio Saia Consigliere regionale del Partito dei Comunisti Italiani ha presentato una interpellanza urgente alla giunta regionale sottolineando che si va ad aggravare «una situazione di grave crisi, più volte evidenziata, in Valle Peligna». Saia ricorda anche che il Consiglio regionale nei mesi scorsi ha approvato una risoluzione che impegnava la Giunta ad affrontare con decisione la crisi economica e occupazionale della Valle Peligna e chiede adesso «quale iniziative urgenti sono state adottate per evitare la chiusura della suddetta fabbrica e quale ne è stato l'esito» e «quali iniziative si intendono assumere per affrontare i problemi economici ed occupazionali che scaturirebbero nel caso di cui la chiusura dell'azienda non fosse evitata». E se l'Abruzzo deve arrendersi ad una preziosa perdita la Coca Cola dimostra di aver ancora la forza di puntare su nuovi siti, precisamente nel Nord Europa, dove si investe su una produzione che salvaguardi anche l'ambiente. A settembre scorso, infatti, in Irlanda del Nord, contea di Antrim, è stato aperto un nuovo impianto di imbottigliamento ad alta efficienza energetica. Lo stabilimento occupa 600 persone e ha la capacità di produrre una vasta gamma di bevande analcoliche per la consegna in tutta Irlanda. Una componente chiave del nuovo impianto di imbottigliamento è una produzione combinata di calore ed energia (realizzata in collaborazione con ContourGlobal) che propone di ridurre le emissioni di CO_2 presso l'impianto fino al 66%. La fornitura di energia elettrica pulita in eccesso andrà alla rete elettrica locale.

Non è andato meglio per lo stabilimento di Fara Filiorum Petri in provincia di Chieti aperto nel 1980 è chiuso nel 1999. Dal 2006 almeno è sede dello stabilimento La Tecnomeccanica Sud SpA fondata nel 1981 specializzata in lavorazioni meccaniche e stampaggio. Insomma continuiamo a bere Coca Cola, nonostante tutto, ma questo gruppo che è da sempre fortemente impegnato nelle sponsorizzazioni di grandi eventi e team sportivi preferisce investire i propri ricavi per queste cause, dimenticando interi territori che abbandonano con un semplice spostamento della bandierina dal loro mappamondo aziendale. Così come in un circo si smontano i tendoni e si rimontano in un altro posto.

Allora chi ha paura del futuro? Di certo i lavoratori del settore Tessile e dell'Abbigliamento. Le vicende della Golden Lady di Gissi e Basciano; quella della Sixty a Chieti, quella della Brioni nell'area vestina di Penne sono soltanto alcune delle vertenze che ancor oggi tengono banco nella cronaca regionale. Che spariscano o rallentino piccoli gruppi costituiti nei garage di casa può anche essere nella natura delle cose, ma che spariscano marchi di fama mondiale e lo facciano non tanto perché il mercato lo impone, ma per scelte molto discutibili del management è tutt'altra cosa. A margine del racconto sul mio ex collega Tonino c'è da dire che per usufruire dei benefici della cassa integrazione dovette frequentare per alcuni mesi un corso di riqualificazione professionale tenuto da un centro di formazione professionale; uno dei tanti carrozzoni agganciati alla politica. Così lui, settimo livello, che andava a fare relazioni diverse volte l'anno ad Atlanta, negli Stati Uniti, dove vi è la sede centrale della Coca Cola, dovette sedere in un banco di scuola e prendere appunti su un blocco notes su materie tecniche fatte da docenti che probabilmente nella loro vita non avevano mai tenuto in mano nemmeno un cacciavite.

7.3 Formazione, centri per l'impiego, incubatoi d'impresa e carrozzoni vari.

Appena si perde il lavoro bisogna andare presso il Centro per l'impiego (CPI) della propria provincia di residenza ed iscriversi nella lista dei disoccupati. Ciò che la mia generazione ha conosciuto come ufficio di collocamento nel tempo si è trasformato in qualcosa di più sofisticato (forse solo a parole e nei termini usati). I servizi pubblici per l'impiego e le politiche attive del lavoro hanno subito diverse trasformazioni; attualmente sono stati radicalmente modificati dal dlgs 150/2015, meglio noto come *Jobs Act*. L'aver introdotto una norma nazionale in una materia che stando ad una sentenza della Corte Costituzionale è

138

di competenza concorrente delle Regioni (in attesa delle modifiche del Titolo V e del successivo esito referendario) significa produrre un complesso intreccio tra regolamenti nazionali e regionali. Tale complessità si è trasformata, dopo un acceso confronto tra Stato e Regioni, in una fase di transizione dove le competenze restano a livello regionale per un periodo di almeno due anni, nel quale si spera di attuare quanto previsto dalla riforma. Il paradosso è che i dipendenti provinciali di questo servizio, come del resto tutti gli altri settori di questo ente, sono i primi a doversi cercare una nuova collocazione, vista l'abolizione delle province. Il collocante e il collocato si ritrovano uniti nella stessa battaglia. In tutti questi anni quante persone sono state collocate o ricollocate da questi uffici? Quanta e quale tipo di esperienza lavorativa pratica hanno questi dipendenti degli sportelli per il lavoro? Quando si riempiono dei moduli sul terminale rispondendo alle domande dell'addetto, spesso si ha l'impressione che si sta perdendo solo tempo e che più si ha un curriculum pesante e si è avanti con l'età, più aumentano in maniera proporzionale le possibilità di rimanere disoccupati per il resto dei propri giorni. Scrissi un articolo al riguardo il 30 dicembre 2009 intitolato *Al centro per l'impiego:*

Ce lo fatta; nell'ultimo giorno ma ce lo fatta!
Ho fatto la domanda al Centro per l'impiego della provincia di Pescara per la selezione di 1 coadiutore a tempo determinato part-time presso il Conservatorio di musica.
Per fare una specie di bidello sono dovuto andare allo sportello tre giorni di seguito perché nel mio prospetto curricolare mancavano alcuni dati.
Intanto mi hanno chiesto il reddito annuo relativo al 2008, anno in cui lavoravo, mentre essendo stato a casa l'intero 2009, a mio parere quella situazione economica rappresentava il vero stato del momento;
Mancava nelle mansioni, la qualifica di operaio generico, avendo compilato a suo tempo il modulo con titoli professionali come diploma,

laurea e master. (Se hai studiato troppo come pretendi di fare l'aiuto bidello?)

Nell'aggiornare la mia scheda ovviamente mi sono imbattuto in tante altre persone, molte con bambini piccoli a seguito, che come me cercavano un posto al sole.

In conclusione: per quella mezza opportunità sono in lista centinaia di candidati; chi la spunterà? Quale sarà il criterio per la selezione?

Mi è sembrato di tornare una trentina di anni indietro, quando ci iscrivevamo all'ufficio di collocamento, nella speranza di avere l'opportunità di un colloquio di lavoro e di una eventuale assunzione che non arrivava mai.

Già da allora avevo capito di dover contare soltanto sulle mie forze, non avendo alle spalle un cognome che conta! Così negli anni tutto ciò che ho conquistato è stato merito della mia applicazione, della mia voglia di imparare, di rispondere a nuove sfide e a sapermi relazionare con colleghi e capi.

Il passaparola è stato il mezzo più utilizzato tra noi e ciò bastava per sapere la notizia di una opportunità prima degli altri e di poter svolgere un colloquio con credenziali più sostenute rispetto ad altri.

Questa tecnica mi ha consentito di lavorare, di ricollocarmi dopo aver perso il lavoro; tecnica che ho consigliato a tanti ragazzi più giovani di me notando con piacere che coloro che mi hanno dato retta sono riusciti ad inserirsi nel mondo del lavoro.

C'è un momento tuttavia che questo sistema di relazioni ed opportunità smette di funzionare e di solito coincide con il passare dei quarant'anni. Se perdi il lavoro in quella fase della vita ti aspetta una salita da cima Coppi!

All'improvviso si azzera tutto. Le capacità acquisite, l'esperienza, le reti di conoscenze. Se esci dal giro, nessuno ti conosce più, nemmeno gli amici che sono ancora dentro sembrano poter fare più di tanto per te. Rimani solo e spesso ti senti inutile. Con il passare del tempo perdi ulteriormente fiducia in te stesso e cominci a dubitare anche sulle cose fatte in passato. Alla domanda: ma tu che sai fare? non sai più dare risposte sensate. Non lo sai più. Cominci a guardare gli annunci di lavoro che non avevi mai fatto perché non credi in quella formula; le locandine dei giornali che si occupano di questa materia esposte nelle edicole sono piene di occasioni di lavoro spesso in grandi società o enti.

Non ne trovi una che sembra idonea alle tue conoscenze e quando decidi di azzerare tutto quello che sai e che sei, ripartendo dall'ultimo gradino, ti accorgi che sei fuori anche per i più umili mestieri. Ti mancano i requisiti per fare la domanda così come quella appunto di fare il bidello e soprattutto sei ancora troppo pulito dentro per salvarti da questa giungla.

Oggi l'informatizzazione dei servizi è la nuova frontiera per cercare lavoro. Bisogna essere iscritti in tutte le più importanti agenzie e portali specializzati a questo scopo. Appena riempi, il mondo virtuale con tuoi dati anagrafici, email, password ed autorizzazioni varie, ecco che miracolosamente cominci a ricevere ogni giorno sul cellulare o sul computer decine e decine di notizie riguardanti il tuo profilo curricolare. Con il passare del tempo ricevendo un mondo di informazioni non desiderate e soprattutto poco attinenti alle tue vere caratteristiche professionali, capisci che dietro queste società non ci possono essere persone fisiche (perché se fosse vero il contrario allora saremmo proprio nelle mani di dementi) ma ci sono dei software che incrociano i dati, li confrontano, cercano parole chiavi, e poi li associano alla tua persona. Poco tempo fa sulla principale rete di professionisti mi è stato segnalato come "persona che potresti conoscere" il titolare dell'azienda che mi aveva da poco licenziato. Ho un profilo professionale di consulente tecnico-commerciale nel settore elettrico industriale ma la maggior parte delle opportunità mi vengono segnalate come agente di telefonia, assicurativo, di prodotti bancari, oppure agente di prodotti di bellezza e cose di questo genere. Però ti dicono che pur di lavorare bisogna essere disposti a tutto. Sono in molti a ripetere questa litania. Ultimamente a Pescara l'Attiva SpA, società che fa capo al comune adriatico che si occupa di gestione integrata dei servizi di igiene ambientale, (in passato l'avremmo chiamato raccolta della monnezza ma oggi stiamo in Europa!) ha bandito un concorso per la selezione pubblica, per titoli ed esami, per l'assunzione a tempo indeterminato di 61 operatori ecologici con orario full-time o part-time (tempo pieno o parziale visto che siamo ancora in Italia!). Area operativo-funzionale raccolta, spezzamento, tutela e decoro del territorio del ccnl imprese e società esercenti servizi ambientali – fise assoambiente – livello 2B. La sola comprensione del titolo del bando richiedeva una laurea! A questa grande opportunità lavorativa, visti i tempi, si sono iscritti oltre seimila candidati di cui 183 hanno superato la prima fase (una specie di preliminari come per la partecipazione alle coppe di calcio). Per l'iscrizione occorreva versare un contributo di selezione pari a 12,60 euro che ha fruttato alle casse della società stando al numero degli iscritti oltre 75.600 euro; una sommetta niente male. Ora, per quel che ho imparato girando per oltre vent'anni tutti i settori produttivi industriali, credo onestamente che per questa attività in concorso non si debba possedere grandi requisiti nè culturali, né tecnici. I mezzi da utilizzare certamente si sono evoluti anche in questo settore, ma spazzare le strade, o premere una pulsantiera con i comandi per alzare e abbassare il cassonetto del mezzo per la raccolta, non richiede grandi sforzi di apprendimento. Qualcuno tuttavia dovrà pur fare questo importante servizio alla comunità ed è giusto che venga data la possibilità di partecipare ad un concorso pubblico a tutti. Ciò che mi rende perplesso, come in tanti altri concorsi, è capire il criterio che viene adottato per riuscire a fare una selezione del genere. Conosco persone che avevano lavorato per diverso tempo in questa azienda come precari che non hanno superato il primo test, quello di cultura generale, e sono andati a casa. E' vero che nei concorsi che prevedono quiz può vincere chiunque se ha fortuna o se è molto abile alla loro risoluzione, tuttavia di fronte all'esercito di laureati e diplomati che si sono presentati, questi miei conoscenti, avendo la sola licenza media, avevano molte probabilità di essere eliminati, come poi i fatti hanno dimostrato. La vicenda non è finita bene perché ci sono state molte contestazioni e tuttora i precari che hanno perso il proprio posto di lavoro sono in mobilitazione sotto il palazzo di città. Tempo fa quando un ragazzo non andava bene a scuola o un lavoratore perdeva il lavoro si diceva loro: vai a lavorare con i muratori o vai a fare lo spazzino. Provate a dirlo oggi che l'edilizia è bloccata più di ogni altro settore e che per fare lo spazzino bisogna superare dei quiz! Altra voce di popolo qualunquista è quella di dire: chi non lavora è perché non vuole lavorare; ci sono tanti extra comunitari che svolgono attività che gli italiani non vogliono più fare. Bisogna spostarsi al nord o all'estero il lavoro mica te lo portano sotto casa! In genere parlano così coloro che hanno un lavoro fisso, magari statale e che sono entrati o prendendo il posto del proprio genitore oppure avendo i famosi "santi in paradiso". Ne conosco veramente tanti! Facciamo un rapido riepilogo di quanto finora detto: i tempi sono difficili; non vi sono lavori di ripiego per tirare avanti la "baracca" aspettando tempi migliori, poiché anche per i lavori più umili o faticosi bisogna superare preselezioni e quiz. Mi farebbe piacere conoscere uno dei 61 fortunati che andranno a lavorare con la società Attiva, mentre intenti a pulire l'area del dopo mercato del giovedì sotto casa mia ad esempio, mia ascolteranno dalla mia finestra parlare di fisica quantistica, di efficienza energetica, di filosofia, letteratura o stupidaggini varie. Vorrà dire che mentre andranno su e giù per la strada con la scopa in mano, offrirò loro un ripasso gratuito di materie per cui magari hanno studiato con la speranza che anche per loro arrivi un'occasione professionale migliore.

7.4 Il professore

Al contrario del mio ex collega Tonino di Coca Cola, io ebbi la fortuna di frequentare un qualificante corso per conduttori di sistemi di automazione industriale tenutosi presso il centro professionale ENAIP di Pescara nel lontano 1989. Per l'occasione il docente era Walter Di Felice un ex dipendente della Sipe che costruiva saldatori e che aveva uno stabilimento a

Pescara in zona Tiburtina e che negli anni formò molti tecnici di alto profilo. Walter a metà degli anni Settanta già studiava per proprio conto i linguaggi dei controllori logici programmabili che erano in una fase prototipale.. Si interessava di pneumatica, elettropneumatica, pneumologica, oleodinamica proporzionale, sequenziatori logici. Insomma anticipava i tempi. Alla chiusura dell'azienda infatti riuscì a diventare docente di questo centro professionale e fu così che le nostre strade si incontrarono. Frequentammo un corso serale della durata di un anno giacché gran parte di noi lavorava nelle più importanti aziende della zona; poi ci vedevamo il sabato mattina per mettere in pratica nei vari pannelli attrezzati le teorie che avevamo studiato durante la settimana. Gran parte di noi nelle proprie aziende coprivano mansioni diverse (elettrici, elettronici, meccanici, progettisti). Il professore preparava le lezioni e poi le proiettava sulla lavagna luminosa. Era uno scambio alla pari perché ognuno di noi sapeva di cosa si stesse parlando. L'esperienza del professore serviva a mettere ordine alle nostre conoscenze. Puoi crescere e far apprendere chiunque se vi è un reciproco riconoscimento professionale tra chi in quel momento è docente e chi allievo. Alla fine dell'anno tutti facemmo quel salto di qualità per cui ci eravamo iscritti a quel corso. Anzi l'estate successiva io e il mio amico Marco che frequentammo il corso ricambiammo il favore al professore facendolo collaborare per alcuni mesi su progetti importanti con l'azienda dove entrambi lavoravamo. La domanda di fondo è questa: quanti Walter Di Felice ci sono stati o ci sono in questi centri di formazione professionale? Pochi a mio parere. Tanti ragazzi, anche miei colleghi di lavoro, hanno svolto corsi di apprendistato in uno dei tanti carrozzoni della politica (oggi in grande crisi) firmando presenze e tornado a lavorare in azienda al solo fine di permettere al proprio datore di lavoro di ottenere sgravi fiscali e contributivi. Alla fine della fiera quando non c'erano più corsi da frequentare o contratti con agevolazioni, questi ragazzi sono stati licenziati, oppure si sono visti ridurre le ore del loro contratto di lavoro. Un sistema tipicamente italiano di fare impresa!

7.5 I curriculum nel cestino

Ho inviato oltre cento curriculum e nessuna azienda mi ha contattato. Un classico che si sente dire spesso in famiglia soprattutto per quanto riguarda i giovani. A tal riguardo ci sono esperti preposti a consigliare come scrivere nel modo corretto ed efficace il proprio CV. Di solito questi esperti nelle loro rubriche inseriscono la propria immagine dove appaiono sempre sorridenti e giovanili (beati loro). Dove cade l'occhio dei selezionatori? La parola chiave del curriculum è di certo "competenza". Questo sostengono i ricercatori di un centro studi sul lavoro. Ottima intuizione! Io penso che le aziende, se cercano personale, guardano innanzitutto all'età. Stare sotto i 29 anni o 35 in altri casi, significa poter usufruire di una serie di vantaggi fiscali. Allo stesso tempo cercano personale con anni di esperienza alle spalle. Le due cose insieme, considerato i tempi, mi appaiono una bella impresa. Io a 29 anni avevo già all'attivo 11 anni di lavoro senza contare le tre stagioni fatte durante le vacanze scolastiche in estate e naturalmente a 35 avevo già in bacheca 16 anni di esperienza e forse di competenza. La mia generazione ha forse competenza ma non ha l'età giusta; i giovani hanno l'anagrafe dalla loro parte ma non hanno esperienza. Un ottimo sistema per non assumere alcuno! Gli esperti dicono inoltre che non bisogna presentare un curriculum troppo vasto; bisogna indicare con poche parole a ciò che si vuole ottenere da un precisa offerta di lavoro. Bei tempi quando ci si presentava, su propria iniziativa o attraverso una dritta di un amico, direttamente in un'azienda e si parlava con il titolare. Oggi siamo tanti pescatori che gettano la propria rete e aspettano di pescare qualcosa di interessante. Ed intanto i cinquantenni diventano sessantenni e i giovani non sono più tanto giovani e questo è l'aspetto peggiore. Uno dei grandi problemi del nostro Paese è sicuramente la disoccupazione giovanile (15-24 anni); il tasso in Italia a dicembre 2015 è del 37,9%[32]. Un male non solo economico ma anche psicologico e culturale per i giovani italiani. Le cause della disoccupazione vengono ricondotte al sistema scolastico, ai cattivi collegamenti fra scuola e impresa, ad una diffusa mentalità anti-impresa e alla criminalità organizzata. Il rapporto Istat febbraio 2016 dice:

Dopo la crescita di gennaio 2016 (+0,3%, pari a +73 mila), a febbraio la stima degli occupati diminuisce dello 0,4% (-97 mila persone occupate). La diminuzione di occupati coinvolge uomini e donne e si concentra tra i 25-49enni. Il tasso di occupazione, pari al 56,4%, cala di 0,2 punti percentuali rispetto al mese precedente. Il calo occupazionale è determinato dai dipendenti (-92 mila i permanenti e -22 mila quelli a termine), mentre registrano un lieve recupero gli indipendenti (+17 mila). Per i dipendenti a tempo indeterminato si tratta del primo calo dall'inizio del 2015. Dopo la forte crescita registrata a gennaio 2016 (+0,7%, pari a +98 mila), presumibilmente associata al meccanismo di incentivi introdotto dalla legge di stabilità 2015, il calo registrato nell'ultimo mese riporta la stima dei dipendenti permanenti ai livelli di dicembre 2015. Per i dipendenti a termine prosegue la tendenza negativa già osservata dal mese di agosto 2015. La stima dei disoccupati a febbraio è in lieve aumento (+0,3% pari a +7 mila), sintesi di una crescita tra gli uomini e un calo tra le donne. Il tasso di disoccupazione è pari all'11,7%, in aumento di 0,1 punti percentuali rispetto a gennaio. A febbraio la stima degli inattivi tra i 15 e i 64 anni aumenta dello 0,4% (+58 mila). La crescita è determinata prevalentemente dalle donne e riguarda gli over 25. Il tasso di inattività sale al 36,0% (+0,2 punti percentuali). Rispetto ai tre mesi precedenti, nel periodo dicembre 2015-febbraio 2016 si registra il calo del numero delle persone occupate (-0,2%, pari a -48 mila) e di quelle inattive (-0,1%, pari a -16 mila), a fronte di un incremento dei disoccupati (+0,9 %, pari a +27 mila). Su base annua il numero di occupati è in crescita dello 0,4% (+96 mila, +238 mila i dipendenti a tempo indeterminato), mentre calano sia i disoccupati (-4,4%, pari a -136 mila) sia gli inattivi (-0,7%, -99 mila).

---

[32] Fonte: elaborazioni del Sole 24 Ore su dati Eurostat

Per fortuna che abbiamo un premier campione del mondo di ottimismo e tanti operatori del settore che provano ad aiutarci. Sul sito di *Generazione vincente* Job opinion leader si precisa la mission aziendale:

Cerchiamo persone giovani, dinamiche, sveglie, allegre, positive, preparate, in una parola "lean people". Così come la nostra organizzazione: leggera, competitiva, veloce, snella, efficace in cui tutti sono protagonisti. Generazione vincente S.p.A. opera dal '98 nel mercato del lavoro italiano. Vogliamo trasmettere la passione per il nostro "mestiere". Vogliamo realizzare ogni giorno l'incrocio perfetto tra candidati e aziende. Vogliamo anticipare le esigenze di espansione dei nostri clienti. Vogliamo scovare opportunità di ricollocazione professionale. Vogliamo essere attori protagonisti dell'evoluzione dei mercati. Vogliamo qualificare il nostro personale per valorizzarne le azioni. Vogliamo essere punto di riferimento per legalità ed etica nel lavoro. Vogliamo lavorare e far lavorare le persone in ambienti sani e sicuri. Vogliamo generare valore per il territorio, l'ambiente, le persone. Vogliamo essere lean people per gestire il cambiamento culturale. Vogliamo contribuire a creare la buona occupazione. Tutto ciò perché desideriamo progettare insieme a te un vero futuro. I nostri esperti assicurano i massimi livelli di competenza professionale nell'ambito della somministrazione a tempo determinato, indeterminato, outplacement, ricerca e selezione, intermediazione. Migliaia di lavoratori ed aziende ci hanno scelto quali partner meticolosi per la pianificazione ed il conseguimento dei loro obiettivi. Entrare nel mondo generazione vincente significa inserirsi in un network di opportunità e soluzioni, formative e occupazionali.

Che stupidi che siamo! Abbiamo la soluzione ad ogni nostro problema e non ce ne siamo accorti! Questi "benefattori dell'umanità" ci vogliono "lean people". Allora leggiamo qualcosa riguardo l'uso di questo termine-concetto:

Le persone Lean sono sempre in contatto con il proprio cliente, identificano gli ostacoli alla sua soddisfazione e li eliminano. Le persone Lean devono sapere come adattare l'ambiente modificandolo a proprio vantaggio. Le persone Lean devono continuamente porsi alcune domande critiche. Una trasformazione snella efficace dovrebbe allineare persone processi - scopi! La capacità d'adattamento è una delle competenze chiave per chi lavora in un'azienda lean.

Dunque, se proprio non siamo all'altezza di essere *"lean people"*, non dobbiamo preoccuparci perché entra in gioco l'outplacement ovvero quella branca delle risorse umane che si occupa di accompagnare le persone in uscita da un'azienda nella ricerca di nuove opportunità professionali. In Italia il servizio è regolato dal Ministero del Lavoro e delle Politiche Sociali. Ora, per restare sempre in argomento Abruzzo industriale, se il saldo tra le imprese che chiudono e quelle che "aprono" pare sia a netto vantaggio delle prime; l'outplacement dove si applica? L'impresa tradizionale come l'abbiamo conosciuta per un secolo non esiste più o è in via di estinzione e la provvidenza, quella di manzoniana memoria" è finita. Allora ci viene detto che l'impresa del futuro siamo noi! Dobbiamo quindi fare impresa ad ogni costo, magari iniziando da soli aprendo una partita IVA e soprattutto bisogna essere creativi! Se siete veloci, dinamici, ambiziosi e creativi guardatevi attorno ed inventate qualcosa di utile (in genere delle app). Noi dell'apparato governativo vi aiuteremo a realizzare i vostri sogni con provvedimenti pensati giusto per voi! Sembra uno spot pubblicitario ed in parte lo è. Allora benvenuti nel fantastico mondo delle startup!

7.6 Benvenuti nel nuovo mondo!

In economia con il termine startup si identifica una nuova impresa nelle forme di un'organizzazione temporanea o una società di capitali in cerca di un business model ripetibile e scalabile. Inizialmente il termine era usato unicamente per startup operanti nel settore Internet o tecnologie dell'informazione oggi si sono aperte ad altri settori. Lo startup comprende tutte le spese relative alla costituzione di una società, agli investimenti strutturali (arredamento degli uffici, impianti, macchinari, ecc.), ai stipendi, all'eventuale cauzione per l'affitto, alle spese relative al materiale di consumo e l'indicazione del capitale proprio. In questo modo l'imprenditore ha un quadro chiaro dello scenario finanziario relativo ai mesi successivi e della sua capacità di remunerare il capitale investito. La penserò all'antica, ma sono ancora convinto che il futuro del lavoro, è quello fatto da solidi professionisti ben preparati e non da un mondo di imprenditori improvvisamente affollato di persone che hanno avuto "idee geniali". Viene da pensare che le startup non esistano; che si tratti di un nuovo modo di imbrogliare i nativi digitali. Le startup non hanno mercato tranne per pochi (Zuckenberg & Co) anzi sono esse stesse un nuovo mercato, popolato di personaggi che promettono di aiutarle a metterle in piedi, che si propongono come formatori, docenti di master o che, semplicemente, girano per convegni a diffondere il verbo. Loro sì che l'hanno trovato il nuovo mercato! Quando si avvia un'attività si parte in perdita, è normale, ma ci deve essere un'ottica di guadagno nel medio termine ben chiara e quanto più possibile certa. In mancanza di questa, già solo partire, significa fallire. Siamo capaci tutti a lanciare un attività economica, il punto è quanti però sono in grado di crearne una realmente remunerativa? A chi finanzia una startup interessa poco l'idea progettuale e realizzativa; interessa, quando frutta in termini economici l'attività e in quanto tempo. Interessa il ROI (*return on investment*) ovvero il ritorno dell'investimento.

Sul sito *www.abruzzostartup.com* alla voce chi siamo si legge:

Siamo un collettivo di imprenditori, creativi e professionisti. Stiamo creando un ambiente fertile dove coltivare l'innovazione tecnologica e scientifica. Abbiamo scelto la regione Abruzzo per le condizioni di vita eccellenti e la strategica posizione geografica. Il nostro collettivo è apolitico ed ha lo scopo unico di creare una rete virtuosa di innovatori che possano stabilire la propria sede di lavoro in Abruzzo. Crediamo che condividere le competenze sia la chiave per la crescita comune.

E poi si sottolinea:

L'Abruzzo è uno dei territori più spettacolari del continente, definita "La regione verde d'Europa". (ne abbiamo parlato nel capitolo 6.5 ndr)

In Abruzzo c'è Start Up Start Hope un fondo di rotazione a valere sul POR FESR 2007-2013 attività 1.2.2. È dedicato alla nascita e crescita di imprese innovative, capaci di creare occupazione, attrarre capitali e talenti, promuovere lo sviluppo del territorio e del Paese. Il fondo Start Up Start Hope sostiene le piccole nuove imprese innovative operanti in Abruzzo, attraverso la partecipazione al capitale di rischio. Si tratta di un bando della Regione gestito da FIRA la finanziaria regionale. Sarà, parafrasando il titolo di un libro dell'economista e filosofo Ernst Friedrich Schumacher, che *Piccolo è bello,* ma concentrare sforzi progettuali ed economici per la costruzione di micro imprese mentre il territorio come si è raccontato ha perso gran parte del tessuto della grande industria, sembra come voler prosciugare un mare con un piccolo secchiello.

7.7 Il coraggio di Rocco

Chissà cosa ne penserà il mio amico Rocco di questi bandi; di questo diffuso ed improvviso interesse alle aziende innovative. Per averlo conosciuto fin dai tempi della scuola media e per averci collaborato alcuni mesi per lavoro poco tempo fa, credo di saperlo! Rocco insieme con altri due colleghi lasciò negli anni Novanta un posto di lavoro molto ambito dalle nostre parti per mettersi in proprio in un settore dedito alla prototipazione rapida.

Investirono la loro liquidazione e parte dei loro risparmi per acquistare macchinari. Purtroppo alle nostre latitudini le aziende che fanno ricerca e sviluppo sono poche per cui la gran parte dei clienti della sua azienda si trovano nell'Italia settentrionale (vedremo in seguito i dati istat che riferiscono che il 67,7% delle imprese sono concentrate infatti in quattro regioni Lombardia, Piemonte, Emilia-Romagna e Veneto) ciò comporta notevoli spese per le trasferte della parte commerciale e tecnica. Parlavo tempo fa con un importante imprenditore pugliese del settore elettrico che mi raccontava che per favorire gli spostamenti e ridurre i tempi delle trasferte aveva spostato la sede storica dell'azienda dal centro cittadino alla zona commerciale vicino l'aeroporto. Con un servizio di voli giornalieri verso i più importanti scali, riusciva ad andare al nord e tornare in giornata e senza l'uso della macchina. La vicenda dell'aeroporto d'Abruzzo di Pescara è oggetto in questi mesi di un ridimensionamento di voli da parte delle compagnie operanti, inoltre quelli in servizio non hanno avuto quella funzione auspicata dagli operatori delle imprese (si sta facendo una battaglia per trattenere il volo per Londra *low-cost* visto di buon occhio per i week-end delle famiglie o per i ragazzini che vanno a "studiare" l'inglese, battaglia non affatto prioritaria a nostro parere[33]). Il mio amico Rocco, così come tanti altri imprenditori locali, avrebbero bisogno di più collegamenti giornalieri in orari di lavoro per gli scali più importanti a livello produttivo con abbonamenti annuali a prezzi concordati e convenienti e forse di meno voli per fare i turisti. Questo sarebbe un aiuto concreto per abbattere i costi delle loro imprese e forse un modo di rilanciare lo scalo regionale.

---

[33] Abbiamo già detto degli scarsi impegni dei porti abruzzesi riguardo i collegamenti con l'altra sponda adriatica lo stesso dicasi per l'aeroporto.

7.8 Ricerca e sviluppo

Riportiamo i dati generali relativi a ricerca e sviluppo in Italia secondo il rapporto 2015 dell'Istat riferiti all'anno 2013:

Ancora in calo il contributo alla spesa R&S delle grandi imprese

Nel corso del 2013 la spesa per R&S nelle imprese aumenta del 3,4% rispetto all'anno precedente (da 11,1 miliardi a circa 11,5 miliardi). Si riduce la spesa per R&S nelle imprese con 500 e più addetti (-1,2%) e in quelle fra i 250 e i 499 addetti (-4,7%). Aumenta invece considerevolmente la spesa nelle imprese che impiegano fra i 50 e i 249 addetti (+21,7%) e nelle piccole imprese (+18,8%).

Queste dinamiche dipendono in parte dalle modificazioni della struttura dimensionale delle imprese tra il 2012 e il 2013: la percentuale di piccole e medie imprese (con meno di 250 addetti) sul totale delle imprese attive nella R&S aumenta di 2 punti percentuali, passando dall'84% del 2012 all'86% del 2013, a scapito delle grandi imprese (con 250 addetti e oltre).

In termini di composizione percentuale, diminuisce il contributo alla spesa sia delle imprese con 500 e più addetti (dal 65,4% del 2012 al 62,5% del 2013) sia di quelle con 250-499 addetti (dall'11,7% al 10,8%) mentre aumenta il contributo delle imprese con 50-249 addetti (dal 14,0% al 16,4%) e di quelle più piccole (dall'8,9% al 10,3%).

Nell'industria manifatturiera la spesa aumenta dello 0,3% rispetto al 2012. In particolare, i settori del manifatturiero in cui la spesa aumenta maggiormente sono: fabbricazione di carta e di prodotti di carta (+20,7%); fabbricazione di prodotti in metallo (esclusi macchinari e attrezzature) (+17,0%); fabbricazione di articoli in pelle e simili (+12,9%); stampa e riproduzione di supporti registrati (+12,7%); industrie alimentari e delle bevande; industria del tabacco (+9,8%); industrie tessili (+7,8%). La spesa aumenta anche nei settori più avanzati della fabbricazione di macchinari e apparecchiature (+5,9%), fabbricazione di autoveicoli, rimorchi e semirimorchi (+5,4%) e fabbricazione di apparecchiature elettriche ed apparecchiature non elettriche per uso domestico (+2,4%).

Le maggiori riduzioni di spesa si registrano, invece, nella fabbricazione di altri mezzi di trasporto (-10,6%), nella metallurgia (-7,8%), nella fabbricazione di prodotti farmaceutici di base e di preparati farmaceutici (-5,7%), nella fabbricazione di computer, prodotti di elettronica e ottica; apparecchi elettromedicali, apparecchi di misurazione e di orologi (-5,3%) e nella fabbricazione di articoli in gomma e materie plastiche (-2,9%).

Rispetto agli altri settori industriali, l'attività di R&S registra un aumento nelle costruzioni (+15,4%) nelle attività estrattive, attività di fornitura di energia elettrica, gas e acqua e di trattamento e smaltimento dei rifiuti (+1,2%).

Nel settore dei servizi si rileva un forte decremento della spesa in R&S nelle attività immobiliari (-70,3%), dove l'attività di ricerca e sviluppo è però strutturalmente bassa. Aumenta, invece, nel commercio all'ingrosso e al dettaglio; nella riparazione di autoveicoli e motocicli (+17,3%), nei servizi di informazione e comunicazione (+14,8%), nella sanità e altri servizi alle famiglie e alle imprese (+14,4%), nelle attività finanziarie e assicurative (+8,9%) e nel settore delle attività professionali, scientifiche e tecniche (+4,5%).

Il principale contributo alla spesa totale per R&S nel 2013 proviene dal settore manifatturiero, con una quota pari al 72,1%, seguono i servizi di informazione e comunicazione con l'11,3%, e le attività professionali, scientifiche e tecniche con l'8,9% (con il settore della Ricerca e Sviluppo che da solo contribuisce al 6,0%).

Le imprese che effettuano spesa in R&S sono strutturalmente concentrate in alcuni settori: fabbricazione di autoveicoli e rimorchi (1.453 milioni); fabbricazione di macchinari e apparecchiature meccaniche (1.372 milioni); fabbricazione di computer, prodotti di elettronica e ottica, apparecchi elettromedicali e di misurazione (1.296 milioni di euro); fabbricazione di altri mezzi di trasporto (1.001 milioni) e industria chimica e farmaceutica (909 milioni). Insieme questi settori rappresentano il 72,8% della spesa in R&S del settore manifatturiero.

Nei servizi, il settore della Ricerca e Sviluppo (685 milioni), dalla produzione di software, consulenza informatica e attività connesse (488 milioni) e quello delle telecomunicazioni (426 milioni) costituiscono insieme il 55,6% della spesa per R&S del comparto.

In generale, i settori che effettuano la spesa tendono a coincidere con quelli di utilizzazione. Quelli con la maggiore spesa utilizzata in valore assoluto sono: produzione di autoveicoli (1.647 milioni), industria chimica e farmaceutica (1.109 milioni), commercio, riparazione di beni, hotel e ristoranti, servizi delle attività di trasporto e di comunicazione, bancarie, assicurative e di intermediazione finanziaria (1.173 milioni), Produzione di altri mezzi di trasporto (1.087 milioni) e produzione di macchine ed apparecchi meccanici (903 milioni).

I dati di previsione della spesa per R&S a valori correnti, stimati sulla base di previsioni fornite direttamente dalle imprese, indicano un aumento sia per il 2014 (+0,7%) sia per il 2015 (+1,0%). Fra i settori con una maggiore spesa per R&S, nel 2014 è previsto un aumento nella fabbricazione di apparecchiature elettriche e apparecchiature non elettriche per uso domestico (+3,9%), nell'industria farmaceutica (+3,9%) e in quella della fabbricazione di autoveicoli e rimorchi (+3,6%). Cali significativi sono previsti nelle costruzioni (-20,2%) e nei servizi di informazione e comunicazioni (-9,7%).

Nel settore delle imprese, 16.917 addetti alla R&S sono impegnati nella fabbricazione di macchinari e apparecchiature meccaniche, 13.156 nella fabbricazione di autoveicoli, rimorchi e semirimorchi, 11.892 nella fabbricazione di computer, prodotti di elettronica e ottica, apparecchi elettromedicali, apparecchi di misurazione e di orologi, 8.315 nell'industria della fabbricazione di prodotti chimici e farmaceutici mentre sono 6.242 gli addetti impegnati nel settore della fabbricazione di apparecchiature elettriche ed apparecchiature non elettriche per uso domestico. Insieme questi settori contano il 64,3% del totale del personale R&S occupato nel manifatturiero. Sono invece impegnate 8.188 unità nel settore delle produzione di software, consulenza informatica e attività connesse, 7.566 nel settore della Ricerca e Sviluppo e 5.308 nelle telecomunicazioni (insieme, il 64,5% del totale del personale R&S occupato nei servizi)

Al Nord-est e nel Mezzogiorno i maggiori aumenti di spesa in R&S

Nel 2013 la spesa per R&S intra-muros è in aumento in tutte le ripartizioni geografiche sull'anno precedente: Nord-ovest (+0,6%), Nord-est (+4,0%), Centro (+1,6%) e Mezzogiorno (+5,3%).

In aumento le quote sul totale della spesa nazionale in R&S del Nord-est (dal 23,4% al 23,8%) e del Mezzogiorno (dal 16,1% al 16,5%) mentre si riduce nel Nord-ovest (dal 37,2% al 36,5%) e nelle regioni del Centro (dal 23,3% al 23,2%). Nel Nord sono stati spesi 12,66 miliardi di euro, nel Centro 4,86 miliardi e nel Mezzogiorno 3,47 miliardi.

Nel settore delle imprese la spesa per R&S aumenta in tutte le ripartizioni geografiche: nel Mezzogiorno (+9,6%), nel Centro (+4,1%), nel Nord-est (+3,6%) e nel Nord-ovest (+1,8%).

La spesa per R&S delle imprese viene effettuata per il 47,3% nel Nord-ovest (5,4 miliardi), per il 27,7% (3,2 miliardi) nel Nord-est e solo per il 9,2% nel Mezzogiorno (circa 1 miliardo di euro). La spesa del settore non profit è prevalentemente concentrata nel Nord-ovest (63,1%) mentre quasi la metà di quella del settore istituzioni pubbliche è concentrata nel Centro (46,2%). Nel settore dell'università la distribuzione della spesa è più omogenea e tende a ridurre il divario di spesa in R&S fra Mezzogiorno e resto del Paese.

Rispetto al 2012 rimane stabile la classifica delle regioni in termini di spesa per R&S. Il 59% della spesa totale è concentrata in quattro regioni (Lombardia, Lazio, Piemonte ed Emilia-Romagna), quota che raggiunge il 67,7% nelle imprese, concentrandosi sempre in quattro regioni (Lombardia, Piemonte, Emilia-Romagna e Veneto).

La divisone ricerca e sviluppo nelle aziende abruzzesi è soltanto uno slogan utile da inserire nelle proprie pagine web. Siamo in un ritardo non scusabile, altro che poli per l'innovazione! Il gap con altri territori parte in prima istanza dal mondo scolastico anche se ci sono dei segnali di miglioramento in alcuni istituti per merito di alcuni docenti (mi piace segnalare le esperienze didattiche e pratiche dell'ing. Davide Angrilli presso l'ITIS A. Volta di Pescara) mentre le università sono ancora troppo distanti dal mondo reale del lavoro e tra l'altro anche nel campo puramente teorico non brillano in risultati come dimostra la tabella relativa alle pubblicazioni scientifiche nei principali Paesi industrializzati:

Tab. 8.1 - Pubblicazioni scientifiche e citazioni, per principali Paesi industrializzati (incidenza percentuale sul totale mondiale)

	Italia	Francia	Germania	Regno Unito	Stati Uniti	Giappone
2003						
- pubblicazioni	4,7	6,3	8,6	8,1	30,7	9,8
- citazioni	3,6	3,7	4,1	4,4	5,1	3,0
2004						
- pubblicazioni	4,7	6,1	8,5	8,0	30,5	9,4
- citazioni	3,9	3,9	4,3	4,6	5,3	3,2
2005						
- pubblicazioni	4,6	6,0	8,4	7,8	30,1	8,9
- citazioni	4,2	4,1	4,6	4,9	5,4	3,3
2006						
- pubblicazioni	4,6	5,9	8,2	7,7	29,4	8,5
- citazioni	4,2	4,2	4,6	4,9	5,4	3,4
2007						
- pubblicazioni	4,7	5,8	8,0	7,6	28,7	8,0
- citazioni	4,5	4,6	4,9	5,2	5,6	3,5
2008						
- pubblicazioni	4,6	5,8	7,7	7,3	27,7	7,5
- citazioni	4,6	4,6	5,2	5,4	5,7	3,6
2009						
- pubblicazioni	4,6	5,7	7,7	7,1	27,1	7,2
- citazioni	4,7	4,7	5,2	5,5	5,8	3,7
2010						
- pubblicazioni	4,6	5,6	7,7	7,2	26,9	6,8
- citazioni	..	..	..	..	..	..
2011						
- pubblicazioni	4,5	5,5	7,6	7,0	26,3	6,6
- citazioni	..	..	..	..	..	..
2012						
- pubblicazioni	4,5	5,4	7,6	7,0	26,2	6,4
- citazioni	..	..	..	..	..	..

Fonti: Institut de la Statistique du Québec, Fraunhofer ISI
aggiornamento: aprile 2015

157

Nel 2003 i dati Istat indicavano la distribuzione territoriale della spesa per R&S delle imprese concentrata per l'89,9% nell'Italia settentrionale e centrale, mentre la quota del Mezzogiorno era pari al 10,1% del totale nazionale. Il numero di ricercatori e di personale addetto a R&S vedeva l'Italia ultima in Europa per numero di ricercatori a tempo pieno sul totale della forza lavoro, con un valore di 2.82 ogni 1000 lavoratori rispetto al valore medio europeo di 5.68. Un dato paradossale vede le famiglie del Sud investire sull'istruzione dei propri figli e il Nord goderne i vantaggi, giacché dopo l'università una percentuale consistente di laureati (in Abruzzo riferito al 2003 era il 40%) in materie tecnico-scientifiche ed economiche è disoccupato, inoccupato, sottoccupato. Abbiamo preso come riferimento dati del 2003 perché evidenziano da quando lontano sia iniziato il processo di perdita di competitività delle industrie del nostro Paese e dell'Abruzzo nello specifico. Questo per rispondere a coloro che addebitano tutte le nostre attuali difficoltà legate alla crisi mondiale iniziata nel 2007-2008. La verità è che noi avevamo già iniziato lo smantellamento di gran parte del made in Italy cedendo le principali industrie nelle mani straniere. Ricerca e sviluppo non è stata mai una priorità del nostro Paese. Nel 2015 i dati dicono che la spesa delle imprese è in crescita dell'1% secondo le previsioni dell'Istat. C'è un aumento anche per le istituzioni private no profit dell'1,3%, mentre la spesa delle istituzioni pubbliche è in diminuzione del 2,9%. Quanto al 2014 la spesa complessiva in R&S è calata dell'1% a valori correnti e dell'1,8% in termini reali, con flessioni per università (-5,9%) e no profit (-2,7%) e aumenti per la Pa (+2,3%) e le imprese (+0,7%). L'Istat ha inoltre certificato che l'Italia ha speso in ricerca e sviluppo l'1,3% del prodotto interno lordo nel 2013, in crescita dall'1,27% dell'anno precedente. La spesa sfiora 21 miliardi e dà lavoro a 246.764 addetti. I lavoratori della R&S sono in aumento del 2,7% rispetto al 2012, con incrementi sia nelle imprese, sia nel no profit, nelle istituzioni pubbliche e nelle università. Il contributo maggiore alla R&S viene dal settore privato, che pesa per il 57,7% delle spesa nel 2013 (era 57,2% nel 2012). A livello territoriale, rispetto al 2012, la spesa per R&S intra-muros cresce in tutte le ripartizioni geografiche, soprattutto nel Mezzogiorno (+5,3%) e nel Nord-est (+4,0%), mentre aumenti di minore entità si registrano nel Centro (+1,6%) e nel Nord-ovest (+0,6%). Il peso del Sud sul totale della spesa R&S resta comunque limitato al 16,5% rispetto al 36,5% del Nord-Ovest, al 23,8% del Nord-est e al 23,2% del Centro.[34] Riportiamo la tabella elaborata dall'Airi (Associazione Italiana per la Ricerca Industriale) sulla spesa per Ricerca e Sviluppo in percentuale rispetto al Pil in alcuni principali Paesi con dati a partire dal 1970:

---

[34] Dati riferiti da *Il sole 24 ore* dicembre 2015

Spesa per R&S, in alcuni dei principali Paesi
Incidenza percentuale sul PIL

anno	Italia	Francia	Germania	Regno Unito	Stati Uniti	Giappone	Cina	Israele	Fed. Russa
'70	0,8	1,9	2,1 (a)	2,3 (b)	2,6	1,7	..	..	..
'75	0,8	1,8	2,2	2,2	2,3	1,8	..	..	..
'80	0,8	1,8	2,5	2,4	2,5	2,0	..	..	..
'85	1,1	2,3	2,7	2,3	2,9	2,6	..	..	..
'90	1,3	2,4	2,7	2,2	2,8	3,0	..	..	..
'95	1,0	2,3	2,2	1,9	2,5	2,9	0,57	2,57	0,85
'96	1,04	2,30	2,26	1,88	2,55	2,77	0,60	2,90	0,97
'97	1,05	2,22	2,29	1,81	2,58	2,83	0,68	3,15	1,04
'98	1,07	2,17	2,31	1,80	2,60	2,95	0,70	3,32	0,95
'99	1,04	2,16	2,40	1,87	2,66	2,96	0,76	3,67	1,00
'00	1,07	2,08	2,40	1,73	2,62	3,00	0,90	3,96	1,05
'01	1,09	2,20	2,46	1,83	2,76	3,12	0,95	4,76	1,18
'02	1,13	2,23	2,49	1,82	2,66	3,17	1,07	4,75	1,25
'03	1,11	2,17	2,52	1,75	2,66	3,20	1,13	4,36	1,28
'04	1,10	2,15	2,49	1,68	2,54	3,17	1,23	4,26	1,15
'05	1,09	2,11	2,51	1,73	2,59	3,41	1,32	4,42	1,07
'06	1,13	2,11	2,54	1,74	2,65	3,41	1,39	4,51	1,07
'07	1,17	2,08	2,53	1,75	2,63	3,46	1,40	4,52	1,12
'08	1,16	2,06	2,60	1,69	2,77	3,47	1,47	4,39	1,04
'09	1,22	2,21	2,72	1,74	2,82	3,36	1,68	4,12	1,25
'10	1,22	2,18	2,71	1,69	2,74	3,25	1,73	3,93	1,13
'11	1,21	2,19	2,79	1,69	2,76	3,38	1,79	4,01	1,09
'12	1,27	2,23	2,87	1,62	2,70	3,34	1,93	4,13	1,13
'13	1,31	2,24	2,83	1,66	2,74 (c)	3,47	2,01	4,09	1,13
'14	1,29 (c)	2,26 (c)	2,84 (c)	1,70 (c)	..	3,58	2,05	4,11	1,19

(a) 1971 anziché 1970

(b) 1969 anziché 1970

(c) Previsioni

Fonti: OECD *ultimo aggiornamento: marzo 2016*

Questi dati indicano come l'Italia sia sempre all'ultimo posto rispetto alle principali economie mondiali. La Cina cominciava a destinare una percentuale sempre maggiore negli anni fino a quando nel 2003 inizia l'ascesa vera e propria e supera l'Italia mentre la Federazione Russa si allinea all'andamento italiano con percentuali altalenanti.

Territorio: REGIONI	2002	2003	2004	2005	2006	2007	2008	2009	2010	2011	2012	2013
Piemonte	4,5	4,4	4,3	4,4	4,8	5,0	6,3	5,3	5,3	5,3	5,5	5,9
Valle d'Aosta/Vallée d'Aoste	1,7	1,6	1,6	1,5	1,6	2,2	2,3	2,7	2,5	2,7	2,6	2,5
Lombardia	3,4	3,2	3,2	3,5	4,0	4,2	4,6	4,8	4,9	5,0	5,1	5,0
Trentino-Alto Adige/Südtirol	2,4	2,4	2,6	2,8	3,1	3,7	4,6	4,7	4,6	5,0	5,3	5,4
- Bolzano/Bozen	....	....	1,5	1,6	2,1	2,5	2,7	2,9	2,9	3,1	3,2	3,5
- Trento	....	....	3,6	3,9	4,2	4,9	6,3	6,5	6,1	6,7	7,4	7,3
Veneto	2,1	2,0	2,1	2,2	2,8	3,5	5,0	4,5	4,4	4,5	4,7	4,7
Friuli-Venezia Giulia	3,2	3,1	3,5	3,8	4,0	4,3	5,5	4,9	4,9	5,1	5,5	5,0
Liguria	3,1	3,1	3,1	3,3	3,6	3,6	4,0	4,5	4,6	4,7	4,7	4,6
Emilia-Romagna	4,0	3,7	3,8	4,3	4,7	5,5	5,5	5,4	5,7	5,7	6,2	6,7
Toscana	3,0	2,9	3,0	3,4	3,6	3,9	4,4	4,0	4,0	4,1	4,4	4,7
Umbria	2,7	2,8	2,8	2,8	3,2	3,2	3,1	3,0	3,0	2,9	3,1	3,1
Marche	2,0	1,9	1,8	2,0	2,5	3,1	3,3	2,9	2,9	2,9	3,1	3,2
Lazio	5,7	5,9	5,8	5,9	6,1	6,1	6,4	6,0	5,9	5,7	5,9	5,6
Abruzzo	2,5	2,6	2,7	2,7	2,6	2,5	2,9	2,5	2,5	2,4	2,2	2,4
Molise	1,0	1,0	1,1	1,5	1,6	1,6	1,5	1,6	....	....	....	....
Campania	2,0	2,0	2,0	2,0	2,2	2,3	2,6	2,5	2,2	2,3	2,5	2,5
Puglia	1,3	1,3	1,3	1,5	1,7	1,8	2,0	1,7	1,6	1,6	1,7	1,8
Basilicata	1,1	1,2	1,2	1,2	1,9	2,0	2,1	1,8	....	....	1,6	1,6
Calabria	0,7	0,7	0,8	0,9	0,9	0,9	1,0	0,9	....	0,9	....	....
Sicilia	1,5	1,5	1,6	1,8	1,8	1,7	2,0	1,7	1,7	1,7	1,7	1,8
Sardegna	1,6	1,7	1,6	1,7	2,0	1,8	2,0	1,9	1,9	2,2	2,3	2,3
Italia	2,9	2,8	2,8	3,0	3,3	3,6	4,1	3,8	3,8	3,8	4,0	4,1
Dati non ripartibili o non classificabili												
- Nord	3,4	3,2	3,2	3,5	3,9	4,4	5,1	4,9	5,0	5,0	5,3	5,4
- Nord-ovest	3,7	3,5	3,5	3,7	4,1	4,3	5,0	4,9	5,0	5,0	5,2	5,2
- Nord-est	3,0	2,8	2,9	3,2	3,7	4,4	5,2	4,9	5,0	5,1	5,4	5,6
- Centro	4,1	4,2	4,1	4,3	4,4	4,8	5,1	4,7	4,7	4,6	4,9	4,8
- Centro-Nord	3,6	3,5	3,5	3,7	4,1	4,5	5,1	4,8	4,9	4,9	5,2	5,2
- Mezzogiorno	1,6	1,6	1,6	1,7	1,9	1,9	2,1	1,9	....	....	....	....
- Sud	1,6	1,6	1,6	1,7	1,9	1,9	2,2	2,0	....	....	....	....
- Isole	1,6	1,6	1,6	1,8	1,8	1,7	2,0	1,8	1,7	1,8	1,8	1,9
Ciclo di programmazione F.S. 2000-06												
- Regioni non Ob. 1	3,6	3,5	3,5	3,7	4,0	4,4	5,0	4,8	4,8	4,8	5,1	5,1
- Regioni Ob. 1	1,5	1,5	1,6	1,7	1,8	1,8	2,1	1,9	....	....	....	....
- Regioni Ob. 1 (escl. Molise)	1,5	1,5	1,6	1,7	1,8	1,8	2,1	1,9	....	....	....	....
Ciclo di programmazione F.S. 2007-13												
- Ob. CONV	1,5	1,5	1,6	1,7	1,8	1,8	2,1	1,9	....	....	....	....
- Ob. CONV (escl. Basilicata)	1,5	1,5	1,6	1,7	1,8	1,8	2,1	1,9	....	....	....	....
- Ob. CRO	3,5	3,4	3,5	3,6	3,9	4,3	4,9	4,6	....	....	....	....
- Ob. CRO (escl. Sardegna)	3,5	3,5	3,5	3,7	4,0	4,4	5,0	4,7	....	....	....	....
Ciclo di programmazione F. S. 2014-20												
- Regioni più sviluppate	3,6	3,5	3,5	3,7	4,1	4,5	5,1	4,8	4,9	4,9	5,2	5,2
- Regioni in transizione	1,9	2,0	2,0	2,1	2,2	2,1	2,3	2,1	....	....	....	....
- Regioni meno sviluppate	1,5	1,5	1,6	1,7	1,8	1,8	2,1	1,9	....	....	....	....
Fonte: Istat												

I dati dicono delle cose, ma i fatti concreti ne dicono altre. Ho visto tante fabbriche sostituire i componenti di vecchia generazione solo in caso di forza maggiore cioè per rotture o per fine vita degli stessi. Rinnovare le linee, i componenti, i software hanno dei costi che anche se inseriti nei bilanci di previsione difficilmente sono attuati nel corso dell'anno. Si preferisce riparare un componente con l'utilizzo di saldature o giri di nastro adesivo che prolungheranno la vita dello stesso per un piccolo periodo di tempo fino a quando improvvisamente una linea si ferma e nel fermarsi procura una perdita secca di produzione, e con la conseguenza di rimandare gli operai del turno a casa e di trovarsi dei tir fermi nel parcheggio perché non possono caricare o scaricare. Se poi il tutto accade nel turno di notte il disagio si raddoppia (quanti ricordi al riguardo in un noto complesso alimentare a Teramo). L'Italia è la patria degli antagonismi tra due pensieri contrapposti; ricordiamo quelli sportivi, quelli politici ma non sono da meno quelli lavorativi. In campo strettamente operativo è ancora vivo il duello tra chi si occupa del settore meccanico e chi di quello elettrico (in Fater a Pescara ogni hanno ci sfidavamo anche in una partita di calcio nel campo aziendale). Le innovazioni e le migliorie hanno bisogno del contributo di tutti. Spesso arrivano dall'estero o dal nord macchine o linee intere di produzione, perché dalla nostre parti, siamo ancora figli di quella tradizione contadina dove si compete e ci si divide anche tra fratelli. Non siamo capaci come dicono gli esperti di fare "squadra". Un territorio che primeggia in produzione di vino, olio e qualità delle acque, non ha un sola impresa capace di costruire macchine per il loro ciclo di lavorazione. Di recente sono stato in visita a due grosse cantine nel chietino dove si erano fatti degli investimenti consistenti in nuove linee di produzione. Entrambi gli impianti sono stati realizzati da aziende del nord Italia le quali (come al solito) hanno imposto i loro componenti, i loro software, la loro assistenza per la manutenzione e il loro intervento tecnico specializzato in caso di fermo linea o aggiornamento programmi. Un modo di farsi appendere la corda attorno al collo e attendere l'impiccagione! Ma soprattutto il mondo vinicolo è costituito da società cooperative dove l'importante è fare, sponsorizzazioni sportive, pubblicità e creare qualche "evento" artistico. Fare analisi su scelte tecniche appropriate o imporre una vendor list di componenti disponibili nel territorio importa poco; tanto le maggiori spese le pagano i soci!

Non vanno meglio le cose sotto l'aspetto dei brevetti proprio noi italiani che siamo gli inventori per eccellenza.

Brevetti, domande all'Ufficio Europeo dei Brevetti (UEB), per Paese e gruppi di Paesi (comprese domande PCT in fase regionale)
(numero e incidenza percentuale)

	numero domande				% su totale mondiale			
	2012	2013	2014	2015	2012	2013	2014	2015
Italia	3.744	3.706	3.649	3.979	2,52	2,50	2,39	2,49
Francia	9.897	9.835	10.614	10.781	6,66	6,64	6,95	6,74
Germania	27.249	26.510	25.633	24.820	18,34	17,91	16,79	15,51
Regno Unito	4.716	4.587	4.764	5.037	3,17	3,10	3,12	3,15
Altri Paesi UE	19.561	20.982	22.722	22.981	13,17	14,17	14,88	14,36
Totale UE a 28	65.167	65.620	67.382	67.598	43,87	44,33	44,13	42,24
Altri Paesi europei	8.133	8.180	8.390	8.708	5,47	5,53	5,49	5,44
Totale Europa	73.300	73.800	75.772	76.306	49,34	49,86	49,62	47,68
Stati Uniti	35.268	34.011	36.668	42.692	23,74	22,98	24,01	26,68
Giappone	22.490	22.405	22.118	21.426	15,14	15,14	14,48	13,39
Altri Paesi extra-europei	17.504	17.811	18.145	19.598	11,78	12,03	11,88	12,25
Totale Paesi extra-europei	75.262	74.227	76.931	83.716	50,66	50,14	50,38	52,32
TOTALE MONDIALE	148.562	148.027	152.703	160.022	100,00	100,00	100,00	100,00

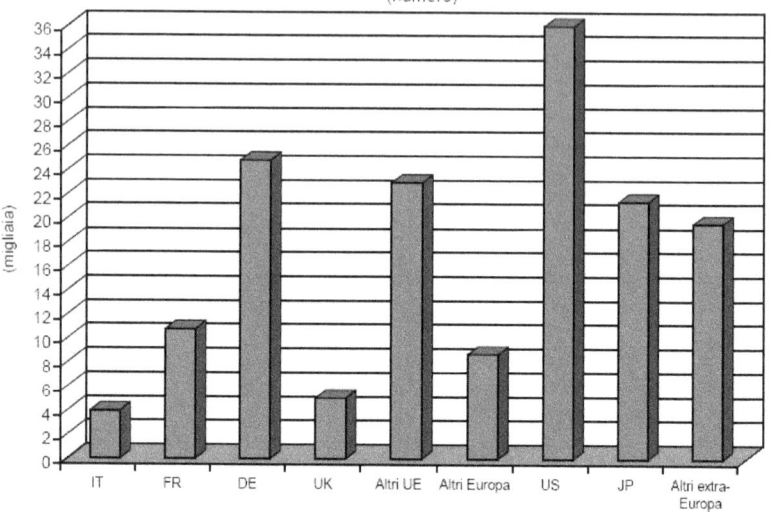

Brevetti, domande all'Ufficio Europeo dei Brevetti (UEB), per Paese e gruppi di Paesi (comprese domande PCT in fase regionale) - 2015 (numero)

Fonti: UEB ultimo aggiornamento: aprile 2016

7.9 Noi siamo un grande gruppo!

Nei momenti di difficoltà, i dipendenti delle poche aziende che reggono l'urto della crisi, aumentano il loro tasso di presunzione a livelli massimi. Mi è capitato più volte di dovermi rapportare con il personale di queste "fortunate società" e la prima cosa che dicono prima di iniziare il colloquio è: "noi siamo un grande gruppo", facendo intendere che sono talmente autosufficienti che la presenza di esterni è superflua. E' come che ti dicessero: ti ho ricevuto perché rientra nelle mie mansioni ma sappi che qualsiasi proposta tu faccia noi siamo in grado di risolverla da soli al nostro interno e ripetono perché noi siamo un grande gruppo. Sotto l'aspetto commerciale il personale di queste aziende sono ancora peggiori. Quando fanno incontri a livello internazionale presso le sedi dei grandi gruppi industriali, dove sono invitate le varie aziende di un settore (in genere costruttori macchine speciali) a presentare le loro offerte tecniche e commerciali la guerra è totale. Vi sono aziende della stessa regione e perfino della stessa zona industriale che preferiscono perdere commesse importanti a vantaggio di società straniere (in genere cinesi) piuttosto che coalizzarsi per prendere insieme un lavoro, in nome di una rivalità che in scenari extra nazionali non ha alcun senso. Ma noi siamo un grande gruppo perciò non scendiamo a patti con nessuno tanto meno con i nostri vicini di casa (la concorrenza). Negli anni ho visto tanti superman perdere il proprio posto di lavoro perché anche il grande gruppo può decidere di esserlo in un altro posto, allora con aria dimessa li vedevi andare a bussare alla concorrenza per trovare una nuova occupazione.

7.10 Dove è possibile migliorare?

Qualcuno potrà obiettare: se non si è fatta ricerca e sviluppo negli anni delle "vacche grasse" com'è pensabile farla ora in un periodo di "vacche magre"? Giusta osservazione. Quando sei in ritardo starai sempre a rincorrere e mentre tu fai un passo in avanti anche gli altri lo fanno. E' quando accade ad esempio in campo sportivo ad un team vincente che a metà del campionato già pensa agli sviluppi per l'anno successivo mentre i concorrenti fanno fatica a recuperare il divario. Però noi siamo italiani e almeno sotto questo punto di vista siamo ancora, nonostante tutto, i migliori. Abbiamo una genialità, una creatività che altri non hanno; in altre parole siamo capaci di sorprendere sempre e siamo abituati a fare "miracoli" (il cosiddetto boom economico è stato anche chiamato miracolo italiano). Se questa è l'arma segreta degli italiani è veramente incomprensibile come si possa non investire in ricerca e sviluppo! Ma torniamo nel pratico. Nel deserto industriale della Valpescara tuttavia da diversi decenni si è sviluppato un forte polo di costruttori di macchine per pannolini; una divisione leader in tutti i mercati mondiali. La presenza in zona di una delle aziende più solide ed organizzate d'Abruzzo e forse d'Italia, che fa parte del gruppo Angelini in partnership con P&G (Procter & Gamble)[35], la Fater SpA[36] e la consociata Fameccanica Data SpA[37] hanno contribuito in maniera determinante alla formazione di una serie di professionalità elevate nel settore assorbenti e pannolini. Alcune di queste figure lasciando questo gruppo, hanno dato vita a loro volta a nuove aziende ancor oggi operanti nei mercati mondiali come la Cellulose Converting Solutions, la Diatec ed in passato Komer, Kappa Technologies, Ats Engineering, Aulona per citarne alcune.

C'è stata una generazione intera che ha lavorato in questo stabilimento fino alla pensione un record ancor più ineguagliabile oggi vista la volatilità delle aziende. Avere quindi una visione a lungo termine in questo caso ha pagato e paga ancora e si dimostra un'arma vincente; altro che startup in settori frivoli fatte da qualche neo laureato benedetto dal politico di turno che gli fa ottenere un finanziamento da qualche bando magari fatto ad hoc! Con tutti i retroscena che abbiamo accennato lo stesso discorso vale per la val di Sangro sviluppatasi attorno alla Sevel ed Honda Italia o per Vasto-San Salvo attorno a Pilkington e Denso. Quando un'azienda è forte e duratura in un territorio diventa forte e duraturo anche l'indotto e le parti sociali che si confrontano. Sempre per restare in tema Fater la longevità di questo insediamento lo si deve al concorso di tutte le parti che lo compongono. Un contributo prezioso è rintracciabile nella pubblicazione fatta dall'Ires Abruzzo Edizioni sulla *Storia delle relazioni sindacali e degli accordi aziendali in Fater dal 24 febbraio 1969 al 31 luglio 2006* scritta da Davide Pace. Per dare un'idea del lavoro svolto in questo arco di tempo, rigorosamente presi dagli appunti della propria agenda, si possono riassumere i seguenti dati:

---

[35] Joint venture paritetica costituita nel 1992
[36] Fondata a Pescara nel 1958 ad opera della famiglia Angelini
[37] Fondata nel 1975 con stabilimento in S. Giovanni Teatino (CH)

n° 394 incontri con la direzione (dal 1969 a giugno 2006);
n° 5 accordi di gruppo Angelini e Gruppo Fater;
n° 159 accordi in fabbrica, di gruppo e presso l'unione degli industriali;
n° 45 riunioni di coordinamento Angelini e di Gruppo Fater;
n° 94 incontri di segreteria e di comitato degli iscritti;
n°133 riunioni di C.d.D. – C.d.F. – R.S.U.

Vivere l'azienda significa partecipare attivamente ai processi significativi della stessa. Quando c'è un reciproco riconoscimento del ruolo delle parti e la volontà di collaborare per uno stesso fine, allora anche gli ostacoli più controversi e difficili vengono superati. Il successo ancor oggi dello stabilimento pescarese deve molto a questo comportamento. Di contro c'è da sottolineare un atteggiamento di superiorità che ho riscontrato in molti dipendenti di questo stabilimento rispetto ad altri lavoratori esterni a questa realtà. Quando vi ho lavorato da esterno per circa un anno mi è capitato di ascoltare colleghi di settore parlare in senso dispregiativo di noi, non appena ebbero la "fortuna" di passare dall'altra parte, ovvero da dipendenti precari e sotto pagati delle piccole aziende a dipendenti di una grande realtà. La garanzia quasi di un "posto fisso" porta tranquillamente ad assumere posizioni di superiorità rispetto a coloro che questa garanzia se la giocano ogni giorno. In Fater diverse persone hanno poi fatto carriera.. Mi è capitato qualche anno fa essere loro ospite per un seminario dove ho potuto verificare che la loro arroganza è aumentata al pari della loro posizione lavorativa. Un errore che spesso viene condiviso anche tra i neo assunti o coloro che provengono da altre esperienze regionali e che non conoscono la storia di questa evoluzione industriale locale. Se ancor oggi questa produzione insiste nel nostro territorio lo si deve a persone che hanno impiegato tutta la loro vita lavorativa per consentire alla nuova generazione di usufruire dei diritti e delle opportunità che in altri siti non sono nemmeno ipotizzabili.

La strada della gratitudine e della consapevolezza di essere dei "privilegiati" rispetto a tanti altri, non dovrebbe essere mai abbandonata!

7.11 Energie

Dove migliorare? Proseguiamo con i possibili rimedi. Entriamo nel campo minato dell'energia. Il costo dell'energia (abbastanza veritiero) insieme al costo del lavoro (molto discutibile) sono le principali cause che gli industriali ritengono responsabili del loro allontanamento dal nostro territorio. Per produrre bisogna utilizzare energia e l'energia in Italia costa troppo. Ci sono diverse scuole di pensiero al riguardo il discorso energetico. Il termine decrescita è definito come una svolta riflessiva per la ricerca relazionale, personale e collettiva di una qualità della vita sganciata dall'ossessione per la crescita e dalla corsa alla produzione, al possesso e al consumo di merci. Più si cresce più energia si consuma. La domanda di fondo è: qual è la linea di demarcazione fra crescita e non-crescita? In campo logico e filosofico entreremmo nel mondo del fuzzy pensiero ma questo ci porterebbe lontani dall'oggetto del nostro racconto. Torniamo al pratico.

7.12 Il forno di Marco

Il mio amico Marco rappresenta la terza generazione a gestire un forno storico ai colli di Pescara. Il successo della sua attività si lega alla tradizione. Le forze economiche, umane e logistiche sono le stesse di cui disponevano il padre e il nonno nelle precedenti gestioni. Se avesse seguito il trend odierno, Marco avrebbe dovuto costruire un capannone industriale, avrebbe dovuto comprare macchinari per automatizzare i processi di lavoro, avrebbe dovuto investire risorse economiche ricorrendo a prestiti bancari e magari si sarebbe dovuto affidare a qualche politico "amico" per usufruire di qualche finanziamento pubblico. La sua attività avrebbe prodotto tanto pane in più e sarebbe dovuto entrare nella lista fornitori dei grandi supermercati. Avrebbe di conseguenza dovuto acquistare diversi mezzi per fare le consegne e soprattutto avere una rete commerciale volta a conquistare nuovi clienti e nuove fette di mercato. Ogni anno avrebbe fatto la sua bella riunione natalizia con il personale e tutti insieme si sarebbero impegnati ad aumentare il fatturato per l'anno successivo. Marco avrebbe potuto scegliere questa strada e stare al passo con i tempi. Sarebbe riuscito forse a crescere a tal punto che al posto di trascorrere tutte le notti come fa ancor oggi nel forno a fare il pane, starebbe al porto turistico sopra una costosa imbarcazione o in qualche circolo esclusivo di golf o cose del genere. Una sola cosa Marco non avrebbe potuto fare più: il pane che ha reso il suo cognome conosciuto da decine e decine di anni. Marco, la sua famiglia, i suoi collaboratori vivono dignitosamente del proprio lavoro con soddisfazioni e preoccupazioni comuni a tutti coloro che svolgono un'attività. A che cosa ha rinunciato in fondo il mio amico scegliendo la continuità rispetto a fare voli pindarici? Consolidare i propri clienti e di conseguenza il proprio fatturato credo sia una strada ugualmente percorribile e dignitosa. Del resto chi potrà mai fare concorrenza al suo negozio partendo da zero oggi? Ora se riportiamo questo ragionamento in una scala più grande, si comprende che gran parte delle industrie obbedendo ai richiami dei mercati finanziari, inseguendo la crescita ad ogni costo, sono implose. La domanda di fondo è: perché si fanno scelte sbagliate? Risponderemo a questa domanda facendoci aiutare da alcuni utili testi. L'archeologo Joseph Tainter ha scritto un libro sulla fine delle civiltà antiche dal titolo *The Collapse of Complex Societies* dove alla base del suo ragionamento c'è il presupposto che "queste società siano semplicemente rimaste a osservare i problemi che diventavano sempre più gravi senza adottare misure correttive". Jared Diamond, professore di geografia alla UCLA, si chiede:

come spiegare il fallimento di processi decisionali che coinvolgono l'intera società o interi gruppi di individui? Questo problema è ovviamente connesso a quello delle decisioni individuali, perché anche i singoli fanno cattive scelte. Diamond divide i fattori che potrebbero essere alla base dei fallimenti in quattro categorie:

1. il gruppo non riesce a prevedere il sopraggiungere del problema;
2. non si accorge che il problema esiste;
3. se ne accorge ma non prova a risolverlo;
4. cerca di risolverlo ma non ci riesce.

Per come appare anestetizzato il popolo italiano di fronte alle crisi di questi ultimi decenni, la seconda categoria appare la più critica. Diamond ritiene che vi sono almeno tre ragioni dietro a questo mancato allarme. In primo luogo, alcuni problemi sono veramente impercettibili ai loro esordi. Un'altra ragione che impedisce di percepire un problema è la distanza geografica delle risorse che si devono gestire, un rischio corso da ogni grande azienda. La terza causa è la più frequente e sorprendente è che le società spesso falliscono anche nel tentativo di risolvere un problema di cui conoscono l'esistenza. Si tratta di scelte razionali in cui prevalgono modi utilitaristici di affrontare le decisioni (i miei interessi vengono prima di quelli degli altri). In questo caso non si riescono a risolvere dei problemi di cui si ha consapevolezza perché il mantenimento dello status quo conviene ad un certo gruppo. Dalla grande crisi iniziata nel 2007 qualcuno ci sta guadagnando enormemente a danno della maggioranza dei cittadini.

7.13 Affari ed ambiente

Tutte le società moderne dipendono dallo sfruttamento delle risorse naturali, sia quelle non rinnovabili, sia quelle rinnovabili. Il nostro fabbisogno energetico è coperto soprattutto da tre fonti: petrolio, gas naturale e carbone. Oggi si coltiva la speranza che le fonti di energia rinnovabili, come quella eolica e quella solare, possano risolvere la crisi energetica (qualche studioso sostiene che sono peggio di un mito, un'illusione). Tuttavia queste fonti hanno limitazioni geografiche, perché si possono utilizzare solo in località abbastanza soleggiate o ventose e soprattutto ci vogliono molti anni per passare da una tecnologia vecchia ad una nuova perché devono essere modificate molte strutture e tecnologie secondarie associate alla vecchia tecnologia. Il futuro di ricerca e sviluppo dovrebbe concentrarsi soprattutto in questo settore specifico e forse meno in applicazioni utili più per il tempo libero e il divertimento. Se una nazione come l'Italia per la sua natura geomorfologia non dedica gran parte delle sue attenzioni allo studio delle energie alternative rispetto a quelle tradizionali non si comprende come possano farlo paesi geograficamente svantaggiati; eppure investono tanto rispetto a noi. Se quindi c'è un percorso di ricerca da attivare seriamente e non in maniera speculativa, come lo è stato finora, tuttavia è bene precisare tecnicamente alcuni grandi ostacoli che bisogna tener conto nell'esplorare un mondo nuovo lasciando quello vecchio senza cadere in avventure utopiche.

Dal sito *www.attivitasolare.com* leggiamo alcuni punti determinanti da tenere a mente su cui eventualmente lavorare o replicare con altrettanti dati oggettivi. Si elencano alcune cose che richiedono l'uso dei combustibili fossili:

Le autostrade utilizzano il cemento o l'asfalto.

Il cemento deve essere riscaldato a temperature estremamente elevate in un forno rotante che è alimentato dal gas naturale. L'asfalto è derivato dalla raffinazione del petrolio greggio. Le autostrade potrebbero essere in grado di utilizzare i ciottoli, ma i ciottoli dovrebbero essere estratti con attrezzature alimentate a benzina o a diesel / gasolio, ricavato dal petrolio... un combustibile fossile.

I grattacieli devono utilizzare l'acciaio.

L'acciaio è prodotto facendo uso di coke o di energia elettrica e richiede un gran numero di motori elettrici per la laminazione dell'acciaio in fogli o forme. Se l'acciaio viene prodotto dai minerali del ferro che vengono lavorati in un altoforno, si utilizza il coke, ottenuto dal carbone. Se viene ottenuto in un forno elettrico ad arco, vengono utilizzate grandi quantità di energia elettrica. Le migliaia di motori utilizzati per modellare le barre di metallo in determinate forme o in fogli laminati utilizzano enormi quantità di energia elettrica che viene prodotta a partire dal carbone, il gas naturale o l'energia nucleare. I trasformatori utilizzati nei forni ad arco hanno bisogno di grandi quantità di rame che viene estratto e raffinato. Le attività minerarie richiedono grandi attrezzature in acciaio, che usano come carburante il diesel, ricavato dal petrolio. La raffinazione del rame richiede grandi quantità di sostanze chimiche, come l'acido solforico, e anche grandi quantità di energia elettrica.

I mulini a vento per l'energia eolica usano tonnellate di cemento per le loro basi. Inoltre utilizzano grandi quantità di limitate terre rare che devono essere estratte, e il cui processo di riduzione crea enormi quantità di rifiuti tossici. Le torri e i generatori delle turbine eoliche devono essere trasportati nei luoghi di installazione da grossi camion che utilizzano come carburante il diesel, ricavato dal petrolio.

La produzione dei pannelli solari crea prodigiose quantità di rifiuti tossici. Se sono a base di silicio, è richiesto l'uso del carbone o del gas naturale per riscaldare i forni in cui questo viene prodotto.

Il tavolo della cucina realizzato in legno, è stato ricavato dai tronchi di alberi il cui abbattimento è stato effettuato con attrezzature in acciaio, alimentate da carburante diesel, ricavato dal petrolio.

Il legname è stato segato in una segheria che è alimentata da energia elettrica o da un motore a combustione interna.

Le attrezzature / elettrodomestici della cucina sono in acciaio e utilizzano il gas naturale o elettricità generata dal carbone, dal gas naturale o dalle centrali nucleari.

I frigoriferi, che sono costruiti in acciaio e utilizzano compressori a trazione elettrica, usano un refrigerante realizzato in un impianto chimico che consuma grandi quantità di gas naturale, petrolio greggio e prodotti chimici derivati dal gas naturale e dal petrolio.

Lo spazzolino da denti elettrico è realizzato in materiali plastici derivati dal gas naturale o dal petrolio, e con batterie agli ioni di Litio, in cui il litio viene estratto e trasportato con camion e navi, tutti alimentati dai combustibili fossili.

I motori dei jet sono realizzati in acciaio e metalli speciali, tutti derivati da processi che utilizzano i combustibili fossili nelle acciaierie, fonderie, officine meccaniche, ecc.

La risonanza magnetica, le apparecchiature Catscan e Ultra Sound sono realizzate in acciaio, e anche materiali plastici ricavati dai combustibili fossili, e richiedono energia elettrica per funzionare. Senza i combustibili fossili, i servizi medici moderni sparirebbero.

L'automobile è realizzata in acciaio ed alluminio e presenta anche parti plastiche. L'acciaio è prodotto in un'acciaieria che fa uso dei combustibili fossili. L'alluminio è realizzato utilizzando energia elettrica che usufruisce di speciali trasformatori che funzionano con il rame, ecc. L'alluminio viene elaborato attraverso i mulini a rulli per le forme o i fogli laminati richiesti, dove i rulli sono azionati da motori elettrici che utilizzano energia elettrica.

I rivestimenti plastici sono fatti di sostanze chimiche derivate dal gas naturale o dal petrolio.

Il vetro delle finestre dell'auto e della casa è costruito usando grandi quantità di gas naturale, dove i rulli sono alimentati da energia elettrica.

La quantità di energia elettrica utilizzata in tutti i processi descritti fino a questo punto probabilmente proviene da centrali elettriche a carbone, gas naturale o da centrali nucleari.

Fermare queste produzioni significa fermare gran parte delle industrie manifatturiere del mondo: si può fare? La risposta razionale è no però si possono fare molti interventi tecnici per ridurre sia il consumo energetico sia l'impatto ambientale di certe produzioni. Basta volerlo! Su questa ultima affermazione c'è uno scontro tutto legato al business ad ogni costo. Il recente sviluppo ad esempio delle automobili ibride sono andate al pari passo con la produzione di SUV e fuoristrada vetture che fanno aumentare il consumo di carburante e la produzione di gas di scarico invece che farli diminuire. Qui c'è tutta l'ottusità dell'essere umano quando con una mano produce benefici e con l'altra li vanifica. Dalle teorie globali torniamo a quelle di casa nostra. In Italia oltre il 70% dei consumi elettrici industriali sono da attribuire ai motori, nella maggior parte asincroni; ne sono installati circa 15 milioni con potenze entro i 90Kw. Abbiamo cercato di spiegare che fin quando abbiamo a che fare con queste tipologie costruttive di motori non è possibile tecnicamente alimentarli con fonti alternative. Allora proviamo a vedere cosa migliorare restando nel "sistema tradizionale".

Data 100 unità di combustibile in ingresso (carbone) abbiamo lungo tutto il processo delle perdite quantificate nel seguente modo:

➢ Perdite dalla centrale 70%
➢ Trasmissione e distribuzione 9%
➢ Perdite dai motori 10%
➢ Trasmissione finale 2%
➢ Perdite da pompe 25%
➢ Strozzature (valvole a farfalla) 33%
➢ Perdite tubo 20%

In arrivo avremo energia in uscita pari a 9.5 unità. Si comprende benissimo che si tratta di valori non affatto trascurabili, anzi sono decisivi e pesano in maniera quasi totalitaria sul bilancio e quindi sulla vita di un'azienda.

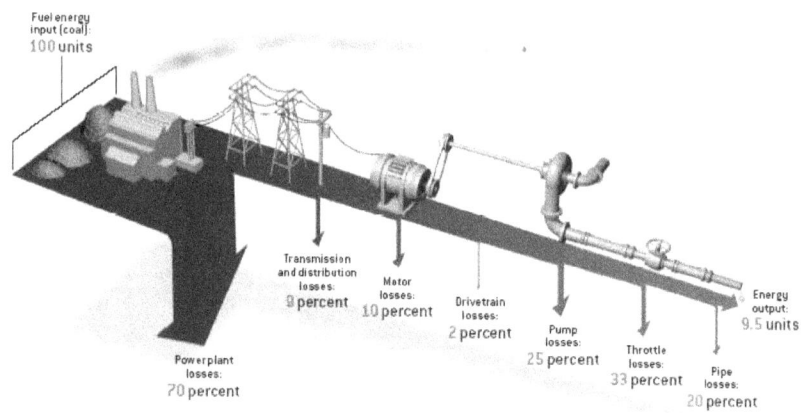

Si può risparmiare energia in modo significativo essenzialmente nei seguenti modi:

1. Progettando in modo efficiente, utilizzando ciò che effettivamente occorre;

2. Installando inverter per regolare la velocità

- Per pompe e ventilatori si può risparmiare oltre il 30%
- Per sistemi di trasporto mediamente il 15%

3. Utilizzando motori ad alta efficienza;

- Si può risparmiare circa il 10%
- L'utilizzo di motori progettati a 120Hz consente di ridurre fino a due taglie i motori, l'inverter permette di utilizzarli a coppia costante fino a 120Hz: si può risparmiare così fino al 25%
- Il "freno freddo" consente di ridurre la corrente di mantenimento del freno di un motore

4. Utilizzando riduttori ad alto rendimento

-Si può risparmiare mediamente dal 5% al 10%
-In alcune applicazioni (eliminando motovariatori, etc.) si può risparmiare anche il 30%

L'installazione di inverter genera come effetto collaterale positivo una riduzione dei costi per:

1) diminuzione dello sfasamento sulla rete
2) risparmio di energia in funzione del carico
3) limitazione della potenza installata e sottodimensionamento delle apparecchiature a monte dell'inverter *(interruttori, contattori, trasformatori, gruppi elettrogeni, etc.)*
4) limitazione della corrente di spunto e delle cadute di tensione
5) diminuzione di manutenzione dovuta al minore stress meccanico (eliminazione dei colpi d'ariete e delle sovrapressioni, riduzione del rumore nei circuiti idraulici, effetti migliorativi sulle tenute di pompe, etc.)

Il risparmio energetico che scaturisce dall'uso di inverter, in quasi tutte le applicazioni, diventa rilevante nel caso di pompe centrifughe e ventilatori per i quali, in assenza di inverter, la regolazione della portata è possibile solo con dispositivi meccanici (valvole di strozzamento o serrande) che generano perdite di carico importanti ed una irrilevante diminuzione della potenza assorbita (ad es. con la portata ridotta dell'80%, la potenza scende al 95%). Con l'uso di inverter invece, la portata del fluido viene modulata agendo sulla velocità del motore tramite la variazione della frequenza (ad es. con la portata ridotta dell'80%, la potenza scende al 50%), è fondamentale il concetto della proporzionalità delle seguenti grandezze con la velocità del motore, quindi con la frequenza:

- flusso → diretta
- pressione → quadratica
- potenza → cubica

In sintesi:

- pompe e ventilatori hanno una caratteristica di coppia resistente alla rotazione di tipo quadratico (bassa resistenza a bassi giri, alta con l'aumento di velocità)
- i motori asincroni trifasi a gabbia hanno una caratteristica di funzionamento che dipende dal rapporto V/f, se questo resta costante, il motore gira a coppia costante indipendentemente dalla velocità di rotazione
- gli inverter adattano l'alimentazione del motore, V/f, al carico (ad esempio si possono adeguare quando le caratteristiche dei fluidi variano con la temperatura, etc.), il vantaggio principale è quello del risparmio energetico: al momento poche tecnologie garantiscono risparmi energetici di questa portata, per tale ragione l'inverter è stato inserito nelle schede per il rilascio dei titoli di efficienza energetica TEE, come i motori EFF1.
In sintesi l'efficienza energetica si ottiene:

- con funzionamento a 50Hz, solo se ci sono le condizioni per ridurre (anche se solo di qualche hertz) la velocità, quindi la portata e pressione, di conseguenza la potenza (con il cubo!)
- con funzionamento a portata variabile eliminando le parzializza-zioni meccaniche, compensandole con la riduzione della frequen-za, compatibilmente alla riduzione accettabile della pressione.

La conclusione è che la giusta risposta alla limitazione della spesa per l'energia elettrica non è solo l'incremento della produzione ma la riduzione del consumo senza alterare il ciclo produttivo[38].

---

[38] Elaborazione a cura dell'ing. Giancarlo Agresta

Queste non sono nozioni teoriche buone per fare una lezione universitaria in una facoltà di ingegneria; questo è il risultato di tanti anni di progettazione e realizzazione di impianti. Io stesso ho potuto verificare in alcuni stabilimenti abruzzesi virtuosi cosa si intende per efficienza energetica ed apprezzarne i benefici in termini di costi dell'energia e durata dei componenti. Le fonti alternative di approvvigionamento energetico sono utili in altri settori ed applicazioni. In Abruzzo come del resto in parte dell'Italia un periodo è scoppiata la "moda" del fotovoltaico; tante aziende elettromeccaniche hanno abbandonato il loro tradizionale terreno tecnico per approdare a questa nuova tecnologia. Questo boom di interesse ha svegliato il mondo "distratto" delle banche o istituti finanziari per lo più esteri. Gran parte dei terreni destinati all'agricoltura sono stati venduti a società che vi hanno realizzato impianti con pannelli fotovoltaici. Sono stati occupati sia terreni di pianura che quelli collinari trasformando interi paesaggi in enormi specchiere. Una volta che si è saturato l'ambiente si è deciso di vietarne l'utilizzo a tale scopo, autorizzando a fare impianti sulle coperture degli opifici industriali e sui tetti delle abitazioni. Terminati gli incentivi statali il mercato ha improvvisamente rallentato ed intere aziende hanno chiuso i battenti. Ancora una volta si è dimostrata la tesi che tutti sono bravi a fare impresa con i soldi degli altri!

Riportiamo un articolo del 26 febbraio 2011 tratto dal sito *www.comitatonazionalepaesaggio.it* che parla di un convegno dal titolo: *Le fonti rinnovabili per la produzione di energia in Abruzzo da occasione di tutela ambientale a grave elemento di distruzione dell'ambiente e del paesaggio*

Si terrà il 26 febbraio 2011 a Vasto (CH) alle ore 15:00 presso il Palazzo d'Avalos (sala Michelangelo) un convegno organizzato da LIPU, CNP, Altura e Comitato Dinamismi dal titolo "Le fonti rinnovabili per la produzione di energia in Abruzzo da occasione di tutela ambientale a grave elemento di distruzione dell'ambiente e del paesaggio". Le Associazioni ambientaliste firmatarie di questo Manifesto hanno

179

ripetutamente potuto constatare come, in Abruzzo, si stia assistendo al diffondersi, senza pianificazione, di alcune forme di produzione di energia elettrica da fonti rinnovabili, con particolare riferimento all'energia eolica, all'energia solare e all'utilizzo di biomasse. Mentre riteniamo che l'utilizzo delle fonti rinnovabili possa svolgere un'utile funzione nella mitigazione del cosiddetto effetto serra e dei cambiamenti climatici, purché accompagnato da adeguate azioni di risparmio energetico, in merito al quale non si adottano ormai da tempo misure ed iniziative utili, non possiamo accettare che il ricorso alle fonti rinnovabili diventi non un contributo alla difesa dell'ambiente, quale dovrebbe essere, ma uno dei principali elementi di distruzione e di degrado del paesaggio, degli ambienti naturali, della fauna selvatica, quale invece molto spesso è.

Negli ultimi anni abbiamo infatti assistito con crescente preoccupazione al dilagare delle centrali eoliche e da qualche tempo di quelle fotovoltaiche e delle centrali a biomasse, non certo per un improvviso risveglio di sensibilità e di interesse per l'ambiente ma per il fatto che queste forme di produzione di energia godono in Italia di un vantaggiosissimo meccanismo di incentivazione pubblica. Il più vantaggioso del mondo e naturalmente a spese dell'ignaro contribuente. L'affare è quindi quanto mai lucroso, almeno fino ad ora, ed infatti ci si sono buttati affaristi senza scrupoli e la criminalità organizzata, come ampiamente evidenziato dai mezzi di informazioni, ad esempio, in Sicilia, in Calabria, in Sardegna.

L'Abruzzo, la terra dei parchi, conosciuta ormai non solo in Italia ma in Europa, per il suo grande patrimonio naturalistico, la sua fauna d'eccezione, i suoi paesaggi unici, non è stata certo risparmiata dall'assalto dell'eolico e poi del fotovoltaico e delle biomasse. Nulla abbiamo contro le fonti di energia rinnovabile ma molto invece contro il modo in cui le relative centrali si vanno diffondendo sul territorio della Regione, considerata a ragione una delle più importanti d'Italia per gli ambienti naturali che la caratterizzano e per le specie di animali selvatici e, in particolare, di mammiferi e di uccelli, tra cui alcune rare, minacciate di estinzione e particolarmente tutelate a livello nazionale e comunitario, che vi vivono e che vi si riproducono, come l'orso marsicano, il camoscio d'Abruzzo, l'avvoltoio grifone, l'aquila reale, il nibbio reale, il falco lanario e il gracchio corallino. Ma questa Regione é caratterizzata anche da una grande varietà di ambienti che vanno dalle praterie d'alta quota e dalle foreste di pino mugo della Maiella, alle faggete secolari di tanti massicci montani, ai boschi di querce con esemplari spesso giganteschi, agli ambienti agrari di grande valore anche storico e culturale, ai borghi di grande valore architettonico e storico, ai corsi d'acqua e alle zone umide.

Si tratta di un territorio che, malgrado le tante violenze che ha già subito, costituisce ancora un complesso armonico caratterizzato da paesaggi di grande bellezza e di grande pregio, giunti quasi miracolosamente in condizioni di integrità soddisfacente fino ai giorni nostri, e che, tra l'altro, se correttamente gestito e valorizzato, può essere la materia prima per lo sviluppo di correnti significative di turismo escursionistico, naturalistico, culturale e ricreativo, e che quindi costituisce una risorsa economica di notevole importanza per le comunità locali. Tuttavia, il proliferare delle centrali eoliche industriali sta diventando, per le gigantesche dimensioni delle torri eoliche e delle pale, per il numero dei progetti e degli aerogeneratori che si vogliono realizzare, per le infrastrutture che necessariamente le accompagnano, motivo di danno grave ed irreversibile al paesaggio, all'ambiente e a molte specie di fauna, soprattutto per collisione con le pale rotanti e per la distruzione di essenziali ambienti di vita per queste specie.

Inoltre, il forte impulso che sta avendo il settore delle centrali fotovoltaiche sta provocando in molti territori la distruzione del paesaggio agrario e la perdita di vaste e crescenti estensioni di zone agricole, di grande importanza paesaggistica, storica, ambientale, culturale ed anche economica, mentre le centrali a biomasse costituiscono motivo di grave sfruttamento dei boschi per trarne il combustibile necessario al loro funzionamento.

Per porre un efficace rimedio a questa grave situazione le Associazioni firmatarie chiedono alla Regione Abruzzo:

1) di escludere con proprio specifico provvedimento la realizzazione dì centrali eoliche, fotovoltaiche e a biomasse, nei parchi nazionali e regionali, nelle riserve naturali, nelle Zone di Protezione Speciale e nei Siti di Interesse Comunitario, facenti parte della Rete Natura 2000, nelle IBA (Important Bird Areas), nei siti tutelati in quanto di interesse paesaggistico e archeologico, lungo le rotte degli uccelli migratori, nelle oasi di protezione della fauna, più un'adeguata fascia di rispetto larga almeno 5 chilometri, in applicazione del Decreto Ministeriale "Linee guida per la realizzazione degli impianti alimentati da fonti rinnovabili" del 10 settembre 2010 (Allegato 3 lettera f), cui le Regioni dovevano dare adempimento entro il 10 gennaio 2010 ed al quale la Regione Abruzzo ha fatto finta di adeguarsi con il Decreto della Giunta Regionale n. 1032 del 29 dicembre 2010 "Attuazione delle Linee Guida per l'autorizzazione degli impianti alimentati da fonti rinnovabili di cui al D.M. 10.09.2010", che, nella sostanza, non ha cambiato assolutamente nulla per quanto concerne le modalità dì rilascio delle autorizzazioni da parte della Regione ed inoltre non ha provveduto ad individuare alcuna zona di esclusione per motivi ambientali, paesaggistici ed archeologici f

2) di escludere la realizzazione di centrali eoliche e fotovoltaiche nei contesti paesaggistici di grande valenza culturale oltre che ambientali, paesaggi agrari storici, paesaggi agrari connessi alla coltivazione di produzioni tipiche, di pregio, oltre che alle produzioni doc e dop.

3) di escludere detti impianti nelle vicinanze delle aree archeologiche, degli insediamenti storici e monumentali, dei centri medievali

4) di dare attuazione all'invito formulato dal Ministero dell'ambiente, con lettera del t8 ottobre 2010, di avviare una procedura di VAS, cioè in pratica di programmazione a livello regionale "in considerazione del grande numero di pro getti, sia di impianti eolici che fotovoltaici, dislocati e previsti nella Regione Abruzzo.. .al fine di fornire un quadro esaustivo di tutte le interferenze ambientali sulla base del quale realizzare una programmazione energetica a scala più ampia, allo scopo di garantire uno stato di conservazione soddisfacente del patrimonio ambientale regionale", tenendo tra l'altro conto nelle valutazioni

ambientali dell'effetto cumulo di tutti gli altri interventi programmati ad insistere sulla medesima area. L'invito del Ministero é, tra l'altro, perfettamente in linea con le indicazioni fornite dal D.M. sulle linee guida del io settembre 2010, già ricordato, contenute nell'Aiuto 3 lettera f. Risulta che finora i competenti uffici della Regione ed in particolare il Comitato VIA della stessa abbiano completamente disatteso anche le raccomandazioni del Ministero, continuando ad esaminare, e il più delle volte ad approvare, progetti di centrali eoliche e fotovoltaiche senza tenere in alcuna considerazione un discorso di programmazione e di valutazione dell'effetto cumulo.

7.14 Ma chi l'ha detto che le cose stanno proprio così?

La nuova generazione di imprenditori non ha fatto la cosiddetta gavetta. Fino a quando le imprese sono state nelle mani dei loro padri e dei loro nonni, certe devianze imprenditoriali, difficilmente avrebbero raggiunto i traguardi di oggi. Quando capita di essere eredi di un'importante complesso industriale come ad esempio un pastificio, con una storia centenaria alle spalle, con un marchio conosciuto a livello internazionale, con diversi stabilimenti produttivi avviati, con centinaia di lavoratori alle dipendenze, cosa viene chiesto di fare al giovane rampollo di casa se non continuare ad amministrare una macchina già in piena corsa. Difatti, gran parte di ciò che si doveva fare, dalla fondazione ad oggi, è stato fatto. Così i nuovi arrivati, che magari non hanno trascorso nemmeno un giorno in produzione, che la fabbrica la vedono sorvolandola dall'alto del proprio elicottero, si "distraggono" pensando ad altro. Un detto popolare dice: una generazione costruisce, una mantiene ed una sperpera. Per ciò che si vede in giro, è difficile contraddire questo adagio. Gli imprenditori della "vecchia guardia" non erano dei santi, anzi tutt'altro, tuttavia come accade per i politici di vecchia scuola, conservavano in fondo una certa morale nell'agire. Quando è scoppiata in Italia tangentopoli, gran parte degli indagati e poi condannati, li vedevi tremanti rispondere alle domande dei pubblici ministeri. Erano ancora intrisi degli insegnamenti ricevuti e di fronte ai loro grandi errori e scandali mostravano vergogna. Quelli della nuova generazione non conoscono questa sentimento, anzi sono i primi ad attaccare se chiamati in causa. Dice l'ex ministro di Grazia e Giustizia ed ex presidente della Corte Costituzionale Giovanni Maria Flick: "i corrotti si sono moltiplicati mentre c'è stata una selezione naturale della razza dei corruttori" ed aggiunge: "fino a mani pulite si rubava soprattutto per fare politica. Oggi è il contrario, molti fanno politica per trovare occasione di rubare".[39] Il vecchio imprenditore, non ipotizzava minimamente la possibilità di licenziare i suoi vecchi collaboratori, specie gli amministrativi e i capi reparto, poiché sapeva benissimo che gran parte della propria fortuna lo doveva a costoro. Oggi è sufficiente una relazione su slide fatta da un manager (quello con il pc portatile di cui abbiamo parlato) o di un consulente finanziario e con un semplice click si tolgono dal database i dipendenti specie se over cinquanta. Le aziende falliscono perché i proprietari stanno altrove, pensano ad altro, investono in altri campi e quando qualcosa non va nel verso giusto, scaricano i loro errori sulla fabbrica. La cosa più irritante di una carriera lavorativa è il dover constatare di essere andati a casa più volte per motivi extra aziendali.

Siamo quasi giunti alla fine del racconto e nei vari capitoli abbiamo visto attraverso la cronaca i diversi aspetti che hanno ridotto l'Abruzzo in questo stato di coma industriale. L'aspetto a nostro parere più grave è la manipolazione dei dati sia contabili che statistici. E' una procedura tipica delle società quotate in borsa dove i trimestrali di cassa da comunicare agli azionisti sono l'assillo principale degli operatori. In nome di certi saldi attivi o annunci operativi di un certo valore come l'acquisizione di altri gruppi o fusioni o incorporazioni di altri asset finanziari sono segnali che dirottano gli investitori verso dei titoli rispetto ad altri.

---

[39] Intervista su L'Epresso

Ora, chi invece lavora ogni giorno e misura la bontà o meno della propria azienda, spesso si trova in contrasto proprio con questi dati. Spesso si sente dire: ma come avevate commesse per anni come avete fatto a chiudere! Purtroppo quando si decide di chiudere uno stabilimento lo si fa indipendentemente dal suo stato di salute. Anzi ci sono volte in cui lo si fa dopo aver fatto degli investimenti spesso con i soldi degli altri. Ho visto diverse fabbriche chiudere poco tempo dopo aver speso pesanti cifre per ristrutturare o ampliare la produzione. Per fortuna ci sono dei casi in cui si decide di andare contro tendenza; contro i dati scritti, contro i mercati chiusi. Quando la parte produttiva (impiegati ed operai) hanno il coraggio di unirsi e continuare a credere e lottare per il proprio lavoro, a volte hanno dimostrato che le aziende non sono tutte da chiudere come ci vogliono far credere o come fa comodo far credere. E' il caso ad esempio del distretto della ceramica in Emilia Romagna di cui riportiamo un'interessante esempio pubblicato sulla *Gazzetta di Reggio* del 28 agosto 2012: *Ceramica rinasce grazie ai dipendenti*. Scandiano: la Greslab decolla partendo dalle ceneri della Magica.

SCANDIANO. Un nuovo inizio, partendo proprio dalla crisi. E' questa, in una frase, la storia della Greslab, la ceramica che ha preso il posto – e parte degli impianti – della vecchia Ceramica Magica, fallita nel 2008. L'azienda è stata rilevata interamente da 20 ex dipendenti della ceramica, i quali hanno costituito una cooperativa e hanno riattivato la produzione nel giugno dello scorso anno (…) Il *workers buyout* (acquisto da parte dei lavoratori) è infatti un'operazione che, specialmente in un periodo nero per l'economia, e in particolare per il comparto edilizio e ceramico, costituisce un esempio affascinante, ma allo stesso tempo funzionale, di come reagire alle difficoltà, ripartendo da uno dei settori, quello cooperativo, che è tra i più solidi e diffusi nel territorio emiliano e reggiano.

L'azienda, nella sua strutturazione attuale, è nata infatti dalle ceneri della Optima Spa, la vecchia ceramica Magica, che per anni aveva sponsorizzato la squadra reggiana di pallavolo femminile, posta in liquidazione e concordato preventivo nel 2008. Un gruppo di 20 ex dipendenti però, di comune accordo con i sindacati e con l'intervento, come soci finanziatori, di tre società commerciali, che sono stati all'inizio i principali clienti della cooperativa, ha rilevato l'attività, investendo tutto l'anticipo dell'indennità di mobilità e diverse risorse personali, riuscendo ad affittare capannoni e macchinari. L'operazione è stata coordinata dall'Ufficio economico-finanziario di Legacoop Reggio, con il coinvolgimento di numerosi soggetti operanti all'interno del circuito cooperativo, di Unipol e di un fondo istituzionale partecipato dal Ministero dello Sviluppo economico.

Un'altra storia virtuosa, questa volta è accaduta a sud, in Campania come riportato dal quotidiano *Il mattino* di Napoli del 6 agosto 2015: *E i 57 operai maestri dell'acciaio comprano la loro fabbrica per continuare a lavorare*

CAIVANO - Da operai a soci. Piuttosto che finire nel limbo della cassa integrazione, e a cinquant'anni e più trovarsi senza lavoro e senza sussidio, 57 operai della Italcables di Caivano – azienda siderurgica di livello internazionale, leader nella produzione di filo, trecce e trefolo di acciaio per il cemento armato chiusa da due anni con il sicuro rischio di fallimento, hanno di fatto comprato l'azienda e fondato una cooperativa senza un euro di finanziamento pubblico.

E tra la fine di agosto e l'inizio di settembre, non appena completate tutte le pratiche burocratiche, l'azienda che ora di chiama Società Cooperativa WBO Italcalbles con stabilimento a Caivano, tornerà a filare quel particolare profilato di acciaio, chiamato «Trefola», se è a sette fili ed è utilizzato per le funi che sostengono i ponti (quello del Garigliano, e l'Erasmus Bridge di Rotterdam), oppure «Trecce» una fune a cinque fili che regge i componenti dei cavalcavia, e « Filo», utilizzato per le armature delle traversone di cemento per le linee ad alta velocità.

L'operazione, unica nel suo genere nel settore pesante della siderurgia, definita come «workers buyout» si è conclusa negli ultimi giorni del mese scorso con la formalizzazione dell'acquisto al prezzo di 3,8 milioni di euro, ed è stata strutturata con la formula del fitto del ramo d'azienda, che alla fine di tre anni, diventeranno parte integrante del prezzo di acquisto, che comprende macchinari e tecnologie.

La domanda allora sopraggiunge spontanea. Ma come hanno fatto questi 57 operai, per giunta in mobilità a raggranellare – si fa per dire – circa quattro milioni di euro ? A rispondere uno schivo Matteo Potenzieri, ingegnere della «vecchia fabbrica», pure lui in mobilità, e oggi presidente della nuova cooperativa, a capo del consiglio di amministrazione formato da sette soci operai, insieme al rappresentante di Banca Etica e a quello della Lega delle Cooperative, due soggetti che hanno avuto una positiva parte attiva nell'operazione.

«È stata la volontà a non far chiudere questa azienda che, tra gli anni ottanta e fino al duemila, quando era del gruppo Redaelli, aveva fuori la porta centinaia di clienti esteri, primi tra questi gli arabi e libici. Di fronte alla prospettiva del fallimento della nuova proprietà, (una holding portoghese che controllava la sede di Brescia, quella di Pescara e Caivano) gli operai hanno deciso di fare qualcosa, anche perché le nuove norme in materia di lavoro lo consentivano. In pratica proprio perché eravamo parte di una azienda in dissesto, abbiamo chiesto ed ottenuto, anche con una certa celerità dal parte dell'Inps, tutto in una volta l'intero assegno dell'indennità di mobilità, senza aspettare la scadenza mensile. Qualcuno, e non sono pochi, hanno anche versato nella cassa della nuova cooperativa parte del loro Tfr. Così abbiamo messo sul tavolo circa un milione e trecento mila euro.»

Ed il resto? « Per il resto dobbiamo ringraziare sia Banca Etica, che contribuirà per un milione di euro e Legacoop, attraverso il fondo mutualistico Coopfond, con una cifra che oscilla tra un milione e un milione e mezzo di euro.

Due soggetti che ci hanno sostenuto, insieme al consigliere regionale Corrado Gabriele, nelle lunghe riunioni al ministero dello Sviluppo economiche e ai capaci funzionari della Regione Campania. Decisivo il progetto dei commercialisti Paolo Galdo e Roberto Rotolo. Ora siamo alle fasi della rimessa in moto degli impianti e prevediamo di entrare in produzione tra la fine di agosto e l'inizio di settembre.

«Ambizioso il piano industriale, che prevede la produzione nel primo anno di oltre 40 milioni di tonnellate di «Trefola», «Treccia» e «Filo», con uno sguardo particolare all'estero dove il nome Italcables è, nonostante tre anni di stop, ancora una garanzia. « Sembra una favola a lieto fine - dice Stefano Pellino, uno dei "vecchi" dell'azienda, che poi aggiunge – Ma non è una favola. Abbiamo dimostrato che al sud, nonostante i luoghi comuni riusciamo sollevare la testa e le braccia per lavorare, senza piagnistei e senza aiuti e finanziamenti pubblici. Aspettiamo Matteo Renzi per il primo giorno di lavoro. Così potrà rendersi conto di quanto valiamo. Chissà magari ci aprisse anche le porte alle commesse estere. E allora si che il nostro futuro sarebbe un vero lieto inizio».

Per restare nel cuore del racconto cioè nell'Abruzzo industriale, questa vicenda campana poteva avere lo stesso esito anche dalle nostre parti, giacché uno stabilimento della Italcables SpA è presente a Cepagatti in provincia di Pescara dal 1975. Riportiamo il dato di cronaca come riferito dal quotidiano *Il Centro* del 29 agosto 2012: *La Italcables chiude 36 lavoratori rischiano il posto*

ROSCIANO. Una comunicazione secca e inaspettata quella della Italcables di Villareia, nella zona di confine tra i comuni di Rosciano e Cepagatti. «Non sussistono più le condizioni per poter continuare l'attività produttiva e dunque si decide la chiusura dello stabilimento dando corso alla procedura di riduzione del personale e loro messa in mobilità». Ben 36 lavoratori perderanno il posto di lavoro andando ad incrementare la lunga lista di coloro che da qualche anno si trovano sulla via di questo calvario. Ieri mattina, i lavoratori hanno avuto un incontro in Confindustria con azienda e sindacati e si sono dati appuntamento al prossimo 4 settembre per approfondire ogni dettaglio. Nel pomeriggio, alle 15 hanno iniziato un presidio davanti ai cancelli che durerà fino al 4 settembre 24 ore su 24. «Un duro compito per chi vede sfumare all'improvviso le aspettative di vita», spiega Luigi Marinucci, sindacalista della Fiom Cgil. «È questo l'inizio di una ulteriore vertenza per la Val Pescara che ha già perso molte centinaia di posti di lavoro, e non vogliamo che un'altra multinazionale ci abbandoni». L'azienda attiva dal 1990 è oggi, dopo vari passaggi di proprietà, in capo ad una gruppo finanziario portoghese. Produce trefoli, trecce e fili d'accaio per cemento armato precompresso. Il settore, secondo quanto comunicato ai lavoratori, sarebbe caratterizzato da una esasperata concorrenzialità e da una incidenza dello squilibrio costi-ricavi, lavoratori/impianti, produzione mercato mondiale. «Eppure», riprende Marinucci, «le commesse ci sono e sono tante, ma l'azienda dice di non avere liquidità per l'acquisto delle materie prime. Ciò che dispiace è che sempre le fabbriche dell'Abruzzo devono chiudere». Il gruppo ha anche uno stabilimento a Caivano (Napoli), di maggiori dimensioni e con oltre 90 dipendenti. «Evidentemente», osserva Marinucci, «vuole salvare questo e chiudere il nostro. Anche se la situazione è pesante per il gruppo aziendale, perché chiudere prima in Abruzzo? Siamo sempre noi il profondo sud? Chiediamo che in questa vertenza entrino immediatamente le istituzioni come Provincia, Regione e ci aiutino a trovare le migliori soluzioni. Non è pensabile che la politica possa ignorare 36 lavoratori, le loro famiglie, l'indotto lavorativo che orbita su Italcables».

Evidentemente qui in Abruzzo si è preferito scegliere altre strade, peccato!

Capitolo ottavo

Cosa ci ha insegnato l'expò

L'Italia è la patria delle eccellenze alimentari. L'Abruzzo fa la sua parte. Non c'è visitatore nazionale o estero che non rimanga colpito dal cibo regionale. A distanza di pochi chilometri tra un paese e l'altro ci sono centinaia di specialità tutte diverse tra loro, come diverso è il modo di prepararle. La fortuna di avere un territorio marino, collinare e montano ci pone ai primi posti per l'eccellenza gastronomica anche se lo sappiamo solo noi abitanti della regione e coloro che vi si trovano di passaggio. Per diversi decenni non abbiamo saputo valorizzare e divulgare questo nostro patrimonio. Poi alcuni imprenditori, specialmente nel settore vinicolo, hanno aperto gli occhi e soprattutto li hanno fatti aprire ai colleghi e alle istituzioni e qualcosa si è mosso nella giusta direzione. Rispetto al nostro potenziale tuttavia siamo ancora poca cosa.

8.1 Vino

In campo vinicolo ad esempio, ci sono regioni che hanno fatto il pieno di consensi internazionali, grazie all'apporto delle nostre uve. Per fortuna come detto, ci si è svegliati da questa sudditanza, e si è passati da una regione di produzione verso terzi ad una regione di produzione e promozione di se stessa, direttamente inserita nei mercati che contano. Nonostante questi sforzi siamo ancora distanti rispetto ad altri territori. Per quanto riguarda le esportazioni di vini, i primi cinque posti sono occupati da quattro regioni del nord e una del centro Italia, ma non siamo noi purtroppo. In termini sportivi automobilistici diciamo, che siamo una piccola scuderia, che è riuscita negli ultimi anni ad andare qualche volta a punti, ma non abbiamo ancora ridotto in maniera significativa il ritardo con le migliori come dimostra la figura sotto riportata su dati Istat riferiti al 2014.

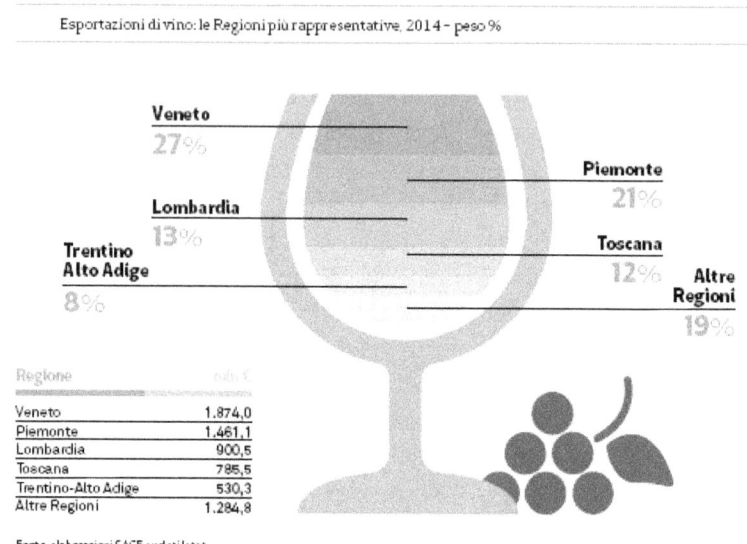

Esportazioni di vino: le Regioni più rappresentative, 2014 - peso %

Veneto 27%

Piemonte 21%

Lombardia 13%

Toscana 12%

Trentino Alto Adige 8%

Altre Regioni 19%

Regione	mln €
Veneto	1.874,0
Piemonte	1.461,1
Lombardia	900,5
Toscana	785,5
Trentino-Alto Adige	530,3
Altre Regioni	1.284,8

Fonte: elaborazioni SACE su dati Istat

8.2 Olio

Si narra che le colline aprutine pescaresi colme di uliveti siano in buona parte passate nelle mani straniere tra cui diversi noti artisti in vari campi. Si narra anche che complice di questo interesse sia stata la presenza nel territorio di una fabbrica di produzione di vestiti di alta moda a livello internazionale (la Brioni oggi in crisi) che vestiva appunto diversi personaggi famosi. Questi visitando l'azienda ebbero modo di apprezzare i vari paesi posti sulle colline e con essi le distese di campi coltivati ad ulivo; la buona tavola ha fatto il resto. Non sappiamo se le voci raccolte siano tutte vere o in parte, fatto sta, che per decine di anni in queste zone si sono visti ai margini dei campi cartelli in cui si leggeva "si vende". L'abruzzese abbandona il proprio territorio, le case coloniche e a volte l'intero paese, lo straniero le compera e con esso compera la nostra storia e le opportunità economiche che sanno carpire da queste zone [40].

---

[40] Un esempio su tutti è la storia del recupero di Santo Stefano di Sessanio in provincia de L'Aquila di cui leggiamo alcune note di Franco Rosini apparse sul blog *latuacasainabruzzo.it* il 27 gennaio 2016 dal titolo *Ecco perchè Santo Stefano di Sessanio piace agli Inglesi*

In merito all'articolo del quotidiano The Guardian circa l'interesse degli inglesi al nostro borgo dimenticato dal tempo Santo Stefano di Sessanio, vera perla del Parco Nazionale del Gran Sasso e Monti della Laga, vi voglio spiegare il perchè, secondo me, suscita e trasmette tutte quelle emozioni che, forse, gli stranieri e soprattutto gli inglesi riescono a percepire prima degli italiani. E lo farò in modo del tutto originale ovvero postando tutte le riflessioni che Daniele Kihlgren ha riportato sul suo diario di bordo durante la scoperta di questo meraviglioso borgo sperduto, all'epoca, tra le montagne del Gran Sasso. Lui, con animo straniero, ha percepito la vera essenza dell'Abruzzo e sopratutto di Santo Stefano di Sessanio trasformandolo, come sappiamo, in uno dei primi esempi di Albergo diffuso sul territorio italiano mantenendo l'integrità materiale ed immateriale dell'Abruzzo vero ed autentico, quello che si respira a Santo Stefano di Sessanio. Ecco la prima testimonianza :

" Tanti anni fa arrivai quasi per caso in un borgo semi abbandonato della terra d'Abruzzo, S. Stefano di Sessanio. Mi ero perso per le vie sterrate intorno ad un castello Medioevale, la Rocca di Calascio e vagando per quei territori, giunsi infine in una strada asfaltata che risaliva a mezza costa la montagna per arrivare a Campo Imperatore. L'Altopiano collocato a Sud Est del Gran Sasso d'Italia, al di sotto di questa strada apparve il borgo incastellato lambito da un piccolo lago creato da una fonte sorgiva naturale " Da quel momento in poi Santo Stefano di Sessanio è stato rivoluzionato. Non in termini di trasformazione urbanistica ma in termini di turismo. La riproposizione delle tradizioni locali si spinge fino a contemplare i particolari più minuti, gli asciugamani, i materassi di lana, le lenzuola provenienti dai crolli nuziali, le coperte fatte a mano con i

La differenza oltre che storica è anche dovuta ad una questione di grandezza geografica e dal rapporto di utilizzo della superficie agraria, come emerge dalla tabella sotto riportata. Certamente la nostra posizione non ci entusiasma, tuttavia ci sono regioni che stanno peggio come la Sicilia, la Puglia e la Sardegna che occupano i primi tre posti per utilizzo di superficie ma non compaiono nelle classifiche che contano come si evidenzia confrontando le due tabelle riportate di seguito.

---

telai in legno e i colori naturali. Il progetto nella sua parte privata prevede la conservazione delle destinazioni d'uso dell'originaria organizzazione domestica.

Gli interni delle stanze sono ispirati alle fotografie che Paul Scheuermeier, linguista svizzero, scattò in Abruzzo negli anni 20 del Novecento. Per conservare l'unità estetico-affettiva degli interni ed evitare il sovra-utilizzo di materiale contemporaneo, si è ricorso all'impiego di oggetti autoctoni spesso archiviati in musei o, dove necessario, all'impiego di materiale di recupero anche decontestualizzato. " Un territorio talora dipinto dai viaggiatori dell' 800 come "terra incognita"... " è la frase che Daniele Kihlgren raccoglie durante la ristrutturazione del borgo. Ed è questa la vera essenza di Santo Stefano di Sessanio.

Utilizzo della superficie agraria per Regione in migliaia di ettari (2010)*

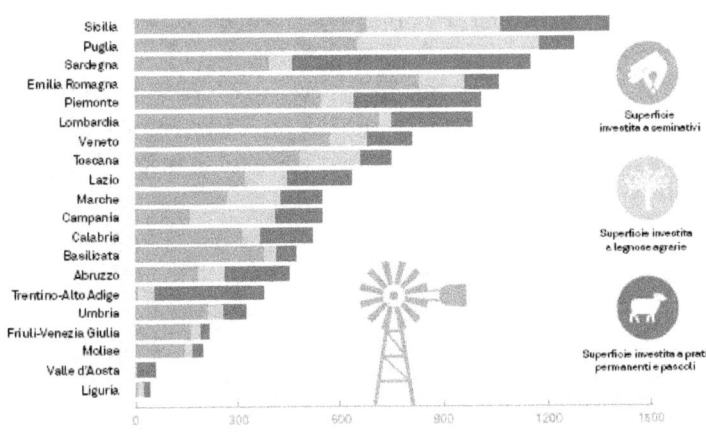

*La superficie agraria investita a orti familiari ammonta a circa 31.896 ettari
Fonte: Istat (Censimento Agricoltura)

Rilevanza delle Regioni per l'export di alimentari e bevande, (2014, peso % su export totale)

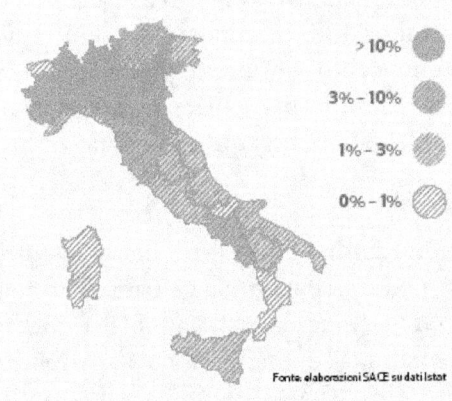

Regione	%
Lombardia	18,4%
Emilia Romagna	16,2%
Veneto	15,8%
Piemonte	15,3%
Campania	8,2%
Toscana	6,3%
Trentino-Alto Adige	4,5%
Puglia	2,7%
Friuli-Venezia Giulia	2,2%
Lazio	2,0%
Sicilia	1,7%
Abruzzo	1,6%
Umbria	1,5%
Liguria	1,3%
Marche	0,8%
Sardegna	0,6%
Calabria	0,3%
Molise	0,3%
Valle d'Aosta	0,2%
Basilicata	0,1%

Fonte: elaborazioni SACE su dati Istat

195

Abbiamo più volte parlato della trasformazione abruzzese che l'ha vista passare da un'identità agro-pastorale ad una industriale e poi ad una dei servizi. L'errore è stato quello di aver lasciata la strada vecchia per quella nuova anziché mantenerle tutte efficienti e connetterle tra loro (per restare all'esempio del vino siamo stati coltivatori di vigneti successivamente sovvenzionati dallo Stato affinché li togliessimo per fare posto alle industrie ed oggi che anche queste sono state smantellate si parla di incentivare il ritorno all'agricoltura). Provare a chiudere il cerchio potrà essere una direzione su cui camminare. Dovremmo aver imparato dagli errori del passato, che un'iniziativa imprenditoriale ha bisogno perché si attivi, di una filiera (agricoltura per produrre – industria per trasformare – servizi per comunicare e pubblicizzare – scuola per innovare); singoli segmenti da soli portano soltanto debolezze. La grande vetrina di Milano di Expò 2015 intitolata *Nutrire il pianeta. Energia per la vita* ha inteso includere tutto ciò che riguarda l'alimentazione. Al termine della manifestazione si sono fatti consuntivi e bilanci. Riprendiamo alcuni dei punti inerenti al settore agricolo (ma anche industriale) italiano:

➢ La filiera agroalimentare muove a livello internazionale 1,1 trilioni di euro di scambi commerciali. E' composta dai settori agricolo, alimentari e bevande e macchine agricole e per la trasformazione. E' dominata da pochi Paesi, in particolare Usa, Germania, Francia e Olanda, mentre i mercati emergenti rimangono in posizione più defilata.

➢ L'Italia rientra tra i primi quindici Paesi esportatori in tutti e quattro i settori della filiera, con una performance particolarmente brillante nell'export di macchinari, sia agricoli che di trasformazione, dove detiene una quota di mercato mondiale rispettivamente dell'8,4% e del 15,3%. Si stima che sarebbe possibile incrementare l'export italiano in questi due comparti di ulteriori 2 miliardi di euro entro il 2018.

➤ Nel settore agricolo scontiamo carenze strutturali difficilmente colmabili nel medio termine, ma è in quello alimentare, dove la nostra quota mondiale è del 4,7%, che abbiamo ancora un potenziale inespresso, nonostante la crescita robusta degli ultimi dieci anni (+79% rispetto a +47% dell'export italiano nel suo complesso).

➤ Le imprese alimentari che esportano sono meno del 12%, con un fatturato medio verso l'estero pari a circa un settimo delle loro vendite. Dieci prodotti, da soli, potrebbero garantire, se ben indirizzati su specifici mercati, un aumento delle esportazioni all'estero fino a 7 miliardi di euro entro il 2018.

➤ Nonostante l'elevata specializzazione regionale delle nostre produzioni alimentari, cinque Regioni (Lombardia, Emilia Romagna, Veneto, Piemonte e Campania) rappresentano il 74% dell'export complessivo di questi beni. Sono queste, insieme a Trentino-Alto Adige, Toscana, che si giocano la vera partita internazionale. Da Veneto e Piemonte proviene quasi la metà dell'export di vino; sempre il Piemonte, da solo, realizza oltre un quarto delle vendite di dolci e caffè, mentre la Toscana fa altrettanto nel comparto dell'olio d'oliva; la Campania fa la parte del leone nell'esportazione di conserve (oltre il 40% del totale).

➤ Le esportazioni di alimentari e bevande hanno origine in tutto il territorio italiano, ma Lombardia, Emilia Romagna, Veneto, Piemonte, Campania, Toscana e Trentino-Alto Adige sono le Regioni che si giocano la vera partita internazionale.

➤ Le esportazioni di prodotti agricoli derivano principalmente dalle Regioni del Nord e del Sud Italia Le materie prime esportate provengono da colture agricole sia permanenti (alberi da frutta, agrumi, uva, e così via), sia non permanenti (riso, legumi, ortaggi e via di seguito). Gran parte della produzione agricola italiana rimane tuttavia destinata al mercato interno, dove viene o consumata o trasformata e quindi esportata come prodotto alimentare finito.

➢ La pasta è l'unico prodotto in cui l'Italia è leader mondiale, con una quota di mercato superiore al 30% e un export complessivo di 3,3 miliardi di euro. Sebbene il mercato sia dominato da pochi grandi marchi molto noti all'estero, numerosi pastifici vendono tramite *private label*, ossia attribuendo al proprio prodotto il marchio del distributore. Così, nelle grandi catene distributive internazionali è facile trovare pacchi di pasta che riportano il marchio del rivenditore locale, ma sono prodotti in Italia e con tecnologia italiana. Lombardia, Veneto, Emilia Romagna, Campania e Piemonte rappresentano il 70% delle esportazioni italiane di pasta. A queste si aggiungono Trentino-Alto Adige, Abruzzo, Puglia, Friuli-Venezia Giulia, che rappresentano un altro 20% delle esportazioni complessive.

Esportazioni di pasta: le Regioni più rappresentative (2014, peso %)

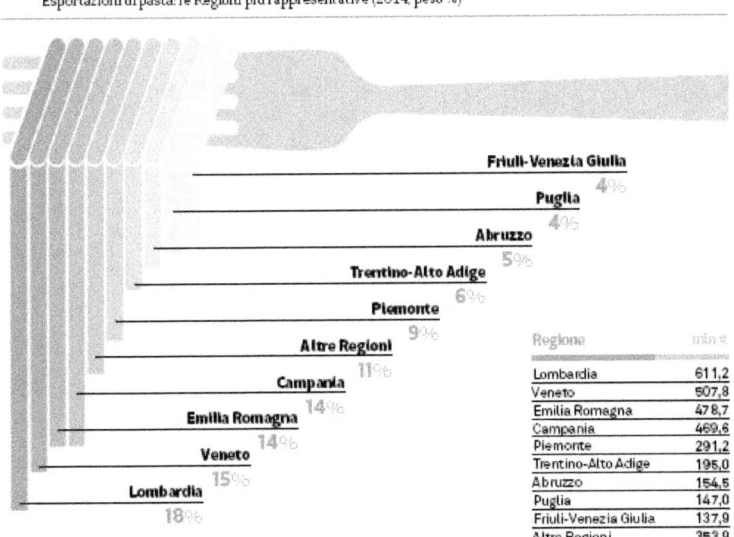

Regione	mln €
Lombardia	611,2
Veneto	507,8
Emilia Romagna	478,7
Campania	469,6
Piemonte	291,2
Trentino-Alto Adige	195,0
Abruzzo	154,5
Puglia	147,0
Friuli-Venezia Giulia	137,9
Altre Regioni	353,9

Fonte: elaborazioni SACE su dati Istat

Capitolo nono

Si, ma...

Se mai c'è stato un Abruzzo industriale oggi sembra scomparso o in via di dissolvimento. Abbiamo visto, con degli esempi, i tanti errori commessi; alcuni fatti forse in buona fede, altri per inesperienza, altri per cattiva gestione, altri ancora con veri e propri atti a delinquere. Di fronte a queste crisi abbiamo reagito facendo cortei, vertenze sindacali, interrogazioni parlamentari, scioperi della fame, occupazioni, incentivazioni, leggi di sussidio ecc. Abbiamo fatto ognuno, per la propria parte di competenza e per quello che sapevamo fare, del nostro meglio ma il risultato, come disse una famoso allenatore è "zero tituli". Nessuno è riuscito a fermare l'emorragia. Allora che fare? C'è un altro mondo possibile senza il lavoro? Chissà! Su qualsiasi argomento si discuta, noi italiani, ci schieriamo dicendo la nostra a riguardo. Anche il più disinformato e disinteressato ha bisogno di comunicare il proprio pensiero, ribadire la propria posizione, magari avendo avuto informazioni per il classico "ho sentito dire". A conclusione di questo viaggio nell'Abruzzo industriale propongo una specie di gioco che potremmo chiamare del si, ma…Qualsiasi fatto accade nel nostro paese non ci sono mai dei responsabili certi. Siamo la nazione dello "scaricabarile". In politica ogni governo che subentra, appena si spegne l'enfasi del successo e si deve passare alla parte operativa, (mettendo in pratica il programma per cui si è stati eletti), inizia il gioco: si volevamo fare, ma chi ci ha preceduto ci ha lasciato una situazione disastrosa. Nelle aziende il nuovo amministratore delegato appena insediato di fronte a situazioni di crisi dice: si faremo del nostro meglio ma non risponderemo per quello che hanno fatto chi ci ha preceduto. Durante le riunioni fra le parti sociali per discutere di una vertenza o di un rinnovo di contratto, il sindacalista al tavolo delle trattative dice: si noi abbiamo fatto le nostre proposte, ma l'altra parte non ha ricevuto nessuna delle nostre istanze. Ovviamente da parte avversa si dice il contrario. I governatori e gli assessori al ramo dicono: si abbiamo fatto richiesta al governo centrale che si faccia carico di queste problematiche, ma siamo ancora in attesa di risposte certe e concrete. Naturalmente dicono la stessa cosa quelli del governo centrale rispetto a decisioni che debbono essere prese in Europa. Insomma tutti si danno un gran da fare tra viaggi, consigli, riunioni, meeting, talk politici, articoli, interviste, leggi, interrogazioni, mozioni, scioperi, convegni, pubblicazione di libri, dossier, ma concretamente chi sta subendo questa crisi non vede all'orizzonte nessun miglioramento, nessuna luce in fondo al tunnel, nessuna speranza per il futuro. Ripetiamo il costante mantra del si, ma…Torniamo in Abruzzo: al punto 26 del docplayer della regione si calendarizzano i tavoli di crisi aziendali che hanno visto l'impegno e la partecipazione dell'ente:

1.   25/6   Tavolo Micron;
2.   2/7   Tavolo Thales;
3.   3/7   Tavolo Hitech Globe network;
4.   3/7   Tavolo Molino Alimonti;
5.   10/7   Tavolo Rolli Alimentare;
6.   11/7   Tavolo Tavolo Intex;
7.   15/7   Tavolo Burgo - Tavolo Sixty;
8.   21/7   Tavolo Dialfluids Tavolo Sider;
9.   23/7   Tavolo Fundry;
10.   24/7   Tavolo Martelli;
11.   27/7   Tavolo Spitecno -Tavolo Elital;
12.   28/7   Tavolo Siapra (Gruppo FIAM);
13.   1/8   Tavolo Parker -Tavolo Kimberly Tavolo Coop. GEAT;
14.   6/8   TavoloSelta;
15.   7/8   Tavolo CIR -Tavolo Golden Lady;
16.   8/8   tavolo Perticone Mobili;
17.   12/8   Tavolo Ico -Tavolo Italclabes.

Possiamo apprezzare l'impegno e la serietà con cui si seguono queste delicate e drammatiche situazioni occupazionali ma l'impressione è che questi tavoli siano destinati a rimanere tavoli. Qui non si tratta di coltivare il pessimismo cosmico, ma sono deduzioni tratte dalle vicende del passato. Cosa si è fatto in concreto per arrestare la perdita di occupazione nella grande industria abruzzese in questi ultimi decenni? Le multinazionali o gli imprenditori nazionali e locali hanno ricevuto molto di più di quanto hanno restituito alla comunità e soprattutto hanno dimenticato l'articolo 41 della Costituzione italiana che recita:

L'iniziativa economica privata è libera.

Non può svolgersi in contrasto con l'utilità sociale o in modo da recare danno alla sicurezza, alla libertà, alla dignità umana.

La legge determina i programmi e i controlli opportuni perché l'attività economica pubblica e privata possa essere indirizzata e coordinata a fini sociali.

Basterebbe osservare questo articolo e non occorrerebbe aggiungere altro! Quanto suolo abbiamo consumato, immolato, distrutto nel nome del progresso, dello sviluppo, della crescita economica e sociale della nostra regione? Abbiamo deviato corsi d'acqua, costruito dighe, spianato montagne e colline, distrutti alberi secolari, abbiamo asfaltato sentieri centenari di transumanza, eretto tralicci su campi coltivati, espropriato terre, abbiamo demolito edifici storici, abbiamo coperto visuali, abbiamo sotterrato rifiuti di ogni genere, scarti di lavorazioni pericolose magari coprendo il tutto con cemento, interporti, centri commerciali, villaggi outlet, piloni e raccordi autostradali, rotatorie. Abbiamo fatto dei movimenti di terra giganteschi di scavo e di riporto e nessuno ha controllato i cantieri durante i lavori. Un solo esempio: il mio amico Paolo, qualificato geologo, ha sovrapposto una serie di mappe della valpescara dal 1954 ad oggi dove si può notare che tipo di movimentazioni e trasformazioni abbia subito questo territorio. Non entro in battaglie ambientaliste resto al tema industriale: abbiamo fatto tutto questo e come segno di riconoscenza le fabbriche chiudono lasciando in intere zone dei cimiteri industriali i cui costi per le bonifiche sono a carico della collettività. Siamo capaci per una volta di comprendere quali insegnamenti ci abbiano dato le vicende del passato? La parola sviluppo è diventata una parola piena di magia a cui si attribuisce un significato salvifico. Sviluppo è visto come sinonimo di progresso. Noi appartenenti ai "paesi sviluppati" siamo più progrediti culturalmente e moralmente degli uomini dei paesi che non hanno conosciuto lo sviluppo (che non a caso chiamiamo paesi sottosviluppati). Riemerge così il contrasto tra la categoria di apocalittici e quella di integrati (lo fece per primo Umberto Eco in un suo saggio del 1964). I primi guardano la società con un atteggiamento profetico, ne osservano i fenomeni corruttivi e decadenti e la destinano ad una inesorabile fine. I secondi invece amano cantare le meraviglie del futuro, parlando entusiasticamente e positivamente di passaggi epocali e delle straordinarie opportunità che si sono aperte grazie alla tecnica e allo sviluppo. Nuova economia, nuove frontiere, nuovo lavoro insomma tutto deve essere necessariamente nuovo. Di fronte ad una crisi strutturale qualche decennio fa non sapendo quali risposte dare, molti addetti ai lavori, hanno coniato nuove terminologie in diversi settori che avevano tra loro in comune la parola nuovo "new". Si parlò di *new economy* (nuova economia); di neo liberismo; di neo capitalismo. Si parlò di Terza via tra i diversi movimenti socialdemocratici e liberali della sinistra europea; in Italia di diede vita alla cosiddetta "Seconda Repubblica" insomma tutti cercavano il nuovo ad ogni costo per rimuovere il passato dalle loro coscienze, ma i fatti hanno dimostrato che si è solo prolungata l'agonia di un sistema "quello capitalistico" oramai finito. Si è cercato un cambio di look, un cambio estetico ma il risultato prodotto è stato peggiore di quello che lo ha preceduto. Il grande Novecento era finito per sempre trascinando con se, alla fine degli anni Sessanta, il tramonto dell'Occidente[41] e la crisi che stiamo sopportando testimonia che nessuno sa dirci in quale direzione stiamo andando. Di questa fine i segnali tuttavia c'erano già stati a partire dallo scoppio della bolla speculativa giapponese iniziata a formarsi nel 1986 e scoppiata nel 1991 che provocò un lungo periodo di deflazione noto come "decennio perduto". Analizzando i dati della produzione industriale del Paese del sol levante nel 1992-1993 ebbe una recessione profonda meno 9% nel 1998 registrò un meno 6,5%; poi ancora nel 2001-2002 meno 7,4% e nel 2009 sprofondò a un meno 24%. Nel 2010 ebbe una ripresa ma rimanendo al di sotto del picco del 2007 dell'11,6%. Poi un 2011 di stagnazione e un 2012 di caduta. Nel secondo trimestre del 2012 era a un meno 16,3% rispetto al picco del 2007. Oggi la produzione industriale del Giappone è inferiore a quella del 1991. Quella crisi però sembrava interessarci poco o niente poiché si trattava in fondo di una nazione assai lontana dal nostro mondo; allora abbiamo lavorato di fantasia inventando nuovi mondi economici, politici, sociali nuovi stili di vita. Ma le crisi hanno il difetto di scatenare un effetto domino. Facciamo un salto di una quindicina di anni segnando a punti lo scenario che ci ha portati nelle sabbie mobili dove tuttora siamo. Il 2007 è stato per tutti l'anno del picco nella produzione (ascendente dopo la recessione generalizzata del 2001-2002), mentre il 2008 ha visto o una stagnazione o l'inizio della recessione il 2009 è stato l' "anno orribile": crollo industriale generalizzato, nel 2010-2011 vi è stata una parziale ripresa, che non è riuscita tuttavia a riguadagnare i livelli produttivi del 2007. Il 2012 è all'insegna della stagnazione, con l'inizio di una nuova recessione nell'UE e in Giappone, mentre negli Usa prosegue la fase di stagnazione.

---

[41] Mario TRONTI, *La politica al tramonto*, Einaudi p. 23

8.1 Il motivatore

Edito da Rubbettino e scritto a quattro mani da Stefano Maria Cianciotta e Pietro Paganini, a Roma presso la Sala Stampa della Camera dei Deputati è stato presentato il libro *Allenarsi per il futuro* di cui riportiamo alcuni passaggi:

Da qui ai prossimi anni, le nuove generazioni arriveranno a cambiare, in media, dai cinque ai sette lavori, svolgendo professioni completamente diverse e forse addirittura inesistenti. In questo contesto la sfida sarà riuscire a immaginare la traiettoria di sviluppo dei settori più in espansione e più bisognosi di cervelli. Di pari passo l'istituzione scolastica dovrà dunque dimostrarsi pronta nel formare nuovi talenti da un punto di vista tecnico ed intellettuale, sollecitando creatività e visione per affrontare le professioni del futuro.

"Questo significa che dobbiamo ripensare completamente la Scuola attuale che tende ad assopire, se non addirittura sopprimere qualsiasi pulsione creativa e imprenditoriale. Essere CURIOSI, essere CREATIVI, essere INTRAPRENDENTI: sono queste le tre principali attitudini attorno alle quali dovrà essere organizzata l'attività di insegnamento, in un contesto nel quale il sapere sarà ancora più facilmente accessibile e condivisibile attraverso la rete e le tecnologie. Le classi odierne, frontali e obsolete, dovranno trasformarsi in laboratori di sperimentazione e collaborazione; il ruolo dell'insegnante non si limiterà ad essere il tramite attraverso il quale apprendere, ma dovrà essere un coordinatore, una guida, un vero e proprio motivatore" – afferma Pietro Paganini.

"Il nuovo modello scolastico pedagogico, oltre che complementare al mercato del lavoro e ai cambiamenti socio-culturali – sostiene Stefano Cianciotta - dovrà essere in grado di anticipare e favorire la formazione di modelli di sviluppo sempre nuovi e proporre un metodo di apprendimento capace di far crescere una generazione di innovatori che siano in grado di adattarsi costantemente alle trasformazioni socio-economiche, anche quando avranno un'età avanzata. Ed è anche per questo che il nuovo sistema formativo, così come quello già proposto da Montessori, opererà attraverso un processo di apprendimento costante nel tempo, life long learning, perchè sappia formare chi deve continuare ad "allenarsi" per affrontare le sfide del Futuro."

Per una volta ricorriamo a *Wikipedia* per capire di cosa si tratta:

Il lifelong learning (o apprendimento permanente) è un processo individuale intenzionale che mira all'acquisizione di ruoli e competenze e che comporta un cambiamento relativamente stabile nel tempo. Tale processo ha come scopo quello di modificare o sostituire un apprendimento non più adeguato rispetto ai nuovi bisogni sociali o lavorativi, in campo professionale o personale.

Con il termine "*lifelong learning*", si intende l'educazione durante tutto l'arco della vita, dalla vita alla morte, quell'educazione che inizia ancor prima della scuola e si prolunga fin dopo il pensionamento.

Il primo ente privato che adotta questa metodologia pedagogica nei propri piani educativi è un'organizzazione che prende il nome dallo stesso processo: Life Learning.

Questa organizzazione nasce a Milano nel 2014 e sta divulgando in Italia e altri paesi come Spagna, Usa e Gran Bretagna il proprio innovativo sistema di mappatura delle competenze con il metodo deduttivo, sulla base dei percorsi formativi erogati dall'organizzazione in modalità e-learning.

8.2 Niente di personale, ma...

Ammetto che quando sento parlare certi "esperti del mondo del lavoro" mi sento leggermente preso per il sedere! L'occasione mi consente di parlare ancora un pò di me (faccio promozione!). Sono un diplomato geometra ma scoprendomi inaspettatamente molto portato per la chimica ebbi modo di fare l'ingresso nel mondo lavorativo attraverso il settore dei trattamenti delle acque.

Mi ritrovai tra impianti di filtrazione, potabilizzazione, addolcimento, demineralizzazione, osmosi inversa, depurazione e piscine. Imparai a progettare linee idrauliche ed elettriche e allo stesso tempo mi occupai anche della parte contabile (bollettazioni, fatturazioni, solleciti, ordini materiali, libro mastro e bilancio). Questa esperienza mi tornò utile quando feci un colloquio con una società di elettronica che mi assunse con la mansione di operaio generico. Feci la mia parte ripartendo da zero e con il tempo fui destinato prima alla gestione del magazzino, poi degli acquisti ed infine alla progettazione di impianti con l'uso dei primi programmi di disegno su computer (Orcad). Un nuovo colloquio mi permise di entrare a far parte di un'importante società di automazioni industriali dove iniziai a progettare linee complesse presso il loro ufficio tecnico. Grazie al mio amico Marco, pioniere del sistema Autocad, iniziai anch'io a farne uso anticipando tutti gli studi di progettazione che lavoravano a quel tempo ancora con i lucidi e il tecnigrafo. Una nuova opportunità mi spinse nel settore commerciale di un'importante gruppo elettrico internazionale; ripartii di nuovo da zero prima come aiuto magazziniere, per poi finire dopo una serie di incarichi, come consulente tecnico commerciale presso le industrie e i costruttori macchine. Questa lunga stagione lavorativa, mi ha consentito di vedere e raccontare ciò che si sta sviluppando in questa pubblicazione. Giunto intorno ai quarant'anni, il percorso s'interruppe bruscamente con una lettera raccomandata in cui mi si comunicava la fine del rapporto di lavoro. Durante questi anni di formazione tecnica riuscii a frequentare un corso annuale di automazioni industriali (vedi capitolo 7.3), mi laureai in filosofia e conseguii un master di primo livello in scritture e linguaggi professionali. Una lunga militanza politica iniziata nel 1977 a 14 anni, mi tornò utile per alcune stagioni di lavoro nella pubblica amministrazione tra regione, provincia, comune e circoscrizione, nonché nella cooperazione internazionale. Chiusa questa stagione ebbi modo di ritornare nel settore industriale prima nella meccanica di prototipazione e successivamente di nuovo nelle consulenze tecnico commerciali elettriche. Come una malattia con recidiva intorno ai cinquant'anni si torna di nuovo in panchina in attesa di poter entrare di nuovo in campo. Ho parlato del mio percorso lavorativo (ma è la storia di tante persone che conosco) solo per dire a certi signori che di *"longlife learning"* me ne intendo. Ho un elenco di amici e conoscenti che sono stati sempre tecnologicamente all'avanguardia con competenze elevate rispetto ai tempi, che come me, oggi cercano di inventarsi la giornata al solo fine di non apparire dei fannulloni buoni a nulla di fronte alle proprie famiglie e alla società. A tutti coloro che in "buona fede" sono prodighi di consigli di cosa fare per cercare lavoro dico un detto in dialetto: *Criste nzà morte di fredde!*[42] Ho un elenco molto esteso di persone che sono entrate nel mondo del lavoro per conoscenze dei propri genitori, per raccomandazioni dei politici, per concorsi o colloqui pilotati o perchè semplicemente hanno ereditato l'attività del proprio genitore o addirittura hanno preso il loro posto in cambio di una parte della liquidazione o andando in pensione anticipatamente rispetto ai tempi dovuti (in certe aziende sembra una regola non scritta che ha riguardato e riguarda intere generazioni). A tutti coloro che oggi tendono a ripetere alle nuove generazioni o a quelle fermate a metà cammino frasi del tipo: "bisogna abituarsi all'idea che il posto fisso non c'è più" oppure "il lavoro sotto casa non esiste più, bisogna essere cittadini del mondo e andarselo a cercare dove c'è" dico che sono proprio loro che, dopo aver sistemata la propria carriera e quella dei propri figli, con il loro egoismo e i loro privilegi hanno consegnato una situazione così drammatica da cui è molto difficile riuscire a vedere una via di uscita. Conosco persone che hanno collocato i propri figli nell'azienda dove hanno lavorato e continuano a lavorare anche da pensionati che ogni mattina vanno a messa e frequentano parrocchie da diaconi,

---

[42] Trad. Gesù Cristo non è morto di freddo

lavandosi la bocca parlando di carità, di solidarietà con il prossimo, di fratellanza, di vicinanza verso il più debole. Sono queste le persone più pericolose! Poi conosco quelle specie di "sette" in gran parte definitesi cattoliche, ancora più pericolose, dove il lavoro, a vario titolo, è riservato soltanto "ai soci"!

8.3 Distributori di componenti elettrici

Chiudo il discorso personale parlando di ciò che è stata in buona parte la mia attività principale: il settore della distribuzione dei componenti elettrici. In Abruzzo questa divisione ha subito un profondo cambiamento. Nella parte strettamente industriale e dei costruttori macchine, storicamente vi orbitavano tre società (due delle quali oggi non ci sono più ed una è stata fortemente ridimensionata). Nella distribuzione specializzata più nel settore terziario ed installazione, vedeva la presenza, nelle varie zone industriali, di aziende in gran parte riconducibili a proprietari locali (due su tutte per esempio Ferri nel pescarese e Ramondo nel vastese); oggi sono quasi tutte scomparse o assorbite da pochi gruppi presenti nel mercato, di provenienza extra regionale[43]. Tutti i marchi della componentistica elettrica, avevano un proprio distributore autorizzato, il quale gestiva nel proprio magazzino, gran parte dei componenti a catalogo; inoltre disponeva di un personale altamente specializzato nella vendita e nella consulenza di questi prodotti. Organizzava dei workshop, corsi di aggiornamento e delle visite di presentazione dei nuovi prodotti con mezzi attrezzati (di solito camper) in vari punti del territorio.

---

[43] Sembra che in Italia, dal punto di vista della distribuzione di componentistica elettrica, ci sia stato un "tacito" accordo fra i grandi gruppi a non farsi concorrenza geografica. C'è un mercato tirrenico (Calabria tirrenica, Campania, Molise,Lazio) c'è un mercato adriatico (Calabria ionica, Basilicata, Puglia, Abruzzo, Marche fino ad Ancona). Poi c'è la fascia centrale (nord Marche, Umbria, Toscana, Romagna) la fascia padana (Lombardia, Emilia) il nord est che gravita intorno a gruppi del Veneto e il nord ovest che gravita intorno al Piemonte (zona del cuneese). Le isole viaggiano a parte.

Poi è arrivato il tempo delle fusioni dei grandi marchi a livello internazionale[44] e successivamente qualche "studioso della materia" ha riesumato il *just in time* (JIT) che viene definito una filosofia industriale che ha invertito il "vecchio metodo" di produrre prodotti finiti per il magazzino in attesa di essere venduti (detto logica *push*) passando alla logica *pull* secondo cui occorre produrre solo ciò che è stato già venduto o che si prevede di vendere in tempi brevi. Questo metodo di lavoro ha segnato la definitiva scomparsa di certe figure professionali come l'esperto in materia, il consulente tecnico-commerciale, con la conseguente chiusura di tutte le aziende specializzate. In passato ogni distributore inviava i propri commerciali sul territorio con il compito di fidelizzare il cliente verso la scelta di certe tecnologie e componenti. Il cliente finale raccoglieva le varie informazioni e decideva con il proprio staff tecnico quali prodotti utilizzare. La perdita dei contratti di esclusività ha fatto sì che oggi tutti possono dire di distribuire tutto con il risultato concreto che hanno poco o niente. Questa politica commerciale ha portato il cliente finale a fare a sua volta cambiamenti nella gestione delle proprie commesse e metodologie di approvvigionamento. Vediamo di portare qualche esempio per comprendere i vantaggi e gli svantaggi di tali scelte.

8.4 Just in time

Il *just in time,* come detto, ha indebolito le strutture commerciali tradizionali ed ha rafforzato quelle della rete. Sempre più aziende

---

[44] Faccio un esempio che mi ha riguardato: portammo in Italia centrale il marchio americano Allen Bradley di cui disponevamo a deposito tutti i principali componenti: dalla parte elettromeccanica, fino agli inverter, plc e sistemi di visione (oggi sarebbe una follia il solo pensiero); creammo un mercato pressoché sconosciuto ed inesistente per alcuni anni fin quando il gruppo divenne a seguito di fusioni Rockwell Automation. Tutti i marchi che vennero assorbiti in questa operazione persero il loro distributore autorizzato e con esso gran parte del loro mercato.

preferiscono il fai da te, ovvero aprire internet ed accedere direttamente alle fonti di approvvigionamento di un determinato componente (molti fornitori si sono attrezzati con i propri siti web nel settore *e-commerce*). La mancanza di un mediatore, fra l'utente iniziale (la fabbrica di produzione) e il cliente finale (l'utente), ha consentito un abbattimento dei costi di acquisto di un bene (vedremo in seguito che qualche dubbio al riguardo si può nutrire); i buyer[45] sono incentivati a perseguire questo genere di obiettivo, che se raggiunto, comporta loro un riconoscimento di natura economica. Questa premialità non fa altro che accrescere il divario tra i vari reparti in termini operativi ed economici, con il risultato finale che le aziende diventano tanti blocchi separati, tante divisioni, tanti scomparti indipendenti, i quali operano ognuno per il proprio interesse, senza raccordarsi con quelli degli altri reparti. Tuttavia il sistema, se da un'analisi superficiale sembra aver portato dei benefici, ad un esame più attento e complessivo, ha generato una serie di incongruenze, che cercheremo di illustrare facendo ricorso ad un esempio pratico: mettiamo il caso che durante il ciclo di produzione o di lavorazione di un prodotto, si fermi improvvisamente una linea a causa di una rottura di un componente. L'iter da percorrere in genere è questo: l'operatore avvisa il manutentore segnalando il guasto (fermo impianto); il manutentore, dopo aver fatto un controllo, avvisa il responsabile della produzione della necessità di sostituire un componente e quantifica il tempo necessario per l'intervento, la riprogrammazione del sistema e il riavvio della linea. Poi si reca al magazzino ricambi dove fa la richiesta del nuovo componente. A questo punto entra in gioco la scelta aziendale fatta. Vediamo le possibili risposte in base a tali scelte:

---

[45] Il buyer è colui che, all'interno di un'azienda, si occupa di tutte le attività connesse all'approvvigionamento dei beni e dei servizi necessari allo svolgimento dell'attività. Esiste in Italia l'Adaci ovvero Associazione Italiana Acquisti e Supply Manager fondata nel 1968)

ovvero quella di applicare la cosiddetta logica *push* o quella *pull* di cui abbiamo parlato sopra:

a. Con la scelta del vecchio sistema di gestione dei magazzini, questi sarebbero dotati di tutti i principali componenti presenti su una linea o una macchina (si parla in questo caso di viste esplose dei ricambi, in cui le singole parti vengono rappresentate separatamente nell'ordine e nella reciproca posizione in cui dovranno essere disposte in fase di montaggio. La realizzazione di questo tipo di materiale permette di gestire i ricambi in modo più facile e veloce, dando indicazioni precise ai tecnici che eseguono il lavoro. Se vengono forniti i codici ricambi, abbinati alla vista esplosa viene prodotta anche la lista ricambi, in modo da rendere ancora più completa la documentazione prodotta). In base ai rapporti di manutenzione e riparazione fatti dai vari reparti, sarebbe inoltre possibile calcolare il consumo annuo (lo storico) dei vari componenti, stabilendo così le scorte minime da impostare nell'anagrafe dei materiali, scorte differenziate anche in base alla distinzione fra prodotti strategici (quelli vitali che non possono mai mancare tra i ricambi) e tempi di reintegro (un conto avere un componente standard facilmente reperibile sul mercato, un conto avere dei componenti *custom*, cioè costruiti appositamente per una determinata macchina). L'ufficio acquisti consultando lo storico dei consumi, il tabulato delle obsolescenze e dei programmi manutentivi ordinari e straordinari (oggi praticamente scomparsi), è nelle condizioni ottimali di fare trattative con ordini a programma ad ogni inizio anno per poi fare verifiche periodiche durante la stagione e quella finale alla chiusura dell'anno amministrativo. Il distributore, a sua volta, sarebbe nelle condizioni di fare nel proprio magazzino ordini a programma con la casa madre con uno scadenziario dei tempi di consegna per rispondere tempestivamente alle richieste dei propri clienti. La casa produttrice raccogliendo una serie di ordini a programma dai vari distributori, infine sarebbe in grado di programmare a sua volta, la sua produzione. Lavorando con dei dati abbastanza certi e vicini al reale, si creerebbero le condizioni per ottenere anche delle quotazioni migliori piuttosto che fare singole trattative di volta in volta (ulteriore premio finale al raggiungimento di un determinato budget che in genere consisteva in un extra sconto per l'anno successivo oppure delle forniture gratuite fino al raggiungimento del valore prefissato).

Vediamo cosa succede oggi adottando il nuovo sistema:

b. Il magazzino, ridotto al minimo come ricambistica, potrebbe non avere sullo scaffale il componente richiesto. Viene informato l'ufficio acquisti affinché si attivi per cercare di reperirlo sul mercato (reale e virtuale). Questi riceverà diverse offerte (la regola dice di averne almeno tre) ma nel frattempo trascorrerà del tempo mentre la linea è ferma. Quando avrà ultimato la fase di preventivazione, fatte le dovute analisi, il buyer farà la sua scelta (in genere guarda solo il prezzo più basso!) emetterà l'ordine al fornitore e poi attenderà che tutto l'iter faccia il suo percorso (processo ordine, spedizione, trasporto corrieri, consegna, controllo del magazzino, carico sul programma gestionale, consegna al manutentore, scarico dalla contabilità di magazzino, chiusura ordine, montaggio e riavvio linea). Durante questa fase di attesa in genere iniziano le telefonate e le mail di sollecito perché nel frattempo la linea continua stare ferma e tutti protestano! Nel caso si tratti di un costruttore macchine, le cose vanno ancora peggio, perché in una commessa vi sono inserite sempre delle penali in caso di ritardata consegna. Il fatto più clamoroso è che la buona riuscita di tutta questa procedura è affidata al 90% al corriere che trasporta le merci A tal riguardo racconto una vicenda che mi è accaduta.

8.5 La via delle merci

Ricevetti una telefonata da un'importante azienda in provincia di Teramo di proprietà nord americana, la quale avrebbe avuto un'ispezione, da parte della proprietà, due giorni dopo. Si erano rotti due sensori particolari e ciò impediva la funzionalità di un'intera linea. Mi chiesero se ero in grado di reperirli. Iniziai la ricerca attraverso i codici che mi erano stati comunicati, cercando di capire quali caratteristiche avessero; se fossero ancora in produzione, e con quali tempistiche sarei riuscito ad averli. Risolsi con fatica l'identificazione del prodotto, stampai la documentazione tecnica e partii di pomeriggio verso il cliente cercando di valutare sul posto, insieme ai loro tecnici, la corrispondenza di quanto trovato e se vi erano le condizioni per eventuali soluzioni alternative di prodotto più facilmente reperibile. La risposta fu univoca: bisognava montare lo stesso componente che vi era installato. Tornai in sede ed ordinai i due sensori di fabbricazione francese utilizzando tutti i mezzi di trasporto celeri per essere certo di averli in sede per il giorno successivo. Monitorai l'intera spedizione e questo fu il tracciato di quella consegna:

➢ Partenza dal magazzino di produzione di Clermont Ferrand (Francia) destinazione aeroporto;
➢ Volo destinazione magazzino per l'Italia aeroporto Orio al Serio (Bergamo);
➢ Trasporto del corriere destinazione suo magazzino per l'Italia centrale ovvero Rimini;
➢ Trasporto del corriere destinazione suo magazzino per l'Abruzzo ovvero Montesilvano (provincia di Pescara);

➢ Trasporto del corriere destinazione nostro magazzino con sede a San Giovanni Teatino (in provincia di Chieti);

➢ Controllo della merce, caricamento al sistema, bollettazione e consegna con vettura aziendale destinazione stabilimento in provincia di Teramo (questo per evitare di richiamare di nuovo il corriere fargli trasportare il pacco di nuovo a Montesilvano farlo caricare il giorno dopo dalla vettura di servizio per la provincia di Teramo);

Man mano che ricevevo il tracciato della spedizione, lo comunicavo al cliente. Ebbi la fortuna che tutto il viaggio della merce non subì intoppi e la fabbrica riuscì ad avere il necessario quanto stabilito. Montarono i due sensori e fecero il collaudo della linea tutta la notte; il giorno successivo ci fu l'ispezione con esito positivo e tutto si concluse per il meglio (ci può scappare un grazie dal cliente, il quale di solito, ben presto dimentica la cura riservatagli e riposiziona il fornitore in mezzo ai tanti).

Cosa mi ha insegnato questa storiella? Che le merci seguono logiche molto complesse da capire. Sarei curioso di conoscere il parere di quei teorici che ogni giorno inventano delle nuove strategie aziendali e lo impongono al personale! Per il genere d'impostazione del mio lavoro, fare un servizio al cliente in questi termini, era la regola. Tuttavia farlo in tempi strettamente contingentati non capita tutti i giorni. Nonostante tutto l'impegno profuso, sarebbe bastato un semplice ritardo in uno dei passaggi della merce, o che ci fosse stata una destinazione errata in uno dei tanti carichi e scarichi, che lo sforzo sarebbe stato vanificato. Daccordo che questa vicenda è stata un caso limite, in cui si sono verificati contemporaneamente una serie di imprevisti come una rottura improvvisa, la presenza di componenti fuori dagli standard commerciali, un'ispezione a stretto giro, però negli anni ho visto diverse volte ripetersi queste emergenze anche per componenti di routine che nessuno però aveva disponibili.

216

L'eccezione con la gestione *pull* è diventata la regola; allora mi viene da chiedere se accanto alle motivazioni di natura economica (compro all'ultimo momento, riduco gli oneri di magazzino, compro al miglior offerente) vengano tenuti in conto la durata e il costo del fermo impianto e la conseguente mancata produzione. Forse tornare alla vecchia strada non sarebbe poi così difficile.

Conclusioni parziali e provvisorie

Ai tempi della scuola, chi non aveva una particolare passione per lo studio, comprava il Bignami[46] evitando così di trascorrere ore a leggere i vari capitoli dei testi scolastici poiché in questi piccoli libri tascabili vi era un sunto di tutta la materia da studiare. A fine di questo viaggio nell'Abruzzo industriale, facciamo un riepilogo a punti degli argomenti trattati, così da evitare, a coloro che hanno "tanto da fare", di perdere il loro prezioso tempo a leggere l'intero volume. Siamo partiti prendendo spunto dal libro di Luciano Gallino *La scomparsa dell'Italia industriale* per poi restringere il campo di osservazione all'Abruzzo. Abbiamo visto che questa regione nel momento in cui avvenne un periodo di forte deindustrializzazione (decennio 1981-1991) andò contro tendenza tale da uscire, unica regione di quelle considerate del mezzogiorno, dall'obiettivo uno dei fondi di sostegno europei. Il periodo di *"phasing out"* cioè il periodo di sostegno transitorio per consentire il mantenimento del livello di sviluppo raggiunto, non ha avuto i risultati sperati e sono emersi elementi di criticità con una conseguente caduta del Pil rispetto anche al mezzogiorno d'Italia. Nello stesso periodo c'è stato uno spostamento della struttura occupazionale verso il settore dei servizi, in linea con tutta l'area europea, soprattutto dopo l'allargamento della stessa, con l'ingresso di nuovi Stati membri. A seguito di queste scelte di fondo, la grande industria ha iniziato il suo cammino di ritirata dal territorio e le piccole e medie imprese (PMI) hanno sofferto la concorrenza dei mercati internazionali. La comparsa sugli scenari mondiali di grandi Paesi, in particolare quelli del cosiddetto Brics, ha cambiato l'intero quadro economico e politico. Abbiamo visto, facendo un passo indietro nella storia, che tuttavia non sono sempre sufficienti vasti territori e una popolazione numerosa, per

---

[46] Ernesto Bignami, professore di lettere nel 1931 ebbe l'idea di comporre dei libriccini tascabili contenenti una sintesi degli argomenti trattati nel programma ministeriale e fondando una casa editrice.

dominare il mondo; anzi di solito la spinta innovativa parte sempre da piccole realtà (abbiamo parlato del Portogallo nella prima metà del Quattrocento). La posizione geografica e la natura di un territorio incidono nel carattere e nella formazione di un popolo. Stare nelle corsie giuste del traffico delle merci e dei beni primari spesso è condizione determinante per lo sviluppo di un territorio. Per quanto riguarda l'Abruzzo, la sua posizione geografica, lo pone al centro della corsia adriatica e in asse con la capitale Roma e con i Paesi balcanici. Questo ruolo cerniera, potrebbe risultare la sua carta più importante da giocare nel nuovo scenario globale europeo ed internazionale. La storia industriale ed infrastrutturale abruzzese, finora a dimostrato di non essere andata nella direzione auspicata, nonostante le buone intenzioni e le relazioni intraprese da una certa classe politica. Manca quella spinta (una sorta di piano Marshall industriale) che la vecchia classe politica ha saputo dare alla regione in passato, nonostante i tanti scandali e le tante vertenze ancora in atto. Il consenso misurato giorno per giorno attraverso i sondaggi, non aiuta a prevedere piani e progetti a medio e lungo termine come si è fatto in passato. Oltre al fattore temporale, incide anche, una classe dirigente poco competente in materia, che si circonda a sua volta di altri incompetenti o peggio ancora di personaggi servili e cloni dei loro "padroni". La disaffezione per la politica ha raggiunto livelli mai toccati in passato e il fenomeno continuerà ad erodere quella parte sana di persone che hanno dedicato gran parte della loro vita all'impegno e alla lotta per un mondo migliore. La personalizzazione del potere politico ha segnato il definitivo divorzio tra "massa e potere". La crisi iniziata nel 2007 negli Stati Uniti e importata in Europa l'anno dopo, è ancora in piena azione, nonostante gli ottimismi dei sostenitori di un sistema capitalistico giunto al termine dei suoi giorni già con lo scoppio della bolla speculativa giapponese iniziata a formarsi nel 1986 e scoppiata nel 1991. La nostra non è una crisi ciclica ma strutturale. E' finita un'era (il lungo Novecento) e non è ancora iniziata una nuova, perché nessuno ha idea su che fare per il futuro. Così l'Abruzzo dell'agricoltura e della pastorizia è diventato nel tempo l'Abruzzo delle industrie, poi del terziario e domani chissà. La vocazione turistico-culturale, come per gran parte delle regioni italiane, non viene sostenuta che in qualche expò o fiere specifiche, perché anche in questo settore c'è chi specula e chi distrugge intere porzioni di territorio. Portatori di interessi contrapposti fanno il resto (come ad esempio la vicenda del centro oli e delle piattaforme lungo la costa teatina dei trabocchi). Abbiamo parlato di aree (la Marsica) fortemente e storicamente tendenti ad un determinato settore, essere trasformate in tutt'altro, e nel momento in cui sono intervenute le crisi, accorgersi di non essere più nè l'una nè l'altra. Dove non siamo riusciti noi a distruggere delle eccellenze è intervenuta la comunità europea che ha stabilito dei drastici ridimensionamenti in alcuni settori produttivi. Abbiamo visto anche come scompaiono aziende diverse e lontane tra loro a seguito di passaggi di proprietà non proprio limpidi. Un altro aspetto drammatico è costituito dal consumo del suolo spesso dovuto ad insediamenti decisi per vicinanza territoriale ed elettorale ad una classe politica. La chiusura di intere aree industriali ha generato oltre che un danno economico rilevante, anche l'aumento di un profondo stato di insicurezza e frustrazione di coloro che hanno perso il proprio posto di lavoro e con esso il proprio ruolo nella famiglia e nella società. Sotto la scure della crisi possono passare aziende familiari, medie e grandi; nessuno può sentirsi al riparo da eventuali ed improvvisi abbandoni (come il caso della Coca Cola). La classe politica, non sapendo cosa fare per fermare questa emorragia industriale, ripropone le solite ricette (centri di formazione, centri per l'impiego, incubatoi d'impresa, società di somministrazione lavoro temporaneo, workshop, ecc.) che se in passato erano dei rimedi (abbiamo seri dubbi su questo) oggi riproposti con gli stessi meccanismi, con gli stessi criteri di nomina del personale, difficilmente sono in grado di assolvere a questo difficile compito. Il collocatore e il collocato sempre più spesso si ritrovano sullo stesso fronte (vedere il caso dei CPI con l'abolizione delle province). Una classe dirigente che non sa quali direzioni prendere, si rifugia dietro termini anglosassoni (in Italia l'uso di parole inglesi nelle aziende nel 2000 era cresciuto del 773%) con un uso e abuso di concetti e programmi ai più sconosciuti. Nasce così la generazione dei nativi digitali a cui viene continuamente ribadito che il lavoro come è stato conosciuto in passato dai loro padri non esiste più, che bisogna cercare opportunità girando il mondo, che bisogna essere imprenditori di se stessi, che bisogna essere inventori di novità. Nasce il mondo delle startup, ma di fronte alle reali utilità di queste e di quanta forza lavoro siano in grado di occupare, viene da pensare che addirittura non esistano; che si tratti di un nuovo modo di imbrogliare proprio i nativi digitali. Il *made in Italy* è stato e continua ad essere svenduto a gruppi esteri; ricerca e sviluppo sono terreni poco praticati nel nostro Paese e più si scende a sud e più il ritardo innovativo aumenta. La politica, causa vincoli europei, non può venire in soccorso diretto alle varie realtà territoriali ed inoltre ha smesso da decenni di investire di proprio, allora per le aree più in difficoltà, promuove in accordo con la Commissione Europea, una task-force dedicata ad ognuna delle Regioni in ritardo, in modo da recuperare i fondi strutturali stanziati nel ciclo di programmazione 2007-2013 non utilizzati nei precedenti periodi. Il primo MasterPlan è stato firmato proprio per la regione Abruzzo, ma vedere, in occasione della cerimonia, le autorità governative circondante da tutti i sindaci dei vari comuni, si è avuta l'impressione che più che ragionare su grandi strategie di uscita dal tunnel della crisi e indirizzare le risorse per un rilancio produttivo mirato a determinati settori, si sia trattato del solito cenacolo, a cui siamo stati abituati da decenni, in cui ogni campanile pretende la sua fetta di torta in cambio di un consenso politico. Se a dividere l'eventuale bottino saranno i 305 comuni di cui si compone la regione Abruzzo, otterremo 305 micro progetti buoni per il consenso elettorale ma poco efficaci per gli scenari in cui dobbiamo misurarci. Ci auguriamo che non sia così.

Proposte

Dalle criticità bisogna ripartire per non commettere di nuovo gli stessi errori. La storia dei territori in Abruzzo è molto articolata in relazione alla propria natura geografica (mare, collina, montagna). Ripartendo dalla suddivisione delle aree industriali facciamo ulteriori riflessioni e proposte di indirizzo:

Provincia de L'Aquila

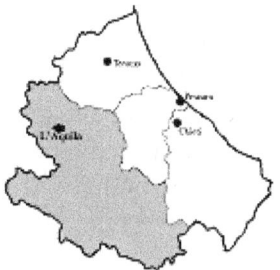

> La zona industriale Piana del Cavaliere: è lontana da ogni flusso ed interesse abruzzese. E' sempre stata, per vicinanza territoriale, considerata un'area laziale (non a caso i più importanti quotidiani della capitale avevano le loro tipografie proprio in questa zona); è auspicabile una collaborazione economica e politica che veda strettamente connesse le due regioni interessate Abruzzo e Lazio.

> Il distretto industriale de L'Aquila: anche per questa provincia ribadiamo quanto già detto; la presenza di tre importanti stabilimenti farmaceutici, della facoltà di ingegneria e di un polo elettronico sono elementi che indicano in modo

inequivocabile le scelte produttive da ricercare. Inoltre essendo nel capoluogo abruzzese presenti enormi giacimenti culturali, messi a dura prova dal terremoto del 2009, sarebbe opportuno indirizzare l'università verso il settore di ricerca avanzata sui nuovi materiali e tecniche innovative nel restauro architettonico (ad esempio i materiali compositi).

➤ Agroindustriale della Marsica: alle contraddizioni di questo territorio abbiamo dedicato diverse pagine. Il suo modello industriale non può che seguire il settore agricolo visto che per noi rappresenta la nostra pianura padana. La vicinanza anche a zone montane potrebbe favorire l'insediamento di industrie per la trasformazione dei prodotti di allevamento.

➤ La valle Peligna: è forse l'area più critica da indirizzare essendo cerniera tra i territori interni e quelli della costa. La sua storia industriale non lo lega ad un particolare settore produttivo e questo rende difficoltoso localizzare dei possibili insediamenti. Tuttavia considerata che nell'area, compresa Popoli, vi sono delle industrie nel settore bevande, potrebbe essere attrattivo ulteriori investimenti in questa divisione.

Provincia di Chieti

➤ Maiella: un'area troppo eterogenea dove si incontrano il settore metalmeccanico di punta dell'intera regione (val di

Sangro) con l'area artigianale e delle piccole imprese (fondovalle Alento – Guardiagrele) con la zona dei pastifici di eccellenza (Fara San Martino). Questi territori non possono avere politiche comuni perché hanno esigenze diverse a livello infrastrutturale. I numerosi tir, ad esempio, che servono le industrie della pasta dovrebbero avere uno sbocco diverso da quello attuale (Casoli – casello autostradale di Atessa). Abbiamo visto che nella filiera agroalimentare la regione compare nei posti alti delle classifiche nel solo settore della pasta (154,5 mln di euro) questo dato dovrebbe essere indicativo nel determinare gli interventi da fare nel territorio di produzione, creando ad esempio un distretto per la valorizzazione delle specializzazioni e una rete di imprese come Rqt (Rete Qualità Toscana) create nel 2012 con l'obiettivo di promuovere l'aggregazione della filiera agroalimentare e di valorizzare le produzioni di qualità regionali attraverso una specifica azione di promozione integrata. Il parco nazionale della Majella dovrebbe essere il garante di questo consorzio di imprese. Mettere in comunicazione l'area di Fara San Martino, con quella di Casoli, di Guardiagrele, Pretoro, San Martino sulla Marrucina, Fara Filiorum Petri fino a raggiungere il fondo valle Alento e quindi la costa, metterebbe in stretta relazione il settore produttivo della pasta, delle confetture, della farina, della carne, dei biscotti, del vino. Inoltre nella vallata prossima al casello autostradale sarebbe da potenziare industrie meccaniche e di costruzione macchine agricole e di confezionamento.

➤ Vastese: se si vuole mantenere attiva la zona industriale val Sinello (le fabbriche ancora aperte sono poche) occorre intanto risistemare l'intero tratto stradale di circa 15 chilometri dall'uscita del casello autostradale di Vasto nord. I territori di Vasto, Cupello e San Salvo sono da rivedere in termini di collegamento; è preferibile puntare sulle potenzialità del porto di Punta Penna cercando di facilitare il trasporto marittimo in collegamento con i porti di Ravenna per il nord e Brindisi per il sud (potrebbero nascere delle collaborazioni aziendali tra le realtà presenti in questi territori sostenendo spese in comune per la gestione del trasporto merci.

Provincia di Pescara

➢ La val Pescara: è il territorio meglio collegato con le principali vie di comunicazione (nord-sud; est-ovest); con la presenza dell'aeroporto d'Abruzzo; del porto di Pescara; dello snodo ferroviario adriatico e tirrenico; delle autostrade A25 e A14; dall'interporto di Manoppello Scalo; dalla zona commerciale più estesa d'Abruzzo (san Giovanni Teatino); del polo universitario Chieti-Pescara. Sono servizi già esistenti (evidentemente migliorabili) che dovrebbero essere attrattivi per investimenti grazie alle aree industriali già presenti a Chieti scalo – Manoppello scalo – Alanno stazione – Bussi racchiuse in una distanza massima di 50 chilometri. Abbiamo già parlato della possibile creazione di un polo di costruttori macchine speciali (se solo si abbandonasse l'idea dell'autosufficienza); se fossero recuperati gran parte degli spazi abbandonati in via Piaggio e dintorni nell'area di

Madonna delle piane a Chieti scalo; se accanto all'asse attrezzato Chieti-Pescara si studiasse la possibilità tecnica ed economica di un sistema di metropolitana di superficie in modo da eliminare il grande traffico dei lavoratori pendolari che ogni giorno, in particolare nelle ore di punta, affollano questa importante arteria.

Provincia di Teramo

➤ Vibrata – Tordino – Vomano: questo distretto storicamente ha una storia produttiva particolarmente legata al settore tessile (val Vibrata) e al settore legno (Mosciano – Tortoreto – Teramo). Sono due divisioni che hanno fortemente subito la concorrenza dei Paesi emergenti e sono stati i primi a segnare momenti di forte recessione. Il tessile andrebbe rilanciato con produzioni di alta moda collegate con una formazione di scuola secondaria e universitaria del design. La facoltà di Teramo anziché avventurarsi in discipline per nulla legate alle potenzialità territoriali (pensiamo ad esempio al corso di Scienze della comunicazione) farebbe meglio istituire questi indirizzi. Come detto nel capitolo dedicato a questo territorio, per la val Vibrata, vale lo stesso discorso fatto con il distretto di Carsoli – Oricola, cioè interfacciarsi con la provincia di Ascoli Piceno e fare una politica industriale e infrastrutturale comune. Per quanto riguarda il settore del legno e specificatamente l'industria del mobile, è anomalo che il polo produttivo insista prevalentemente sulla fascia costiera e collinare, mentre il settore montano (che potrebbe produrre la materia prima) ne sia privo. A tal riguardo la regione Trentino Alto Adige può essere un modello da consultare. Sul portale *www.legnotrentino.it* leggiamo:

In Trentino la ricerca scientifica e lo sviluppo tecnologico nel settore del legno è una delle priorità nelle strategie di sviluppo territoriale, che vede impegnate istituzioni pubbliche ed aziende private sulla strada della massima valorizzazione del legno trentino e dei prodotti forestali, nonché di promuovere e rafforzare la filiera foresta - legno, in un'ottica di gestione sostenibile, anche attraverso progetti di natura imprenditoriale a carattere innovativo. Sul territorio trentino coesistono attività scientifiche di sperimentazione di base, di ricerca applicata, di supporto al processo normativo e di certificazione e progetti imprenditoriali che interessano attualmente tutti i settori afferenti al comparto che vanno dall'area agro-forestale, alla qualificazione della materia prima, al supporto all'industria di trasformazione, allo sviluppo di filiere produttive, specializzate in edilizia sostenibile, produzione di energia da fonti rinnovabili e tecnologie intelligenti per la gestione del territorio. Nella presente sezione sono riportati le principali informazioni su istituzioni, attività di ricerca e di sviluppo tecnologico e informazioni sui laboratori operanti in Trentino.

Opportunità

Studi di ricerca hanno localizzato 39 destinazioni che coprono il 73% dell'export della penisola. E' nei mercati già presidiati che risiede il maggior potenziale dell'export italiano. Partendo dal Medio Oriente e proseguendo fino in Asia, tra le migliori destinazioni troviamo l'Arabia Saudita, gli Emirati Arabi, l'Algeria, il Qatar, ma anche la Corea del Sud, la Cina, l'Indonesia e la Malesia. Anche l'export verso i partner più tradizionali riprenderà un buon ritmo, in particolare verso Stati Uniti, Regno

Unito e Germania. Kenya, Senegal e Tanzania rimangono interessanti come mercati di frontiera e progressivamente potranno diventare le destinazioni commerciali future. Nella selezione delle geografie bisognerà adottare un approccio granulare, identificando i *driver* in grado di trainare la domanda di prodotti italiani in ciascun mercato. Cresceranno le esportazioni di mezzi di trasporto e componentistica in Canada (+8,5% medio tra il 2015 e il 2018), la meccanica strumentale in Algeria ed Egitto (+6,5%) e in Tunisia (+7,3%), in particolare per le macchine agricole, solo per fare alcuni esempi[47].

Società specializzate negli investimenti stimano percentuali di opportunità delle esportazioni italiane nel periodo 2015-2018 nelle diverse aree mondiali.

Americhe

Canada	mezzi di trasporto e componentistica	+8,5%
USA	alimentari	+5,4%
	tessile e abbigliamento	+5,3%;
	mobili	+6,2%
Messico	mezzi di trasporto	+5,5%
Brasile:	meccanica strumentale	+3,7%
Cile	apparecchiature elettriche	+4,2%

Africa

Tunisia	Meccanica strumentale	+7,8%
Algeria Egitto	Meccanica strumentale	+6,5%
Arabia Saudita	Alimentari e bevande	+9,3%
Emirati Arabi Uniti	Tessile e abbigliamento	+5,8%
Qatar	Altri consumi	+9,4%
Nigeria-Mozambico	Meccanica strumentale	+6%
Nigeria	Apparecchiature elettriche	+7,3%
Kenya		+7,8%
Ghana-Senegal-Tanzania	media dei tre mercati	+5,1%

---

[47] www.sace.it ExportMap

229

Asia

Cina	Alimentari e bevande	+5,3%
	Mobili	+5,5%
India	Chimica	+4,2%
Bangladesh	Meccanica strumentale	+3,7%
Malesia e Filippine	Meccanica strumentale	+6,4%
Corea del sud	Tessile e abbigliamento	+5,9%

Europa non UE

Polonia	Meccanica strumentale	+6,4%
Turchia	Tessile e abbigliamento	+6%
Slovacchia	Metalli	+5,4%
Repubblica Ceca	Tessile e abbigliamento	+6,3%

Europa UE

Regno Unito[48]	Mezzi di trasporto	+7,1%
Germania	Gomma e plastica	+6,8%
Francia	Alimentari e bevande	+5,2%
Paesi Bassi		+7,1%

---

[48] Mentre scriviamo con un referendum il Regno Unito ha deciso di uscire dall'UE

Fonti degli articoli pubblicati

Il Centro	19.12.2006
Il Centro	01.09.2007
Il Centro	24.11.2010
Il Centro	01.02.2011
Il Centro	29.08.2012
Il Centro	03.11.2014
Il Centro	11.03.2015
Il Centro	03.07.2015
Il Centro	15.11.2015
Il Centro	10.12.2015
Il Tempo	29.05.2005
Il Messaggero	12.05.2015
Il Mattino	06.08.2015
Gazzetta di Reggio	28.08.2012
Primadanoi	19.11.2010
Primadanoi	07.04.2011
AGI	04.08.1994
AGI	05.12.1994
IBITimes	20.11.2015
Marsicalive	03.05.2013
Marsicalive	30.12.2013
Abruzzo24ore	13.04.2015
Elettronicaplus	25.02.2002
Impresa Mia	21.05.2011
Camera di Commercio Teramo	29.06.2015
Comitato nazionale per il paesaggio	26.02.2011

INDICE

Introduzione

Conclusioni parziali e provvisorie

www.ingramcontent.com/pod-product-compliance
Lightning Source LLC
Chambersburg PA
CBHW060456290526
45791CB00001B/143